영유아 놀이지도

정정옥 · 김광자

창지사

머리말

오랫동안 유아 놀이라는 교과목을 가르치면서 예비 교사인 학생들에게 유치원과 어린이집 현장에서 영유아를 지도할 때 필요한 놀이와 그에 따른 교수 방법을 대학의 교육 과정 안에서 충분하게 경험하도록 지도하는 것이 매우 중요하다는 인식을 하게 되었다. 특히 2017년 12월 말 보건복지부 보육 통계에 의하면 약 86만 명의 영아들이 어린이집을 이용하고 있으며, 이로 인해 유아뿐만 아니라 영아를 대상으로 한 놀이지도도 중요한 부분으로 대두되고 있다. 이러한 요구를 반영하여 저자들은 대학 졸업 후 영유아 교육 기관에서 근무하게 될 예비 교사들에게 실질적 도움이 될 수 있도록 본서의 실제 부분을 영아 놀이지도와 유아 놀이지도로 구분하여 집필하였다.

본서는 총 2부로 구성되어 있다. 1부는 영유아 놀이지도의 이해로, 1장에서는 놀이의 정의, 특성, 놀이와 발달을 주 내용으로 다루면서 놀이에 대한 기초적인 이해 도모에 중점을 두었다. 2장에서는 놀이 이론과 놀이 유형을 다루었고, 3장에서는 놀이 환경 구성과 놀잇감에 관한 내용을 소개하였다. 4장에서는 영유아 교육 기관에서 놀이지도를 하는데 있어서 중요한 역할을 하는 교사의 역할을 다루었다. 5장에서는 유치원과 어린이집 하루 일과 중 많은 비중을

차지하는 자유선택활동(영아는 자유놀이활동) 시간의 놀이지도에 관하여 살펴보았고, 6장에서는 예비 교사나 초임 교사들에게 어려움을 주는 유아반의 대소집단활동 지도에 관하여 소개하였다. 1부의 마지막 장인 7장에서는 현장에서 많이 활용되는 관찰 방법을 통한 영유아 놀이 이해에 관하여 살펴보았다.

2부는 영유아 놀이지도의 실제로 구성하였다. 8장에서는 영아를 위한 놀이지도의 실제로 만 0~2세 영아를 위한 놀이지도 활동의 실제를 흥미 영역별로 소개하였다. 9장은 유아를 위한 놀이지도의 실제로 유아의 자유선택활동을 위해 유아반에 구성하는 흥미 영역별로 예비 교사에게 필요한 유아 놀이지도 활동의 예를 소개하였다.

본서가 예비 교사들이 영유아 교육 기관 현장에 나갔을 때 놀이를 통해 영유아의 발달을 촉진시킬 수 있는 유능하고 전문적인 놀이지도 교사가 되는 데 일조할 수 있는 좋은 지침서가 되기를 바라며, 미진한 점은 독자들의 조언을 받아 앞으로 계속 보완해 나가고자 한다. 이 책이 출판되기까지 많은 도움을 주신 창지사 김기섭 사장님과 편집부 직원 여러분께 감사를 드린다.

2019년 3월

저자 일동

차 례

1부

영유아 놀이지도의 이해

1장
놀이의 이해

영유아는 하루 중 많은 시간을 놀이를 하며 지내기 때문에 영유아의 삶에서 놀이가 차지하는 비중은 매우 높다. 특히, 놀이가 영유아의 발달에서 중요한 역할을 한다는 점이 학자들에 의해 밝혀지면서 놀이에 대한 관심이 더욱 높아지고 있다. 영유아 교육 기관(유치원, 어린이집)에서도 자유선택활동(영아는 자유놀이활동) 시간과 실외놀이 및 대소집단활동 시간에 영유아들은 다양한 형태의 놀이를 하면서 성장과 발달을 이루어 나가고 있다. 이 장에서는 영유아의 삶과 발달에 지대한 영향을 미치는 놀이에 대한 이해를 도모하기 위해 놀이의 정의, 놀이의 특성, 놀이와 영유아 발달 간의 관계, 영유아의 놀 권리 보장 등에 관하여 살펴보고자 한다.

1. 놀이의 정의

고대 그리스 시대의 철학자 Platon은 자신의 저서인 『공화국(*Republic*)』에서 "강요된 학습은 영유아의 마음에 오래 기억되지 않기 때문에 영유아기의 학습은 놀이를 통해 이루어질 필요가 있다."라고 하였다(Johnson et al., 2009, 재인용, p. 5). 이처럼 이미 오래 전부터 많은 학자들이 영유아의 삶과 학습에서 놀이가 중요함을 밝히고 있다. 영유아의 일상생활에서 중요한 비중을 차지하는 놀이에 관한 정의는 학자마다 다른데, 그 내용을 살펴보면 〈표 1-1〉과 같다.

〈표 1-1〉 학자별 놀이의 정의

학 자	정 의
Fröbel	놀이는 영유아의 가장 순수한 정신 활동이며, 생활 속에서 자연스럽게 전개된다.
Groos	놀이란 진지한 의도가 개입되지 않은 본능적 연습으로, 후기 생활에서 중요한 활동이다.
Schiller	놀이란 잉여 에너지를 맹목적으로 소비하는 것이다.
Freud	놀이는 영유아의 외상적 경험과 관련된 부정적인 감정과 갈등을 정화하게 하는 활동이다.
Dewey	놀이란 특정 결과를 얻기 위한 의도적인 행위를 제외한 모든 활동을 의미한다.
Curti	놀이는 갈등을 수반하지 않고, 고도로 동기화된 활동으로 대개 즐거움을 수반하는 활동이다.

〈표 1-1〉에 제시한 바와 같이, 놀이에 관한 정의가 학자마다 서로 다르고 다양함을 볼 때 놀이를 한 마디로 정의 내리는 것이 쉽지 않음을 알 수 있다. 이러한 상황에서 놀이와 유사한 행동으로 자주 언급되는 일(work)이나 탐색(exploration)과 구분하여, 놀이만이 지닌 특성 구분을 통하여 놀이를 정의하고자 하는 시도들이 있어 왔다. 동일한 활동이라도 그 활동이 일어나는 맥락(context)에 따라 놀이가 되기도 하고 일이 되기도 한다. 즉, 유아가 토요일 아침에 축구를 하는 것

은 놀이이다. 그러나 프로 축구 선수가 토요일 오후에 축구 경기에 참여하는 것은 놀이가 아니라 진지한 일이다. 이와 유사하게 책장를 만들기 위해 목수를 고용했다면 고용된 목수는 일을 하는 것이다. 그러나 유아가 블록으로 책장을 만드는 것은 동일한 활동이라도 놀이로 볼 수 있다.

또 놀이냐, 놀이가 아니냐를 구분하는 중요한 준거로 만족원을 들 수 있다. 그 활동 자체를 하는 것에서 만족을 얻는 것은 놀이이며, 생계를 유지하기 위해서 또는 외적 보상을 얻기 위해서 하는 활동은 놀이가 아니라 일이다.

놀이와 일을 구분하는 다른 준거는 진지함으로, 진지한 활동은 일이고 다소 진지함이 결여된 활동은 놀이로 본다. 놀이와 일의 특성을 비교해 보면, 〈표 1-2〉와 같다.

〈표 1-2〉 놀이와 일의 특성 비교

놀이	일
자발적	강요적
능동적	수동적
재미있음	단조로움
외적 목표 없음	외적 목표에 얽매임
스스로 시작함	타인에 의해 시작함
내적 통제	외적 통제
현실을 초월	현실에 국한

출처: 이숙재(2001). 유아 놀이 활동. p. 15.

일과 놀이를 하나의 연속선상에 있는 활동으로 보고 통제, 현실성 및 동기화의 3가지 준거를 토대로 일과 놀이를 구분하기도 한다. 즉, 활동에 대한 통제권이 놀이자인 영유아 자신에게 있고, 행위의 결과보다는 행위 자체에서 만족을 얻는 내적 동기가 강하며, 현실 세계에 얽매이지 않고 상상과 가상을 자유롭게 할 수 있는 활동을 놀이로 보는 것이다.

한편, 놀이 관련 행동인 탐색과 놀이의 특성을 구분해 보면 놀이와 탐색 모두 내적으로 동기화된 활동이고 외적 목표를 직접적으로 추구하지 않는다는 점에서는 유사하나, 탐색은 사물에 관한 정보를 얻는 데 중점을 두고 자극에 의해 지배되는 행동인 반면, 놀이는 자극에 의해 지배되기보다는 자극을 만들어 내고 영유아의 욕구와 흥미에 의해 지배되는 행동이라는 점에서 차이가 있다. 또 탐색은 사물의 속성을 이해하는데 중점을 둔 활동이며, 놀이는 그 사물을 어떻게 활용할 것인가 즉, 사물의 용도를 이해하는 데 중점을 둔 활동이다. 탐색은 새로운 사물을 접할 때 만져 보고, 조작하고, 실험해 보는 것을 의미하는 특정 탐색(specific exploration)과 자극물의 특성을 파악한 후에 내적으로 동기화되어 그 자극물을 어떻게 활용할 것인가를 보다 오래 탐색하는 활동인 다각적 탐색(diversive exploration)으로 구분할 수 있는데, 다각적 탐색이 놀이에 보다 가까운 활동이라고 할 수 있다. 결국 탐색은 정보 수집 활동의 일종으로 놀이에 앞서서 나타나며, 놀이는 탐색 후에 익숙한 상황에서 잘 나타난다고 할 수 있다.

〈표 1-3〉 놀이와 탐색의 특성 비교

구분	놀이	탐색
시간	탐색 후에	놀이 전에
맥락	익숙한 물체	새로운 물체
목적	자극 생성	정보 획득
행동	다양함	정형화됨
기분	행복함	심각함
심장 박동 변화	높음	낮음

출처: 이진희 외 역(2009). 놀이, 발달, 유아교육. p. 23.

이상에서 살펴본 바를 토대로 놀이란 '영유아가 선택권을 가지고 자발적으로 활동을 시작하고, 활동 자체에서 만족을 추구하며, 가상이나 상상을 자유롭게 하도록 허용하는 활동'이라고 정의할 수 있다.

2. 놀이의 특성

놀이의 개념을 정의하기는 어렵지만 놀이만이 지닌 특성에 대한 이해를 통해 놀이의 개념에 관하여 보다 분명한 이해를 도모할 수 있다. 놀이가 지닌 특성은 다음과 같다(Rubin et al., 1983).

첫째, 놀이의 탈일상성(nonliterality)이다. 영유아는 놀이에서 사물들을 일상적인 의미로 사용하기보다는 새로운 의미를 부여하고 새롭고 다양한 용도로 활용한다. 놀이는 영유아가 '지금, 여기'라는 현실적이고 일상적인 구속에서 벗어나 가상 상황에서 새로운 가능성을 실험해 보는 것을 허용한다.

둘째, 놀이는 내적 동기에 의해 일어나는 활동이다. 배고픔이나 권력이나 부를 얻고자 하는 것과 같은 외적 요인에 의해 동기화되는 것이 아니라, 영유아가 내적 동기에 의해 활동 자체에서 만족을 얻는 것이다.

셋째, 놀이는 결과보다는 과정을 중요시하는 활동이다. 영유아는 놀이를 할 때 목적 추구보다는 놀이 활동 자체에 주의를 집중한다. 즉, 목적보다는 놀이 과정을 즐긴다. 목적을 달성해야 한다는 압박감이 없기 때문에 영유아는 놀이를 통해 보다 융통성 있게 다양한 변형된 활동들을 시도해 볼 수 있다.

넷째, 놀이는 타인이 부과하는 활동이 아니라 영유아 자신이 자유롭게 선택하는 활동이다. 블록으로 건물을 만드는 활동을 영유아 자신이 자유롭게 선택했다면 그것은 놀이이다. 반면, 선생님이 부과한 활동이라면 동일한 활동일지라도 그것은 일로 간주된다. 그러나 이 자유 선택 요인은 영유아들이 나이가 들어감에 따라 그리 중요한 요인이 안 된다. 즉, 영유아들은 자신이 자유롭게 선택하지 않은 활동일지라도 그 활동을 통해 즐거움을 얻을 수 있고, 이를 놀이로 볼 수 있다.

다섯째, 영유아는 놀이를 통해 즐거움, 기쁨과 같은 긍정적인 정서를 경험한다. 물론 때로 놀이는 불안과 가벼운 공포를 수반하기도 한다. 예를 들면, 영유아들은 미끄럼틀을 타고 내려갈 때 불안과 가벼운 공포심을 느끼나 미끄럼틀 타기를 반복함으로써 이러한 불안과 공포심조차도 즐거움으로 생각하게 된다.

3. 놀이와 발달

놀이가 영유아의 발달에 미치는 영향을 간략하게 살펴보면 다음과 같다.

첫째, 놀이는 영유아의 생활 자체이다. 영유아는 하루 중 대부분의 시간을 놀이를 하며 보내는데, 이러한 놀이를 통해 영유아는 자신의 능력을 사용하고 새로운 기술을 습득한다.

둘째, 놀이 시간은 영유아의 성장을 돕는다. 영유아가 자신이 속한 문화에서 자신의 위치를 발견하기 위해서는 충분한 시간이 필요한데, 영유아는 놀이를 통해 기본 욕구를 충족시키는데 필요한 시간을 얻는다. 아울러 놀이를 통해 영유아는 기본적인 통제와 책임감을 배우고 삶에 유용한 습관을 형성하게 된다.

셋째, 놀이는 영유아의 신체 능력을 발달시킨다. 영유아는 뛰고, 달리며, 몸을 움직이는 놀이를 좋아한다. 달리기, 뛰기, 당기기, 한 발로 뛰기, 기어오르기, 균형 잡기, 던지기와 같은 적극적인 신체 놀이를 통해 자신의 신체를 조절하는 것을 배운다. 신체 놀이는 즐거움을 제공하는 것은 물론 협응 능력과 민첩함을 향상시켜 학습을 돕는다. 신체를 움직임이는 다양한 형태의 동작을 통해 공간 개념과 방향성(좌우, 앞, 뒤)을 학습하게 된다.

넷째, 놀이는 영유아의 흥미와 주의 집중 능력을 신장시킨다. 예를 들어, 블록 쌓기에 많은 시간을 보내는 영유아는 보상이 제공되지 않아도 블록 쌓기를 반복한다. 놀이는 영유아로 하여금 자신이 즐기는 활동에 완전히 몰입하게 하고 자유롭게 반응하게 한다.

다섯째, 놀이는 언어 습득의 기초를 제공한다. 즉, 놀이를 통해 영유아는 언어를 습득하고 연습할 수 있는 기회를 갖게 되고, 읽기와 쓰기에 필요한 기초 능력을 기른다. 아울러 놀이는 영유아의 이야기 이해 능력도 강화한다.

여섯째, 놀이는 대인 관계 형성을 돕는다. 그러나 오늘날 기술 공학의 발달로 영유아들이 일찍부터 비디오 게임, 스마트폰 게임 등의 상업적 놀이를 접하면서 가정과 영유아 교육 기관, 지역 사회에서 부모, 친구와의 놀이를 통한 상호작용이 부족하여 놀이를 통해 배우게 되는 인간관계나 사회성 발달이 심각하게 줄어들고 있다. 따라서 영유아 교육 기관에서는 영유아들이 놀이를 통해 원만한 인간관계와 사회성을 발달시킬 수 있도록 지도할 필요가 있다.

영유아는 놀이 시 과도한 요구 없이 친구와 자연스러운 접촉을 한다. 놀이를 통해 영유아는 자신이 소속된 사회 집단을 이해하고 환경을 자신의 방식대로 느끼고 이해한다. 놀이 세계에서 영유아는 중요한 사람이 되어 그 역할을 모방하고, 상징적으로 표현한다. 또 놀이를 통하여 또래와의 대인 관계를 연습해 보고, 집단 지도 능력과 타인에 대한 배려를 배우게 된다. 자발적 극놀이, 역할 놀이, 인형 놀이와 가면 놀이는 영유아의 원만한 대인 관계 형성을 돕고 성격적인 어려움을 극복하도록 도와준다. 따라서 민주 사회의 시민으로 성장해 나아가기 위해서 영유아 교육 기관에 다니는 영유아들은 놀이를 통해 여러 해 동안 다양한 인간관계를 경험해 보아야 한다.

일곱째, 놀이는 영유아의 판단력 발달을 돕는다. 놀이는 영유아가 자신의 생각과 느낌을 연습해 보는 방법이다. 영유아는 사물의 특성과 자신의 주변 환경에 관한 생각을 설명하기 위해 다양한 직접적인 경험들 즉, 손으로 만져 보고 분류하기, 순서 정하기, 모양 본뜨기, 짝 맞추기, 측정해 보기 등 많은 풍부한 경험이 필요하다. 놀이를 통해 영유아는 사물이 어떻게 작동되는지, 무엇으로 이루어졌는지를 분석하면서 알아 가게 된다.

4. 영유아의 놀 권리 보장하기

유엔 아동권리협약 31조에 '모든 어린이는 자신의 연령 발달에 적합한 놀이와 여가를 즐길 권리가 있습니다.'라고 규정되어 있다. 영유아는 자신의 놀 권리를 침해당하지 않고 놀이를 통해 자신을 발달시켜 나갈 권리가 있다. 그러나 영유아의 놀 권리를 보장해 주어야 할 의무가 있는 부모, 영유아 교육 기관 관계자와 행정가 및 지역 사회가 조기 교육이나 구조화된 학습 위주의 교육에 중점을 두고 과연 영유아의 놀 권리를 충분히 보장해 주고 있는지는 의문이다. 자녀가 좋은 대학에 들어가야 좋은 직장을 갖게 된다고 생각하는 부모들은 영유아기부터 조기 교육, 선행 학습에 많은 비중을 두면서 가정에서부터 영유아의 놀 권리를 인정하지 않고 있는 실정이다. 부모들의 이러한 바람직하지 못한 신념은 유아 교육 기관에도 영향을 미치고 있다. 국가수준의 교육·보육 과정에서 강조하는 놀이를 통해 영유아의 놀 권리를 보장하고 놀이를 통해 성장과 발달을 이루어 가도록 지원해야 하는 영유아 교육 기관에서도 놀이를 통한 발달과 학습의 가치를 도외시 하고 부모의 요구를 수용하여 구조화된 학습지를 통한 학습 및 특별활동에 비중을 두는 바람직하지 못한 사례가 발생하고 있다. 이처럼 오늘날의 영유아는 자신의 놀이 시간과 놀이 장소를 선택할 자유를 보장받지 못하고 성인의 통제 아래에서 놀이보다는 학습에 많은 시간을 보내고 있다. 이에 따라 영유아들은 자연적인 장소가 아닌 실내에서 상업적인 전자 매체에 의한 놀이를 주로 하고 있다.

이와 같이 영유아의 놀 권리를 보장하지 않는 사례는 가정과 영유아 교육 기관 외에도 영유아가 생활하고 있는 지역 사회에서도 나타나고 있다. 도시를 성인의 입장에서만 개발하여 지역 사회에서 자원과 공간을 활용하여 충분히 놀아야 할 영유아의 놀이 공간이 축소되고 있는 것이다.

'2018 놀이정책 국제포럼'에서 기조 강연을 한 영국의 놀이 컨설턴트 Tim Gill은 자신이 연구한 영국 어느 가족의 아동기 활동 영역 분석 자료를 통해 증조할아버지는 8세 때 자신이 살고 있는 지역의 반경 10㎞를 활보하며 놀았으나 할아버지와 어머니 세대, 자녀, 손자 세대로 갈수록 지역 사회에서 활동 반경이 줄어들고 있음을 제시하면서 현대 사회를 살아가는 영유아들은 지리적·정서적으로 많은 통제를 당하면서 어른들이 누렸던 영유아기의 놀이와 모험에 대한 경험 즉, 놀 권리를 보장받지 못하고 있다고 주장하였다(유니세프한국위원회·성북구, 2018).

Tim Gill은 영유아가 놀 권리를 보장받고 놀이를 통해 성장과 발달을 이루어 나가기 위해서 다음과 같은 놀이 피라미드의 4개의 꼭지점으로 표시된 요소들 즉, 놀이 공간(space), 놀이 친구(other children), 놀 수 있는 시간(time) 및 성인의 지지(adult attitude)가 필요함을 제안하고 있다.

따라서 부모, 영유아 교육 기관 관계자들, 지역 사회는 영유아의 건강한 심신의 발달을 돕기 위해 영유아의 삶과 발달에서 놀이의 중요성을 인식하고 이들에게 충분하게 놀 수 있는 시간과 공간을 제공하여 지지하는 등 영유아의 놀 권리 보장을 위해 노력할 필요가 있다.

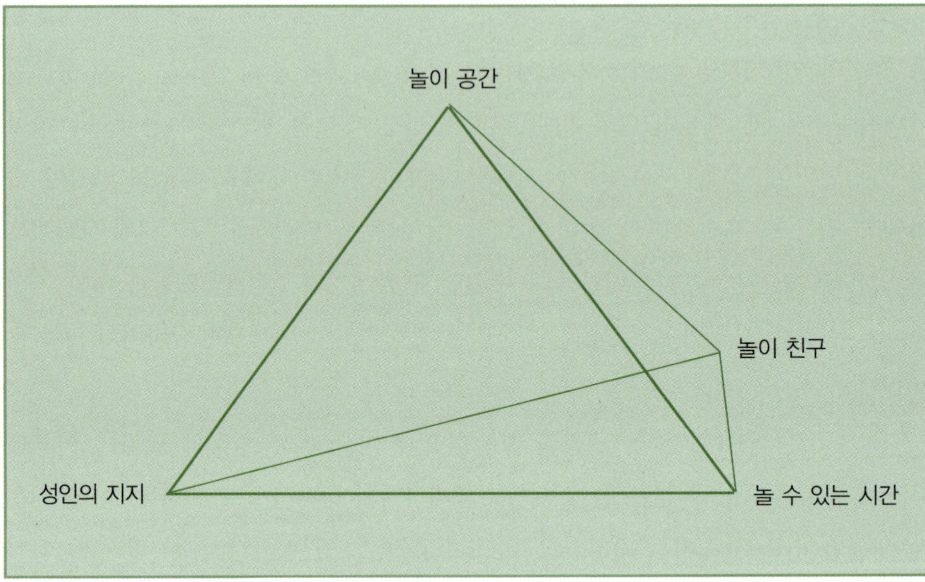

[그림 1-1] 놀이 피라미드(The play pyramid)

출처: 유니세프한국위원회·성북구(2018). 2018 놀이정책 국제포럼: 놀 권리, 지역에 뿌리내리기. p. 20.

영유아의 놀 권리를 보장해야만 하는 중요한 이유는 다음과 같은 놀이 전문가들의 견해에서도 알 수 있다. 즉, 놀 권리를 보장받고 영유아기에 충분히 놀아 본 아이들이 자율적인 사고를 할 줄 알고 배려심 있는 사람으로 성장하며, 살아가면서 어려운 상황에 처했을 때도 회복 탄력성을 발휘하여 어려움을 극복하는 사람으로 성장할 수 있음을 시사하고 있다.

▶ **놀이 전문가가 말하는 '놀 권리'**

• **아마노 히데야끼**(天野秀昭: 일본 모험놀이터 전문가)

"아이들은 놀지 않으면 죽어요. 마음이 죽어요. 아이들이 놀면서 '아~ 너무 재밌어~.'라는 마음만으로 충분합니다. 그런데 요즘 아이들은 부모의 눈에서 벗어나 그렇게 놀기 힘들어요. 아이들에게 자유를 빼앗는 것은 심하게 말하면 '인체실험'이에요. 독재라든지 사상 통일과 다르긴 하지만 아이들이 놀지 못하면 그런 상태가 됩니다. 지금처럼 아이들이 놀지 못하면, 스스로 생각을 하지 못하는 아이와 남을 배려하지 않는 아이가 늘어날 겁니다. 왜냐하면, 자신들이 존중받지 못했기 때문에 그럴 필요를 못 느끼는 것이지요."

• **편해문**(놀이터 디자이너)

"아이들이 논다는 것은 자유롭게 자신의 의지대로 해 보는 것을 말합니다. 자유를 보장해 주는 것이지요. 충분히 놀면서 자유 속에서 이런저런 위험을 만나 본 아이들은 회복 탄력성도 커요. 살다가 어려운 일을 만나도 잘 놀아 본 아이들은 충분히 이겨 내고 감당할 수 있는 것이지요."

출처: 한겨레(2018. 05. 09.). "아이에게 놀 자유는 필수… 어른들 태도 먼저 바꿔야".

2장

놀이 이론과 유형

놀이 이론은 놀이의 본질을 규명해 주며, 영유아의 놀이 행동을 설명하고 예언해 준다. 놀이 이론의 역사적 변천 과정을 살펴봄으로써 놀이가 영유아 발달에 미치는 영향을 알 수 있다. 놀이 이론은 19세기 말에서 20세기 초에 주창되어 현대적 놀이 이론의 토대가 된 고전 놀이 이론과 1920년대 이후에 등장한 현대 놀이 이론으로 구분할 수 있다. 이 장에서는 놀이 이론과 놀이의 유형에 관하여 살펴보고자 한다.

1. 놀이 이론

1) 고전 놀이 이론

실험적 연구가 아니라 철학적 사고와 추론에 의해 성립된 고전 놀이 이론은 인간이 놀이를 하는 이유를 설명하는 데 중점을 둔다. 고전 놀이 이론으로는 잉여에너지이론(surplus energy theory), 반복이론(recapitulation theory), 연습이론(practice theory), 휴식이론(recreation theory)을 들 수 있다(Saracho, 2008; Johnson et al., 1987).

(1) 잉여에너지이론

잉여에너지이론의 주창자는 18세기 독일의 시인이었던 Schiller와 그의 영향을 받은 19세기 영국의 철학자 Spencer이다. 이들의 이론에 따르면, 생물체는 생존에 필요한 에너지 이상을 생성해 내며, 생존에 필요한 에너지를 소비한 후 남은 잉여 에너지의 소비를 위해 놀이를 한다는 것이다. 그러므로 일을 하는데 많은 에너지를 소모하는 성인들에 비해 잉여 에너지가 많은 영유아들이 놀이를 많이 하게 된다. 그러나 잉여에너지이론은 영유아는 잉여 에너지가 많을 때 놀이를 하지만 지치고 피곤할 때도 자신이 흥미를 갖는 놀이를 계속하는 이유를 설명해 주지는 못한다.

(2) 반복이론

본능의 관점에서 놀이를 설명하는 Hall은 개체 발생이 계통 발생을 반복하듯이, 영유아의 놀이 행동은 인류의 발달을 재현한다고 주장한다. 영유아가 놀이기구에 올라가는 것은 조상들이 열매를 따기 위해 나무에 올라가는 행동을 재현하는 것이며, 야구 놀이를 하는 것은 조상들이 하던 사냥 행동의 재현이라는 것이다. 즉, 현대 사회에서는 더 이상 필요하지 않은 원시적 본능을 제거하기 위해 놀이를 한다고 보는 것이다. 그러나 반복이론은 영유아들이 원시적 놀이보다는 시대 변화에 따라 변화해 온 다양한 장난감을 가지고 놀거나 현대 기술 공학의 발달로 등장한 컴퓨터나 스마트폰 게임하기를 즐기는 이유를 설명해 주지는 못한다.

(3) 연습이론

연습이론의 주창자인 Groos는 놀이의 목적은 성인 생활에 필요한 기술들을 연습하고 정교화하는 데 있다고 주장하였다. 출생 시의 불완전하고 미성숙한 행동들을 수없이 연습하여 완전하고 정교하게 발달시켜 주는 수단이 놀이라는 것이다. 그러나 오늘날 영유아의 놀이 경험이 영유아의 신체·인지·정서·언어 및 사회성 발달 전반에 영향을 준다는 점이 밝혀지고 있는 만큼, 놀이가 성인 생활에 필요한 기술만을 연습하는 것으로 보는 연습이론은 놀이의 기능을 지나치게 한정시켰다는 비판을 받고 있다.

(4) 휴식이론

휴식이론을 제창한 독일의 시인 Lazarus는 생존에 필요한 에너지를 쓰고 남은 에너지를 소비하기 위해 놀이를 한다는 잉여에너지이론과는 달리 놀이의 목적은 일에 소모한 에너지를 재생산하는 데 있다고 보았다. Lazarus에 따르면, 일할 때 에너지가 소모되어 에너지 결핍 증상이 나타난다고 한다. 그런데 이 결핍된 에너지는 수면이나 에너지 결핍을 가져오는 일이 아닌 다른 활동에 참여함으로써 재충전할 수 있다는 것이다. 여기서 일과 다른 활동 중 대표적인 것이 놀이이며, 놀이는 소모된 에너지를 재충전하는 가장 좋은 방법이 된다. 그러나 일에 소모된 에너지를 재충전하기 위해 놀이를 한다고 전제하는 휴식이론은 성인이 영유아에 비해 일을 많이 하기 때문에 보다 많이 놀아야만 하는데 실상은 일을 거의 하지 않는 영유아들이 성인보다 놀이를 많이 하는 이유를 설명해 주지 못한다.

이상에서 살펴본 4가지 고전 놀이 이론을 요약·비교해 보면 〈표 2-1〉과 같다.

〈표 2-1〉 고전 놀이 이론

이론	학자	놀이의 목적
잉여에너지이론	Schiller/Spencer	잉여 에너지의 맹목적 소비
반복이론	Hall	현대 사회에서 더 이상 필요치 않은 원시적 본능의 제거
연습이론	Groos	성인 생활에 필요한 기술을 연습하고 정교화함
휴식이론	Lazarus	일에 소모한 에너지의 재생산

2) 현대 놀이 이론

1920년대 이후에 등장한 현대 놀이 이론들은 영유아의 발달에 놀이가 미치는 영향을 알아보고, 놀이 행동이 일어나는 상황을 구체적으로 밝히는 데 목적을 두고 있다.

대표적인 현대 놀이 이론으로는 놀이와 영유아의 정서 발달 간의 관계를 설명하려고 하는 정신분석이론과 영유아의 인지 발달 과정에서 놀이의 역할을 규명하는 데 중점을 두는 인지발달이론, 놀이와 의사소통 간의 관계에 중점을 두는 상위의사소통이론을 들 수 있다(Frost et al, 2001).

(1) 정신분석이론

① 프로이트(Freud)의 이론

정신분석학의 창시자인 Freud는 놀이가 영유아의 정서 발달에서 중요한 역할을 한다고 주장하였다. 놀이에 관한 Freud의 이론은 그의 이론 변화에 따라서 변화하였다. 초기에 Freud는 원초아(id)에 초점을 두고, 놀이는 영유아로 하여금 금지된 충동을 방출하게 하여 안전감을 제공한다고 하였다. 그러다가 원초아보다 자아(ego)의 기능을 강조하면서 Freud는 놀이를 통해 영유아는 외상과 연관된 부정적인 감정을 다룰 수 있게 된다고 보았다. 즉, 영유아는 놀이를 하면서 역할 전환과 반복이라는 두 가지 기제를 통해 부정적인 정서를 다룰 수 있게 된다는 것이다. 역할 전환을 통해 부정적 정서를 다루는 경우를 예로 들면, 부모에게 매 맞은 영유아는 인형을 때리거나 놀이 친구를 벌줌으로써 매를 맞으면서 경험한 감정을 사물이나 다른 사람에게 대체하게 된다.

반복 놀이는 영유아가 불쾌한 사건을 다루는 또 다른 기제이다. 놀이를 통해 영유아는 불쾌한 경험을 여러 번 반복함으로써 그 경험을 자신이 다룰 수 있는 작은 부분들로 나눈다. 이러한 방식으로 영유아는 불쾌한 사건과 관련된 부정적 정서를 서서히 다루어 나가게 된다. 그 예로 Brown 등(1971)의 연구에서는 반복 놀이가 치료적 가치가 있음을 잘 보여 주고 있다. 그들의 연구 대상이 된 유아들은 공사장에서 한 인부가 20피트(ft) 아래로 추락하여 중상을 입는 것을 목격하였다. 그 유아들은 부상당한 인부가 응급 처치를 받고 난 후 응급차에 실려 병원으로 이송되는 것까지 지켜보았다. 그 사건을 목격한 유아들 중 대다수가 처음에는 심한 혼란 상태에 빠졌다. 그리하여 그들은 그 사건과 관련된 주제(추락하는 것, 죽음과 부상, 응급차, 병원)를 가지고 극놀이를 반복하였다. 그러다가 수 주 후에 그러한 극놀이가 감소하고 유아들은 더 이상 그 사건으로 인한 어려움과 혼란을 겪지 않게 되었다.

② 에릭슨(Erikson)의 이론

Erikson(1993)은 놀이가 영유아의 정상적인 성격 발달에 기여한다고 보고, 놀이에 관한 정신분석이론을 확장하였다. Erikson에 따르면, 놀이는 영유아의 심리사회적 발달을 반영하는 단계들을 거쳐 발달한다고 한다. 놀이는 영유아가 현실의 요구를 다루어 나가도록 돕는 모델 상황이 된다. 자신의 주 저서인 『아동기와 사회(*Childhood and Society*)』에서 Erikson은 놀이가 다음과 같은 3단계를 거쳐서 발달한다고 주장하였다.

첫 번째 단계는 자기 세계 놀이(autocosmic play)로, 영아는 출생 시부터 자신의 신체를 이용하여 감각이나 근육 운동 및 발성을 반복하여 시도하는 놀이를 한다.

두 번째 단계는 나와 가족을 포함하는 놀이를 하는 미시 영역(micro-sphere) 놀이기이다. 자기 세계 놀이기가 끝날 즈음에 영아의 놀이 대상이 주변 사물이나 사람, 특히 가족에게로 옮겨가게 된다. 영아는 다양한 발성을 했을 때 어머니나 주변 사람들의 반응의 변화를 살펴보고, 어머니의 얼굴이나 신체를 만지는 놀이를 한다. 그리고 나서 장난감이나 사물을 놀이의 대상으로 하게 된다.

세 번째 단계인 거시 영역(macro-sphere) 놀이기에 유아는 다른 사람과 함께 놀이를 하게 된다. 이 단계에서는 놀이의 대상을 나와 가족뿐만 아니라, 유치원이나 어린이집, 학교, 사회에서 접하는 사람들로 넓혀 가고, 자아를 조절하면서 현실 세계에 적응하는 방법도 배우게 된다. 이 단계에서 유아는 단독 놀이를 해야 할 경우와 사회적 놀이에 참여해야 하는 경우를 학습하게 된다.

이상에서 살펴본 정신분석이론은 영유아가 놀이를 통해 긴장을 방출함으로써 생활상의 문제에 대처할 수 있게 되고, 놀이 상황에서 위협을 덜 느끼고, 자신의 진정한 감정을 쉽게 표현하여 불안과 갈등을 다루는 방법을 배움으로써 적응에 도움을 받는다는 점을 강조한다.

(2) 인지발달이론

① 피아제(Piaget)의 이론

영유아의 인지 발달에 관하여 가장 포괄적이고 체계적인 이론을 정립하고 제시한 Piaget(1962)는 영유아의 사고 과정은 일련의 인지 발달 단계를 거쳐 발달한다고 보았다. 이때 발달이란 영유아가 환경과 상호작용하여 적응해 가는 과정을 의미한다. 적응은 동화와 조절이라는 상호 과정을 통해서 이루어진다. 동화란 영유아가 외부에서 주어지는 정보를 자신이 지니고 있는 기존의 인지 구조에 부합시키는 것을 의미하며, 정보가 자신의 인지 구조와 부합되지 않을 때 영유아는 인지적으로 불균형 상태에 처하게 된다. 인지적 불균형 상태에서 벗어나기 위해 영유아는 자신의 인지 구조를 현실에 맞게 변형시키게 되는데 이 과정이 바로 조절이다.

이러한 적응 과정에서 놀이란 동화가 조절보다 우세한 불균형 상태를 의미하며, 영유아는 놀이를 통해 새로운 기술을 학습하기보다는 이미 습득한 기술들을 연습하여 공고히 하게 된다. 즉, 영유아의 인지 구조가 보다 높은 수준으로 발달해 가기 위해서는 연습을 필요로 하는데, 놀이가 연습을 허용하는 완벽한 장면을 제공하므로 놀이를 통해 영유아는 자신의 인지 구조를 발달시켜 간다.

Piaget는 놀이의 유형이 영유아의 현재 인지 발달 수준을 반영한다고 보고, 각 인지 발달 단계에서 우세하게 나타나는 놀이의 유형을 〈표 2-2〉와 같이 제시하였다.

〈표 2-2〉 인지 발달 단계와 놀이의 유형

단계	연령	대표적인 놀이의 유형
감각 운동기	출생~2세	연습 놀이
전조작기	2~7세	상징 놀이
구체적 조작기	7~11세	규칙 있는 게임

〈표 2-2〉에서 알 수 있듯이, 2세 미만 영아들은 자신의 신체를 반복적으로 움직이는 연습 놀이를 주로 하는데, 이는 아직까지 상징적 표상에 필요한 인지 능력이 발달되지 않았기 때문이다. 연습 놀이를 통해 감각 기관과 운동 기능을 공고히 한 영아들은 인지 발달의 두 번째 단계인 전조작기에 들어서면서 상징 놀이를 시작한다. 자기 중심적 사고에서 벗어나지 못한 전조작기의 유아들은 자기 중심적 사고로 인해 자신의 욕구를 우선적으로 중요하게 생각하여 자신의 욕구에 따라 새로운 세계를 만들어가는 상징 놀이를 하게 된다. 인지 발달의 세 번째 단계인 구체적 조작기에 있는 아동의 놀이는 집단의 규칙과 도덕의 영향을 받는다. 즉, 놀이 집단에서 정한 규칙을 지켜야 하며, 규칙을 변경하려면 다른 집단 구성원의

동의가 있어야 함을 알게 된다. 점차 자기 중심적 사고에서 벗어나면서 아동은 구조화된 놀이로서의 게임을 이해하게 된다. 게임에 적용되는 규칙을 지키는 경험을 반복함으로써 아동은 정해진 규칙 내에서 자신의 감정과 행동을 조절하는 방법과 다른 아동의 의견을 수용하고, 집단에서 필요한 사회적 기술을 배우게 된다. 따라서 규칙 있는 게임은 Piaget가 제시한 3가지 놀이 유형 중에서 가장 수준 높은 놀이의 유형이라고 할 수 있다.

② 비고츠키(Vygotsky)의 이론

영유아의 인지 발달이나 학습은 사회와의 상호작용과 사회적 경험의 산물이라고 주장한 Vygotsky는 놀이가 영유아의 인지 발달에서 보다 직접적인 역할을 하며, 특히 상징 놀이는 추상적 사고 발달에서 중요한 역할을 한다고 보았다. 어린 영아의 경우는 사물과 의미가 하나로 혼재되어 있기 때문에 추상적 사고가 곤란하다. 예를 들면, 어린 영아는 실제 말(horse)이 없으면 말에 관하여 다양한 생각을 하지 못한다. 그런데 가상 놀이(pretend play)를 통해 지팡이를 말로 나타내 한 사물을 다른 사물로 대체함으로써 사물에서 의미를 분리하게 되어 추상적 사고를 할 수 있게 된다. 이처럼 상징 놀이는 영유아의 고등 사고 발달을 돕고, 현실에서 벗어나 자신의 감정과 생각을 표현하게 하고, 인지적으로 세상을 이해할 수 있도록 지원한다.

③ 브루너(Bruner)의 이론

Bruner(1976)는 놀이가 영유아의 창의성과 융통성(flexibility)을 촉진시킨다고 보았다. 놀이를 하는 동안 영유아는 특정 목적을 반드시 달성해야 한다는 압박감이 없기 때문에 새로운 행동들을 조합해 보는 다양한 시도를 해 볼 수 있다. 일단 새로운 행동 조합이 이루어지면 영유아는 이를 실제 생활에서 대면하는 문제들을 해결하는데 사용할 수 있게 된다. 그러므로 놀이는 영유아에게 다양한 행동 선택의 기회를 부여함으로써 사고의 융통성을 촉진하는 데 기여한다.

(3) 상위의사소통이론

이 이론은 인류학자인 Bateson이 주장한 이론이다. Bateson이 '놀이와 환상이론(theory of play and fantasy)'에서 제창한 상위의사소통이론은 놀이와 의사소통 간의 관계에 중점을 두고 설명한다. 놀이를 할 때는 다양한 방식으로 의사소통이 이루어지는데 다양한 놀이 상황, 사물, 행동을 놀이 친구에게 이해시키고, 설명해 주기 위한 의사소통이 상위의사소통이다. 인간이 놀이를 하기 전인 원시 사회에서 대인 관계에 사용하였던 신호(signal)는 다양하지 않고 제한적이었다. 그러다 놀이가 시작된 후부터는 놀이가 탈맥락적인 의사소통을 허용하기 때문에 현존하지 않는 것(예: 과거나 미래의 일)에 대한 의사소통도 가능해졌다. 즉, 놀이가 탈맥락화(decontextualization)를 위한 도구가 되는 것이다.

Bateson이 주장한 이론의 핵심 개념은 놀이 틀(play frame)로, 여기서 틀이란 영유아가 놀이를 시작하기 전에 놀이 중에 일어나는 일이 실제 상황이 아니라, 놀이임을 다른 영유아들이 알도록 설정하는 틀 또는 맥락을 의미한다. 놀이 틀을 설정해 놓지 않으면 꾸중하는 어머니 역할을 맡은 영유아는 꾸중을 듣는 역할을 맡은 영유아에게 오해를 받고 사회적으로 불화를 겪게 된다. 그러므로 영유아는 놀이 중 행동이 실제 행동이 아님을 놀이 틀을 설정하여 전달해야만 한다. 이와 같이 영유아는 놀이를 하면서 상위의사소통을 통해 역할을 설정하고, 재설정해 나가면서 자신이 맡은 역할에 적응하는 능력을 학습하게 된다(Frost et al., 2001, 재인용, pp. 42-43).

이상에서 살펴본 현대 놀이 이론들을 요약, 비교해 보면 〈표 2-3〉과 같다.

〈표 2-3〉 현대 놀이 이론

이론	학자	놀이의 역할
정신분석이론	Freud	외상 다루는 방법을 배움
	Erikson	정상 성격 발달을 도모하여 적응에 기여
인지발달이론	Piaget	이전에 학습한 기술을 연습하고 공고히 함
	Vygotsky	사물과 행위로부터 의미를 분리시켜 추상적 사고 발달을 촉진
	Bruner	행동과 사고의 융통성 촉진
상위의사소통 이론	Bateson	상위의사소통을 통해 역할 설정과 재설정 하는 것을 학습하면서 맡은 역할에 적응하는 능력 배양

2. 놀이 유형

놀이의 유형에 대해서는 학자마다 의견이 다양한데 여기서는 Parten이 제시한 사회적 놀이의 유형과 Smilansky, Frost와 Klein이 제시한 인지적 놀이의 유형으로 구분하여 살펴보고자 한다.

1) 사회적 놀이의 유형

영유아기 동안 나타나는 사회적 놀이의 양상에 관심을 가진 Parten(1932)은 사회적 놀이를 비참여 행동과 방관자적 행동을 포함하여 사회적 성숙도가 가장 낮은 혼자 놀이에서부터 사회적 성숙도가 가장 높은 협동 놀이까지 6단계로 구분하였다.

(1) 비참여 행동(unoccupied behavior)

비참여 행동은 순간적 흥미에 의해 특정한 것에 몰두하여 바라만 보는 등의 목적이 없는 행동으로, 엄밀한 의미에서 놀이라고 볼 수 없는 행동이다. 흥미 있는 것이 없을 때는 자신의 신체를 만지작거리거나 의자에 앉았다 일어나거나 목적 없이 배회한다. 영유아가 놀이에 흥미가 없거나 기분이 좋지 않을 때, 또래 관계가 원만하지 않을 때 비참여 행동이 나타날 수 있다.

(2) 방관자적 행동(onlooker)

방관자적 행동이란 다른 영유아들이 노는 것을 관찰하고, 놀고 있는 친구들에게 말을 걸거나 질문을 하고 제안을 하기도 하지만 정작 자신은 놀이에 참여하지 않는 것이다. 즉, 다른 영유아들이 노는 것을 구경꾼처럼 지켜보면서 대부분의 시간을 보내는 것을 뜻한다.

(3) 단독 놀이(solitary play)

사회적 상호작용의 정도가 매우 낮은 유형의 놀이로서, 다른 영유아와 동일한 장소에서 가까이 앉아서 서로 다른 놀잇감을 가지고 독자적으로 놀이를 하는 것이다. 옆에서 놀고 있는 다른 영유아들에게 관심을 갖지 않고 자신의 놀이에만 몰두한다.

(4) 병행 놀이(parallel play)

병행 놀이는 주변의 다른 친구들과 같은 놀잇감을 가지고 놀기는 하지만 서로 접촉하거나 간섭하지 않고 혼자서 노는 집단 놀이의 한 형태이다. 때로 놀잇감을 빌려주기도 하지만 다른 친구와 함께 놀이를 하지는 않고 단지 나란히 앉아 각자 노는 것이라고 할 수 있다.

(5) 연합 놀이(associative play)

다른 영유아와 함께 노는 집단 놀이의 일종으로 놀이 내용에 대해 서로 이야기를 주고받거나 놀잇감을 빌려주기도 하지만 역할 분담이나 놀이의 내용을 함께 조직적으로 전개하지는 못하는 유형의 놀이이다. 놀잇감을 공유하거나 차례를 지키며 폭 넓은 의사소통이 이루진다는 점에서 병행 놀이보다는 사회적 상호작용의 정도가 높은 유형의 놀이이다.

(6) 협동 놀이(cooperative play)

협동 놀이는 사회적 상호작용의 정도가 가장 높은 유형의 놀이로 볼 수 있다. 공동의 목표 달성을 위해 한두 명의 유아가 지휘권을 갖고 서로 역할 분담을 하며, 때로는 역할을 바꾸기도 하면서 조직적으로 진행하는 놀이이다.

2) 인지적 놀이의 유형

Piaget(1962)는 인지 발달과 더불어 영유아의 놀이도 연습 놀이, 상징 놀이, 규칙 있는 게임의 3단계로 발달해 간다고 보았다. Smilansky(1968)는 인지적 놀이의 유형을 기능 놀이, 구성 놀이, 극놀이, 규칙 있는 게임으로 구분하였으며, 이를 토대로 Frost와 Klein(1979)은 기능 놀이, 구성 놀이, 상징 놀이, 사회극 놀이, 규칙 있는 게임으로 구분한 바, 이를 간략하게 살펴보면 다음과 같다.

(1) 기능 놀이(functional play)

감각 운동적 놀이의 형태로 영유아가 기능적 즐거움을 추구하기 위해 사물을 가지고 또는 사물 없이 같은 동작을 반복적으로 되풀이 하는 단순한 놀이 행동이다. 예를 들면, 영아가 우연히 모빌을 잡아당겨서 모빌이 움직이는 것을 보고 즐거워하며, 이 행동을 반복하는 것이다. 기능 놀이는 생후 2년 이내의 영아들에게서 주로 나타나며(Rubin et al, 1983), 새로운 신체적·정신적 기술을 익히기 위한 놀이로 Piaget는 기능 놀이를 연습 놀이라고 하였다. 기능 놀이에는 특별한 기술이나 상징이 필요하지는 않다.

(2) 구성 놀이(constructive play)

구성 놀이란 유아가 미리 생각해 놓은 자신의 계획에 따라 구성물을 창작하는 것으로(박낭자 외, 2004), 기능적 활동에서 창조적 활동으로의 전환을 뜻한다. 구성 놀이의 예로는 영유아가 블록을 가지고 집이나 배 등의 건축물을 짓거나 다양한 폐품이나 재료들을 이용해 터널이나 성을 만드는 것을 들 수 있다.

질 높은 구성 놀이가 유아의 확산적 문제 해결력과 수렴적 문제 해결력에 영향을 미치는 것(한석실·박주희, 2007)을 볼 때, 질 높은 구성 놀이가 이루어질 수 있는 환경 제공이 매우 중요하다.

(3) 상징 놀이(symbolic play)

일반적으로 상징 놀이란 눈에 보이지 않는 대상을 표상하거나 사물이나 상황을 실제와 다르게 변형시켜서 표상하는 놀이로(이숙재, 2004), 2세 말경부터 나타난다. 아무 것도 들어 있지 않은 장난감 잔을 들고 우유 마시는 시늉을 하거나, 막대 달린 빗자루를 들고 말 타는 시늉을 하는 것을 상징 놀이의 예라고 할 수 있다. 상징 놀이를 극놀이와 동의어로 사용하는 학자들(Frost & Klein, 1979)도 있고, 학자에 따라 가상 놀이, 상상 놀이, 역할 놀이 등 다양한 용어로 사용하는 등 약간의 차이가 있는데 이들 모두에는 가작화 요소가 내포되어 있다는 공통점이 있다. 상징 놀이는 영유아의 어휘를 증가시키고 언어 생활을 풍부하게 하며(Fromberg & Bergen, 1998), 융통성과 창의성을 길러 준다(Pepler & Ross, 1981).

(4) 사회극 놀이(sociodramatic play)

두 명 이상의 유아가 함께 참여하는 극놀이로 상징 놀이가 더욱 발전된 형태의 놀이이다. 사회극 놀이는 유아의 인지와 사회적 능력의 발달과 밀접한 관련이 있으며, 유아는 사회극 놀이에 참여함으로써 창의력, 지적 발달, 사회적 기술 발달을 도모할 수 있다. Smilansky(1968)는 극놀이(dramatic play)가 사회극 놀이로 발전하기 위해서는 다음과 같은 6가지 준거를 충족시켜야 한다고 보았다.

① 역할의 가작화 : 가상적 역할을 행동이나 언어 또는 행동과 언어로 모방하여 표현한다.

② 사물의 가작화 : 사물이나 장난감의 용도를 가작화하여 동작이나 언어로 표현한다.

③ 행동과 상황의 가작화 : 행동과 상황을 언어로 가작화한다

④ 역할 놀이의 지속성 : 한 가지 놀이 주제나 역할을 최소 10분 이상 지속한다.

⑤ 상호작용 : 하나의 놀이 주제를 가지고 최소한 두 명의 놀이자가 상호작용을 한다.

⑥ 언어적 의사소통 : 놀이 주제에 관하여 놀이자들이 언어적으로 의사소통한다.

Smilansky는 역할의 가작화, 사물의 가작화, 행동과 상황의 가작화 및 역할 놀이의 지속성을 극놀이의 준거로, 상호작용과 언어적 의사소통을 사회극 놀이의 준거로 보았다(Smilansky & Shefatya, 1990). 즉, 두 명 이상의 놀이자들이 하나의 놀이 주제를 가지고 상호작용하면서 언어적으로 의사소통이 이루어져야 사회극 놀이라고 할 수 있다.

(5) 규칙 있는 게임(games with rules)

구체적 조작기(7~11세)에 들어서면서부터 나타나는 놀이로 가장 발전된 형태의 놀이 유형이다. 정해 놓은 규칙에 따라 두 명 이상의 또래와 게임 형태로 놀이를 하게 된다. 유아가 규칙을 준수하면서 게임을 하려면 규칙을 올바르게 이해하고 적절하게 적용하면서 주어진 한계 내에서 자신의 행동과 반응을 조절할 수 있어야 한다(이숙재, 2004). 게임을 통해 유아는 규칙을 내면화하면서 일상생활에서의 규칙과 질서를 습득하게 되며, 나이가 들어가면서 다양한 게임을 즐기게 되고 게임은 성인기까지 지속된다.

3장

물리적 환경과 놀이

환경은 인간의 사고와 행동뿐만 아니라 타인과의 상호작용에도 지대한 영향을 미친다. 이러한 환경의 영향은 성인보다는 오감을 통해 환경을 탐색하고 경험함으로써 성장·발달하는 영유아에게 더욱 중요한 영향을 미친다. 따라서 영유아 교육 기관은 영유아가 생활하고 학습하는 실내외 공간을 다양한 흥미 영역으로 짜임새 있게 구성하고, 각 영역에 다양한 교구와 놀잇감을 비치하여 영유아 간의 놀이를 통한 상호작용을 촉진하고 이를 통해 질 높은 놀이 활동이 이루어지도록 지원할 필요가 있다. 즉, 영유아의 발달에 적합하고 세심하게 구성된 놀이 환경을 제공하여 활발한 활동을 촉진하고, 이를 통해 교육 목표를 효과적으로 달성하도록 돕는 중요한 역할을 수행해야만 한다. 이 장에서는 영유아의 발달을 지원하는 놀이 환경에 대한 이해를 돕기 위해 실내외 놀이 환경 구성에 관하여 살펴보고자 한다.

1. 실내놀이 환경 구성

1) 실내놀이 환경 구성 요소

영유아의 감각, 신체 및 운동 발달, 사회성 발달을 지원하기 위한 실내놀이 환경은 다음과 같은 요소들을 반영하여 구성할 필요가 있다.

〈표 3-1〉 실내놀이 환경 구성 요소

요소	중요성
안전	안전한 환경은 영유아의 자유로운 신체 움직임과 탐색을 촉진하고 새로운 도전을 격려할 수 있다. 안전한 환경에서 교사도 영유아의 놀이를 관찰·지원하고, 영유아의 놀이에 참여하여 함께 놀이할 수 있다.
건강	영유아 교육 기관은 영유아들이 집단 생활을 하는 장소이므로, 건강하고 위생적인 환경 조성을 통해 영유아의 질병 및 감염 발생을 예방해야 한다.
편안함	하루 중 영유아가 기관에서 생활하는 시간이 늘어나고 있는 현실에서 영유아들이 편안하게 생활하고 놀이할 수 있는 환경 조성을 통해 즐겁고 편안하게 생활을 할 수 있도록 지원한다.
편리함	장시간 영유아 교육 기관에서 생활하는 영유아들에게 불편한 환경은 안전사고 발생 가능성을 높이고, 놀이에 몰입하는 것을 방해하며 정서적으로도 불안감을 유발한다. 아울러 불편한 환경은 교사의 피로감과 긴장감도 높이므로 편리한 환경 조성을 통해 영유아와 교사의 욕구를 충족시키고 일과에 원만하게 참여할 수 있도록 지원한다.
영유아의 신체 크기	영유아들이 사용하는 책걸상과 교구장, 놀잇감 등은 영유아의 신체 크기를 고려하여 비치하여 영유아가 편안하게 언제든지 활용할 수 있도록 지원하는 것이 중요하다.
융통성	영유아가 성장하면서 신체가 발달하고 흥미나 호기심이 변화하기 때문에 이를 반영하기 위해 환경을 재구성 할 수 있도록 융통성 있는 환경을 구성해 줄 필요가 있다.
움직임	영유아는 신체 움직임을 통해 대소근육을 발달시키고, 주변 환경을 탐색하고 세상을 알아 가기 때문에 영유아 교육 기관에서 환경 구성 시 영유아의 움직임을 허용하는 환경을 구성해야 한다.
선택	다양한 놀이 환경과 놀잇감을 제공함으로써 영유아가 자신이 좋아하고 흥미 있는 놀이 활동을 선택하여 실행 할 수 있는 풍부한 기회를 제공하는 것이 중요하다.

2) 흥미 영역의 중요성

일반적으로 영유아가 생활하는 교실은 자유선택활동(영아반은 자유놀이활동)을 위한 흥미 영역으로 구성된다. 흥미 영역의 구성은 교사의 철학, 교사와 영유아의 비율, 영유아의 발달적 특성, 욕구와 흥미, 놀잇감의 수량과 종류 등에 따라 달라진다. 다양한 놀이와 학습을 위한 교재·교구 및 놀잇감을 갖춘 흥미 영역에서 영유아는 자신의 발달 수준과 요구에 따라 새로운 경험을 통해 여러 영역의 발달을 통합적으로 이루어 나가며, 개념을 습득하고 지식과 기술을 배운다.

영유아의 놀이를 지원하기 위해 교실에 구성하는 흥미 영역은 다음과 같은 가치를 가지고 있다.

첫째, 영유아의 흥미에 따라 폭넓은 경험의 기회를 제공한다. 둘째, 물리적·시각적 경계를 제공하여 영유아의 주의를 집중시키고, 다른 영유아로부터 방해를 받지 않고 활동에 몰두할 수 있다. 셋째, 놀이할 영역을 스스로 선택하여 참여하는 과정에서 의사 결정 능력과 판단력, 자율성 등을 기를 수 있다. 넷째, 영유아 개개인의 놀이 속도에 따라 활동을 진행할 수 있다.

교실에 구성한 흥미 영역에서 바람직한 놀이 활동이 일어나도록 지원하기 위해서는 다음과 같은 사항을 고려할 필요가 있다.

첫째, 충분하고 다양한 종류의 놀잇감을 제공한다. 놀잇감이 부족하면 영유아 간에 다툼이 빈번하게 발생하여 바람직한 놀이가 진행되는 것을 방해한다. 따라서 각 반당 영유아 수를 고려하여 충분한 수의 놀잇감을 제공하고 영유아의 발달 정도, 흥미 등을 고려하여 다양한 종류의 놀잇감을 제공해야 한다. 특히 영아들은 아직 친구와 놀잇감을 공유하는 것이 어려우므로 똑같은 모양과 똑같은 크기의 놀잇감을 두 개 이상 비치해 주도록 한다. 참고로 '제3차 어린이집 평가인증: 통합지표'에서는 영역별 활동 자료를 영아 각각 3종 이상, 유아 각각 4종 이상 구비하도록 제시하고 있으며, 교실에 구성된 흥미 영역에 기본적으로 비치해 주는 활동 자료 외에 보육계획안의 주제와 관련된 활동 자료를 만 0~1세는 2개 이상, 만 2세는 4개 이상, 만 3~5세는 5개 이상 다양하게 비치해 줄 것을 제안하고 있다(보건복지부·한국보육진흥원, 2018).

둘째, 영유아의 놀잇감 선택과 정리를 돕는 교구장을 비치한다. 놀잇감을 교구장에 비치해 두어 영유아가 놀이에 필요한 놀잇감을 스스로 쉽게 찾아 놀이하고, 놀이 후에는 제자리에 정리할 수 있도록 있도록 배려한다.

셋째, 영유아가 놀이할 수 있는 충분한 공간을 제공한다. 특히 놀이의 특성상 보다 넓은 공간이 필요한 영아반의 신체 영역이나 영유아반의 역할이나 쌓기 영역은 충분한 공간을 확보해 주도록 한다.

넷째, 영유아가 놀이를 하면서 발생하는 소음이나 다소의 혼잡함을 허용한다. 영유아가 신체, 쌓기, 역할 등의 영역에서 교구를 가지고 놀이를 하거나 친구와 함께 놀이를 하고 음률 영역에서 악기를 연주하는 등 동적 놀이를 하면 소음이 발생할 수밖에 없는데 교사가 이를 허용하지 않고 조용한 놀이만을 유도하거나 제한할 경우 영유아의 전인 발달을 지원하기 어렵다.

다섯째, 교실 영역 전체가 교사 시야에 들어올 수 있도록 환경을 구성하여 놀이 중에 발생할 수 있는 영유아 간의 갈등이나 교사의 놀이 개입이 필요한 상황, 놀이 중 위험한 상황을 파악하여 적절하게 대처할 수 있어야 한다.

여섯째, 영유아는 새로운 자극을 지속적으로 추구하므로 교육계획안을 실행할 때 주기적으로 변화가 있는 놀이 환경을 제공해야 하는 경우가 있다. 따라서 변화와 다양성을 추구할 수 있도록 실내놀이 환경을 구성할 필요가 있다.

3) 흥미 영역 구성 원리

유치원과 어린이집 교실의 흥미 영역 구성에서 가장 우선적으로 고려하는 점은 발달 적합성에 기초하여 흥미 영역을 구성하는 것으로, 교실 흥미 영역을 구성할 때 다음과 같은 사항을 고려해야 한다.

〈표 3-2〉 교실 흥미 영역 구성 시 고려 사항

동적 영역	활동적이고 건조한 영역	• 역할·쌓기·음률 영역은 영유아의 활동 반경이 넓고 활동 시 소음도 큰 편이므로 교실 안쪽보다는 입구에 가까운 쪽에 배치하고, 소음도를 고려하여 음률 영역을 입구 쪽에 가장 가깝게 배치하면 좋다. • 역할과 쌓기 영역을 연합하여 구성하면 활동의 연계성 면에서 편리하다.
동적 영역	활동적이고 물이 있는 영역	• 미술 영역은 물을 사용하거나 영유아들의 상호작용이 원활한 영역으로 교실 안쪽보다 입구 쪽에 있으면 편리하다. • 교실 안에 화장실이나 간이 세면대가 있는 경우 참조하여 배치한다. • 미술 영역 벽면을 영유아 활동물 게시 공간으로 사용하면 좋다.
정적 영역	조용하고 건조한 영역	• 언어 영역과 수·조작 영역(영아반 감각·탐색 영역)은 교실 안쪽에 위치하는 것이 좋다. • 혼자 쉬는 휴식 영역은 교실 안쪽에 배치하고 교실이 협소한 경우 언어 영역에 깔개와 쿠션을 비치하여 함께 사용하도록 한다.
정적 영역	조용하고 물이 있는 영역	• 과학 영역은 식물 기르기 등의 활동이 많으므로 창문 쪽에 배치하는 것이 바람직하며 수·조작 영역 옆에 함께 배치해도 좋다.

출처: 보건복지부·중앙육아종합지원센터(2017). 2017 어린이집 설치운영 길라잡이. p. 33.

▶흥미 영역 구성 시 유의 사항

- 영유아가 교구를 사용하기 편리하도록 연령에 적합한 교구장을 제공한다.
- 영유아에게 다양한 경험을 제공하고 적극적인 활동 참여를 위해 연령에 적합한 놀잇감과 교구를 제공한다.
- 영유아의 활동과 관계없는 비품은 흥미 영역에 배치하지 말고 남은 여분 공간에 배치한다.
- 영아는 또래와 함께하는 놀이보다 단독 놀이에 익숙하므로 똑같은 놀잇감을 충분히 제공하여 영아 간 갈등을 미리 예방한다.
- 영유아 연령에 적합한 탁자를 배치하여 놀이 활동 및 급·간식 활동을 지원한다.
- 눈높이를 고려해 벽면에 자료를 게시하여 영유아가 자연스럽게 탐색하고 흥미를 갖도록 지원한다.
- 영역을 구성할 때 모든 영역이 교사의 시야에 들어올 수 있도록 배치하여 안전한 놀이 활동을 지원한다.

출처: 보건복지부·중앙육아종합지원센터(2017). 2017 어린이집 설치운영 길라잡이. p. 34.

4) 흥미 영역별 특성

영아반, 유아반 교실의 각 영역별 특성을 정적 영역, 동적 영역으로 구분하여 살펴보면 다음과 같다.

(1) 정적 영역

정적 영역	연령	주요 내용	비고
언어 영역	0~1세	• 0세 : 자발적 언어 활동을 할 수 있도록 교실 안쪽의 밝은 곳에 듣기, 말하기, 읽기, 쓰기 환경을 균형 있게 지원하여 언어적 표현력이 풍부해지도록 지원 • 1세 : 언어적 표현력이 급속히 증가하므로 표현에 긍정적인 반응을 보여 주고, 언어적 표현력이 증가하도록 교실 안쪽의 밝은 곳에 듣기, 말하기, 읽기, 쓰기 환경을 균형 있게 지원	듣기, 말하기, 읽기, 쓰기 환경의 균형적 지원을 위해서는 연령과 발달에 적합한 놀잇감의 지원이 전제가 됨에 유의
	2세	• 1세보다 언어적 표현력과 어휘력이 증가하므로 교실 안쪽의 밝은 곳에 듣기, 말하기, 읽기, 쓰기 경험이 균형 있게 제공되도록 교구나 놀잇감을 주제에 맞게 지원	
	유아	• 교실 안쪽의 밝은 곳에 듣기, 말하기, 읽기, 쓰기 활동이 균형적으로 제공되도록 하여 유아들이 자유롭게 문자에 대한 호기심을 갖고 적극 탐색할 수 있도록 지원	
감각·탐색 영역	0~1세	• 0세 : 대다수의 놀잇감 탐색이 빨기로 시작되므로 안전에 위험 요소가 없는 크기나 재질의 놀잇감을 제공하여 다양한 감각의 자연스러운 발달을 지원 • 1세 : 0세보다 소근육 조절 발달을 위한 다양한 환경을 제공하고, 놀잇감 탐색이 빨기를 통하여 이루어지므로 안전에 위험 요소가 없는 크기나 재질의 놀잇감을 지원	빨기 놀잇감의 청결 관리와 자연물 놀잇감의 정기적인 보관 상태를 점검
	2세	• 1세보다 소근육 조절과 협응이 발달하고 주변 사물에 대한 다양한 탐색이 증가하므로 안전을 고려하여 교구 및 실물, 자연물을 지원	

정적 영역	연령	주요 내용	비고
수·조작 및 과학 영역	유아	• 수·조작 영역 : 소근육, 논리적 사고, 수학적 사고, 문제 해결과 관련된 활동을 하도록 교실 안쪽에 구성하여 조용한 분위기를 제공하고 소근육 발달 증진 및 연령에 적합한 수학적 사고 경험을 제공하도록 환경을 지원	수·조작 및 과학 영역은 교실의 상황에 따라 연합 배치하거나, 수·조작 영역과 과학 영역으로 분리해 배치 가능
		• 과학 영역 : 교실 안쪽 햇빛이 잘 드는 곳에 구성하고 다양한 실물과 동식물을 직접 관찰하고 탐구할 수 있도록 주제에 맞는 다양한 자료들을 제공하여 관찰하도록 하며, 결과를 벽면에 게시하여 친구들끼리 서로의 내용을 비교하고 사고하는 기회를 지원	

출처: 보건복지부·중앙육아종합지원센터(2017). 2017 어린이집 설치운영 길라잡이. p. 35.

(2) 동적 영역

동적 영역	연령	주요 내용	비고
신체 영역	0~1세	• 움직임의 욕구가 강하고 끊임없이 주변을 탐색하므로 실내에 공간을 마련하여 항상 대근육 활동 환경을 지원	교실이 협소한 경우 실내 여유 공간을 마련하여 활동 지원
	2세	• 1세보다 훨씬 신체 움직임이 활발하므로 다양한 신체 활동을 즐길 수 있도록 교실에 공간을 마련하여 항상 대근육 활동 환경을 지원	
미술 영역	2세	• 1세와 달리 창의적 표현 활동이 증가하므로 다양한 표현 활동 및 환경을 지원하고 벽면에 활동물을 게시하여 자신의 활동에 긍정적인 느낌을 갖도록 지원	0~1세는 언어 영역에 끼적이는 공간을 마련하거나, 탐색 영역에 미술 놀잇감을 비치하여 지원
	유아	• 다양한 재료를 이용하여 그리기, 만들기, 꾸미기와 같은 표현 활동이 이루어지도록 하고, 완성된 작품이나 결과물의 감상 기회를 제공하는 영역을 교실 안쪽보다 입구에 가까운 쪽에 구성하여 마음껏 탐색하고 즐길 수 있도록 지원	

<table>
<tr><th>동적 영역</th><th>연령</th><th>주요 내용</th><th>비고</th></tr>
<tr><td rowspan="2">음률 영역</td><td>2세</td><td>• 연령에 적합한 음률 놀잇감과 동작 활동 자료를 제공하여 다양한 소리 탐색 및 신체 표현 활동이 일어나도록 지원</td><td rowspan="6">0~1세는 자발적으로 다양한 영역을 활동하기 어렵지만 다양한 놀이 환경은 필요하므로 신체 영역이나 탐색 영역에 0~1세의 놀이 특성을 고려하여 다양한 역할·쌓기·음률 놀잇감을 비치하여 지원</td></tr>
<tr><td>유아</td><td>• 유아들이 음악을 듣고, 노래를 부르고, 여러 가지 악기 소리를 스스로 만들어 보거나 소리를 탐색하며 신체적 표현을 하는 영역으로, 활동적이고 소음이 많은 영역이므로 가능한 교실 입구 가까운 쪽에 구성하여 다른 영역에 방해가 되지 않도록 지원</td></tr>
<tr><td rowspan="2">역할 영역</td><td>2세</td><td>• 1세에 비해 이전 관찰 경험을 놀이 활동으로 재연하는 지연 모방이 정확하게 일어나므로 다양한 역할 놀이가 일어나도록 역할 소품과 다양한 역할 놀이 교구 및 놀잇감 등을 지원</td></tr>
<tr><td>유아</td><td>• 유아가 가정이나 주변 환경에서 경험한 다양한 역할을 모방하거나 관련 교구를 통해 가작화하여 풍부한 상상 놀이 및 사회극 놀이를 하는 영역으로 쌓기 영역과 연합하여 구성하고 활동 연계나 확장이 되도록 지원</td></tr>
<tr><td rowspan="2">쌓기 영역</td><td>2세</td><td>• 블록을 이용한 공간 구성력과 분류 능력이 발달하므로 다양한 재질과 크기, 모양의 블록을 제공하고 바닥에 깔개나 카펫을 깔아 적극적인 쌓기 활동을 지원</td></tr>
<tr><td>유아</td><td>• 대근육과 소근육 발달을 돕고 공간적 관계, 크기, 모양 등의 개념을 이해하도록 돕는 영역으로, 블록을 최대한 활용할 수 있도록 충분한 공간을 제공하고 소음을 줄이기 위하여 깔개나 카펫을 깔아 인접 영역에 방해를 주지 않도록 배려</td></tr>
</table>

출처: 보건복지부·중앙육아종합지원센터(2017). 2017 어린이집 설치운영 길라잡이. p. 36.

2. 영아반 실내놀이 환경 구성

1) 영아반 흥미 영역 구성 및 놀잇감

어린이집을 이용하는 만 0~2세 영아의 자유놀이를 위해 보육실에 구성하도록 권장하는 흥미 영역은 〈표 3-3〉과 같다.

〈표 3-3〉 영아반 보육실 흥미 영역 구성

<table>
<tr><th>연령</th><th>흥미 영역</th><th>유의 사항</th></tr>
<tr><td>만 0세</td><td>신체 영역, 언어 영역, 감각·탐색 영역</td><td rowspan="3">• 0~1세의 경우 음률 영역, 역할 영역, 쌓기 영역, 미술 영역을 구분하여 활동하는 것이 어려우므로 관련 놀잇감을 신체, 언어, 감각·탐색 영역에 영아의 놀이 특성을 고려하여 배치하도록 지원
• 보육실마다 정적 영역에 휴식 영역 구성</td></tr>
<tr><td>만 1세</td><td>신체 영역, 언어 영역, 감각·탐색 영역, 역할·쌓기 영역</td></tr>
<tr><td>만 2세</td><td>신체 영역, 언어 영역, 감각·탐색 영역, 미술 영역, 음률 영역, 역할·쌓기 영역</td></tr>
<tr><td>Tip</td><td colspan="2">20인 이하 어린이집의 경우 면적이 협소하여 공간상의 제약이 있을 수 있으므로 한 보육실 내에 모든 흥미 영역을 구성하기 어려운 경우에는 어린이집 내에 흥미 영역을 적절히 나누어 배치할 수 있다. 이때 모든 영유아가 각 공간에 나누어 배치된 흥미 영역을 모두 경험할 수 있도록 하루 일과를 계획하고 공간을 활용하는 것이 바람직하다.</td></tr>
</table>

출처: 보건복지부·중앙육아종합지원센터(2017). 2017 어린이집 설치운영 길라잡이. p. 34. 수정.

2) 0세 영아반 흥미 영역과 놀이 활동 자료

(1) 흥미 영역

0세 영아반에 구성하기를 권장하는 흥미 영역을 살펴보면 다음과 같다.

① 신체 영역

신체가 발달함에 따라 움직임에 대한 욕구가 강한 영아들은 끊임없이 움직이면서 에너지를 발산한다. 대근육 활동을 통해 심리적 긴장과 다양한 욕구를 해소할 뿐만 아니라 신체 각 부분과 순환기, 배설기, 호흡기 등 여러 기관의 기능도 조화롭게 발달시킨다. 영아기는 신체 및 운동 기능의 정상적인 발달과 협응이 괄목할 만한 성장을 보이는 시기이므로 항상 실내외에서 대근육 활동을 할 수 있는 환경을 마련하여 일상생활처럼 자연스럽게 신체 및 운동 기능의 발달과 협응이 이루어지도록 해야 한다. 영아가 기고, 걷고, 움직이기 시작하면 영아의 신체 발달을 도와주는 안전하고 도전적인 충분한 공간을 제공한다. 교실 내에 다른 활동에 방해가 되지 않는 일정한 공간을 정해 영아들이 오르고, 내리고, 타고, 밀고, 뛰고 길 수 있는 시설과 설비를 갖춘다. 잡고 걸을 수 있도록 설치된 봉, 밀면서 걸을 수 있는 바퀴 달린 놀잇감, 실내용 미니 종합 놀이터, 실내용 그네, 공, 1~2인용 흔들이 말, 밀거나 올라타고 다닐 수 있는 탈 것, 두 발로 밀고 타는 자전거나 붕붕차, 낮은 계단과 경사로, 건너뛰거나 통과하는 장애물 등을 제공한다.

② 언어 영역

영아기는 교사와의 언어적 상호작용을 통해 인지적·사회적·정서적인 경험을 갖게 되므로 교사는 언어 자극을 풍부하게 제공하여야 한다. 교사가 가능한 언어를 많이 사용하고 영아의 표현에 반응해 줌으로써 영아의 반응을 유도해 낸다. 영아는 교사와의 책 보기나 이야기 듣기를 통해 책에 대한 관심이 처음 나타나게 된다. 이야기를 읽지는 못해도 책장 넘기는 것 자체를 보고 즐기는 때이므로 매일 책을 보고 놀 기회를 마련해야 한다. 이 영역에는 언어적인 경험을 할 수 있는 인형이나 그림, 사진과 같은 다양한 자료를 구비하여 언어적 상호작용이 활발히 이루어질 수 있도록 해야 한다. 이 영역은 아늑하고 편안하게 꾸며 교사와 영아가 그림책을 읽거나 놀이를 하면서 편안한 관계를 맺도록 하며, 교사는 영아들과 함께 그림책을 읽으며 또래에 대한 관심을 유도할 수도 있다.

③ 감각·탐색 영역

영아기는 근육의 조절과 다양한 감각 운동 기능을 활용한 탐색을 통해 즐거움을 추구하는 시기이다. 영아는 오감을 통해 사물에 대한 인식과 환경에 대한 지식을 발달시키므로 다양한 재질을 느끼고 탐색할 수 있는 놀잇감을 준비한다. 영아는 밝은 원색의 색상, 대비가 분명한 것, 단순한 디자인, 두드러진 특징이 있는 것, 사람 얼굴 모양을 선호하므로 이러한 특징을 지닌 놀잇감을 제공한다. 앉거나 이동하기 시작하면 통 안에 물건 넣기와 끼우기, 나타났다 사라지는 놀잇감 등 다양한 놀잇감으로 영아의 감각 능력과 변별력을 길러 주는 자극을 제공한다.

영아는 말은 잘 못하지만 자신의 느낌을 소리나 신체 또는 놀잇감을 통해 표현하기 때문에 자신을 표현할 수 있는 기회를 많이 주는 것이 좋다. 교사는 영아의 표정인 소리, 몸짓을 보고 영아의 느낌을 언어로 표현해 주며, 음악에 따라 몸을 움직이고 흔히 볼 수 있는 물건이나 악기로 자신의 느낌을 표현할 수 있는 기회를 준다.

(2) 놀이 활동 자료

0세 영아를 위한 놀잇감 선택 시 고려 사항과 기본적인 놀이 활동 자료를 제시하면 다음과 같다.

〈표 3-4〉 0세 영아의 놀잇감 선택 시 고려 사항과 기본 놀이 활동 자료

월령	고려 사항	기본 놀이 활동 자료
0~6 개월	• 보고, 듣고, 만지기에 적합한 놀잇감 • 영아가 자신을 인식하도록 돕는 놀잇감 • 영아의 행동에 반응을 보이는 놀잇감 • 안전한 놀잇감	• 영아용 침대나 놀이 영역에 부착할 수 있는 깨지지 않는 안전 거울 • 한두 가지의 특별한 놀잇감, 즉 인형이나 봉제 동물로 개별 영아가 집에서 가져온 놀잇감으로 영아에게 안정감을 주는 것(다른 영아의 사용을 금지하고 위생적으로 안전한 것) • 영아들이 서로 번갈아 가면서 사용할 수 있는 다양한 종류의 모빌과 시각 물체들 • 영아들이 손으로 치거나 발로 차거나 입으로 물거나 쥐거나 조작할 수 있는 놀잇감들 • 소리를 낼 수 있는 딸랑이와 종(손잡이가 있거나 손목, 발목에 찰 수 있는 것)
7~12 개월	• 탐구하거나 조작할 수 있는 다양한 흥미 있는 물건 • 영아가 재미있는 효과를 만들어 낼 수 있도록 만든 자료 • 조금만 잘해도 즉각적인 보상을 줄 수 있는 자료 • 인지, 운동, 대근육 발달을 도울 수 있는 자료 • 영아의 자아 인식, 사회적 인식, 사회적인 반응을 도울 수 있는 자료 • 안전한 놀이 환경과 자료	• 영아들이 자신이 움직이는 것을 볼 수 있을 정도로 크고 깨지지 않는 안전 거울 • 몇 개의 부드럽고 세탁할 수 있는 인형과 속이 꽉 찬 봉제 동물 놀잇감 • 몇 개의 부드럽고 가벼운 블록 • 다양한 조작을 할 수 있는 손에 쥐는 놀잇감 • 기술 습득을 도와주는 놀잇감(겹겹이 넣을 수 있거나 쌓을 수 있는 놀잇감, 활동 상자, 채워 놓았다가 버릴 수 있는 용기) • 영아가 다룰 수 있는 천이나 플라스틱 혹은 마분지로 만든 책, 성인이 읽어 주는 책 • 조작하면 소리가 나는 종이나 딸랑이류 놀잇감 • 녹음된 음악, 노래, 재미있는 소리 • 기어다니는 영아를 위한 전체가 한 조각으로 된 밀 수 있는 놀잇감 • 재미있는 효과를 내는 공 종류 놀잇감 • 기어다니는 영아를 위한 기어오를 수 있는 계단

3) 1세 영아반 흥미 영역과 놀이 활동 자료

(1) 흥미 영역

1세 영아반에 구성하기를 권장하는 흥미 영역을 살펴보면 다음과 같다.

① 신체 영역

신체 및 운동 기능의 정상적인 발달과 협응이 괄목할 만한 성장을 보이는 시기이므로 항상 대근육 활동을 할 수 있는 환경을 조성하여 일상생활처럼 자연스럽게 신체 및 운동 기능의 발달이 이루어지도록 한다. 1세 영아들은 움직임의 양이 많고 도전하고자 하는 욕구가 많아 비치된 설비와 자료들에서 예측하지 못한 안전사고가 발생하기 쉽다. 따라서 영아의 탐색과 움직임을 위한 공간이 충분한지, 비품과 놀이 활동 자료들이 안전한지 수시로 영아들의 동선과 상태를 확인한다.

② 언어 영역

어휘력이 급속히 증가하면서 자신의 욕구를 표현하거나 다른 사람에게 질문하려는 의지가 강해지는 시기이다. 다양한 자료를 통하여 새로운 말이나 단어를 배울 수 있도록 돕고 일상의 대화를 통해 정확한 발음을 익히고 의사소통 기술을 증진시킬 수 있도록 한다. 일상적 대화에서 영아의 말의 의미를 잘 파악하고 교사가 적절한 표현으로 반영해 주어 영아에게 언어 모델이 되도록 한다. 영아의 언어 사용 욕구를 자극할 수 있는 놀이가 활발히 일어날 수 있는 자료를 비치하고, 영아의 발달 수준에 적합한 다양한 책을 비치하여 책에 대한 친근감과 함께 책 읽기를 즐길 수 있도록 배려한다. 언어 영역은 보육실에서 가장 조용하고 밝은 곳에 배치하고, 교사가 나란히 앉아 책을 읽어 줄 수 있을 정도의 공간을 확보하는 것이 바람직하다.

③ 감각·탐색 영역

영아는 오감을 통해 사물에 대한 인식과 환경에 대한 지식을 발달시키므로 다양한 재질을 느끼고 탐색할 수 있는 놀잇감을 준비한다. 이 시기에 소근육을 조절하는 많은 경험을 하게 되고 눈과 손의 협응을 이루어 가는 시기이므로 소근육을 사용하여 조작적 경험을 충분하게 할 수 있는 환경을 제공해 주어야 한다.

누르면 튀어나오는 놀잇감이나 소리가 나는 놀잇감을 조작하기, 크기가 달라서 포개어지는 컵이나 1~3조각(삼킬 수 없는 크기)의 그림 맞추기, 다양한 촉감의 놀잇감 탐색하기 등을 예로 들 수 있다. 영아의 감각 능력과 변별력을 세련되게 해 주는 자극과 영아의 호기심을 충족시키고 사물을 탐색하는 방법을 연습할 수 있는 다양한 기회를 제공한다. 상품화된 교구나 놀잇감 이외에 나들이나 실외 활동 시 영아들과 함께 수집하여 안전이 확인된 자연물도 특별한 관심을 불러일으킬 수 있다.

영아반 보육실 공간이 그다지 넓지 않기 때문에 창의적 표현 활동을 위한 미술이나 음률 활동을 위한 영역은 별도로 구성하기보다는 관련 놀잇감을 감각·탐색 영역에 비치해 주어 활동이 이루어지도록 지원할 수 있다. 활동적이면서도 물이 필요한 영역이므로 세면대나 출입구가 가까운 곳에 배치한다. 끼적거리기, 그리기, 찢기, 접기, 오리기, 자르기, 붙이기, 끼우기, 뿌리기, 칠하기 등의 다양한 조형 경험은 영아의 탐색 능력과 함께 대소근육의 조절과 협응력을 기르게 한다. 주어진 공간에서 그림을 그리고 만들면서 자신이 가지고 있는 이미지를 표상하게 되고 독립된 존재로서의 자아감을 형성하게 된다.

색깔과 질감이 다양한 재료를 탐색할 수 있게 한다. 가능한 무독성 재료들을 준비하고 벽면에는 큰 종이와 무독성 크레파스나 굵고 짧은 색연필을 끈에 달아 고정시켜 주어 영아들이 마음대로 끼적일 수 있도록 한다. 1세 후반부터는 안전 가위를 사용할 수 있으므로 다양한 종이류와 함께 제공해 준다. 영아들의 조형 작품을 벽면이나 천정에 모빌로 만들어 부착하여 영아들이 자신의 조형물에 대해 의미를 부여할 수 있도록 한다. 낮은 탁자와 함께 밀가루 반죽이나 풀 물감, 굵은 크레용, 물감, 붓, 녹말가루, 신문이나 잡지, 풀, 테이프, 스티커, 다양한 질감의 종이, 도장 찍기 놀잇감 등을 사용하기 편리하게 정리해 놓는다.

④ 역할 및 쌓기 영역

1세 영아들은 자아 개념을 확장하고, 타인과의 상호작용을 위한 기초를 형성한다. 1세 전반기의 영아는 친숙한 보호자와 활발하게 상호작용하려 하고, 다른 영아와는 적극적으로 상호작용하기보다는 쳐다보거나 또래 곁에서 혼자 놀잇감을 탐색하며 있으려고 한다.

주변에서 일어나는 일에 주의를 기울이며 타인의 행동을 모방하는 것이 단순한 역할 놀이의 형태로 발달하게 된다. 반복적인 놀이 행동에 영아가 몰입하였을 때 교사는 영아의 단순한 흉내를 역할 놀이로 확장시키며 또래와의 상호작용의 기회로 활용하도록 한다. 영아의 가작화 놀이가 용이하도록 실제 사물과 유사하며, 일상생활 중에 쉽게 경험할 수 있는 놀잇감(예: 전화기, 유모차, 인형 침대, 가방 등)을 이용하여 교사나 또래와의 상호작용의 기회를 보다 많이 제공한다.

쌓기 놀이 역시 혼자 또는 또래와의 상호작용을 통해 이루어지는 놀이로, 구성물을 만들 수 있는 공간을 충분히 확보해야 한다. 바닥에는 소음과 안전사고를 예방하기 위한 매트나 러그 등의 깔개를 깔고 영아의 흥미를 반영하여 교통 기관, 사람, 동물 모형 등 다양한 소품을 제공한다. 자료가 놓인 위치를 쉽게 파악하고 정리·정돈을 할 수 있도록 블록의 그림이나 사진을 교구장에 붙여 준다. 쌓기 놀잇감은 플라스틱, 나무 등의 재질과 끼우기, 쌓기 등의 구성 방식에 따라 차이가 있으나 영아의 발달 수준과 영아의 수를 고려하여 다양한 종류로 충분한 양을 제공할 수 있도록 한다.

(2) 놀이 활동 자료

1세 영아반 흥미 영역에 비치해 주기를 권장하는 기본 놀이 활동 자료를 소개하면 다음과 같다.

〈표 3-5〉 1세 영아반 흥미 영역별 기본 놀이 활동 자료

흥미 영역	기본 놀이 활동 자료
신체 영역	• 운동 놀이 기구(손이나 발동작으로 이동·비이동·조작 운동을 할 수 있는 기구), 스펀지 • 블록, 공(천이나 플라스틱), 밀고 당기는 놀잇감, 기어오를 수 있는 계단이나 경사로(부드러운 천으로 싸여 있거나 스펀지를 넣은 것) • 노래하며 춤추며 사용하는 음률 자료(방울, 마라카스, 리듬 막대, 실로폰, 리본 막대 등)
언어 영역	• 등받이가 있는 쿠션이나 방석, 재질·형태·주제에 따른 다양한 그림책(헝겊 책, 촉감 책, 비닐 책, 퍼즐 책, 소리 나는 책, 구멍이 있는 가면 놀이용 책 등), • 친숙한 일상생활용품의 사진과 이름이 있는 단어 카드, 손 인형, 융판, 다양한 그림 자료(그림책 주인공, 영아에게 친숙한 인물, 지역 사회, 자연물 등)
감각·탐색 영역	〈탐색 놀이 자료〉 • 모양 블록 끼우기 상자, 소리 나는 놀잇감, 누르면 튀어나오는 놀잇감, 천으로 만든 패드나 담요, 질감이 다양한 인형류, 쌓을 수 있는 놀잇감, 고무나 플라스틱으로 된 고리 끼우기, 손으로 잡을 수 있는 말랑한 공, 가볍고 질긴 천 놀잇감, 겹겹이 넣는 컵 블록(3~5개), 구슬을 조작하여 이동을 볼 수 있는 레일, 다양한 형태의 주머니와 한 손에 잡을 수 있는 다양한 감각 자료 〈미술 놀이 자료〉 • 다양한 크기와 모양의 종이(이면지, 색지 조각, 도화지, 한지, 골판지, 색 비닐 등), 재활용품(우유갑, 다양한 크기의 식음료 통 등), 색종이, 사진이 많은 잡지책, 모루, 안전 가위, 크레파스, 접착용 테이프, 풀, 솜 공, 수수깡 자른 것, 빨대 자른 것, 물감, 붓, 밀가루 반죽, 찍기 놀이용 도장, 스티커
역할 영역	〈역할 놀이 자료〉 • 영아들에게 친숙한 가정용품(과일, 음식 모형, 그릇, 조리 도구, 전화기, 가방, 구두 등) • 세탁이 용이한 재료로 만들어진 다양한 크기와 촉감의 인형(가족 인형, 소리 나는 인형, 동물 인형 등), 교통 기관 놀잇감(자동차, 비행기, 트럭, 집 등), 아기 놀이 도구(포대기, 젖병, 유모차, 아기 침대, 이불 등), 장난감, 사진기 • 여러 직업과 관련된 역할 놀이 의상(소방관, 경찰관, 미용사, 의사 가운 등)과 소품(미용 놀이 도구, 병원 놀이 도구 등)

흥미 영역	기본 놀이 활동 자료
쌓기 영역	〈쌓기 놀이 자료〉 • 종이 벽돌 블록, 우레탄 블록, 헝겊으로 감싸진 블록, 부드러운 재질의 구멍이 큰 끼우기 블록, 교통 기관이나 사람 및 동물 모형 등

4) 2세 영아반 흥미 영역과 놀이 활동 자료

(1) 흥미 영역

2세 영아반에 구성하기를 권장하는 흥미 영역을 살펴보면 다음과 같다.

① 신체 영역

학기 초에는 단순한 걷기나 뛰기 등 기초적인 움직임을 중심으로 이루어지던 신체 활동이 점차 다양한 도구를 사용하고 난이도가 높은 신체 움직임으로 이루어진다. 대근육 활동은 유희실이나 실외놀이터에서 주로 이루어지기는 하지만 다른 활동에 방해가 되지 않는 범위 내에서 오르내리기, 밀고 끌기, 타기 등 대근육 활동을 할 수 있는 공간을 보육실 내에 마련해 줄 수 있다. 공간이 좁아 어려울 때는 복도, 체육실, 강당 등과 같이 보다 자유롭게 움직일 수 있는 개방된 공간을 활용한다.

② 언어 영역

언어 영역은 책을 읽는 것뿐만 아니라 말하기, 듣기, 읽기, 쓰기를 다양하게 경험해 볼 수 있도록 구성한다. 조용하고 밝은 곳에 구성하며, 낮은 책상과 카펫, 소파, 쿠션으로 안정적인 느낌을 주도록 한다. 그림책을 스스로 정리할 수 있도록 낮은 책꽂이에 여러 재질과 내용의 그림책을 준비해 둔다. 그림책 외에 사진 책, 포스터, 메뉴판, 동시판, 팸플릿 등을 준비해 주어 문자와 그림을 보고 내용을 읽을 수 있게 한다. 벽면에는 전지를 붙이고 컬러 펜, 크레용, 색연필 등을 준비하여 쓰기 활동을 장려한다. 카세트 플레이어와 카세트테이프를 준비하여 자신의 말을 녹음하고 들어 보게 한다.

③ 감각·탐색 영역

소근육을 이용하여 놀잇감을 직접 다루고 조절하는 조작 놀이를 위해 여러 가지 자연물, 소형 블록, 큰 구슬 꿰기 등을 준비한다. 분류하고 조각을 맞추어 보는 활동을 할 수 있도록 퍼즐, 끼우기, 모양 분류 등의 놀잇감을 비치한다. 놀잇감은 영아가 쉽게 꺼내 놀이할 수 있도록 낮은 교구장에 두며, 바구니나 쟁반에 종류별로 분류하여 준비해 준다. 2세 영아들은 동식물에 관심을 갖기 시작하므로 집에서 기를 수 있는 동식물, 주변에서 볼 수 있는 다양한 사물, 돋보기 등 관찰할 수 있는 재료를 별도 영역으로 마련해 주거나 조작 영역에 함께 마련해 주기도 한다.

④ 미술 영역

미술 영역은 표현이 강조되지만 이 시기에는 표현 활동보다 탐색 활동이 주로 이루어지므로 감각·탐색이 주가 되는 조형 활동이 이루어진다. 2세 영아의 창의적 표현 활동은 그리기, 찍기와 같은 평면 조형 활동과 꾸미기, 판화와 같은 입체 조형 활동으로 진행할 수 있다. 싱크대나 화장실 등 물을 사용할 수 있는 곳과 가까운 곳에 배치하고 낮은 책상과 정리장에 다양한 재료를 준비하여 재료를 탐색하고 만들어 볼 수 있게 한다. 학기 초에는 크레파스와 사인펜보다는 입에 넣거나 얼굴에 묻혀도 무해한 크레용을 제공한다. 큰 종이를 준비해 주고 바닥, 삼각대, 책상 등 여러 곳에서 그려 보게 한다. 지름이 3.5cm 이하의 작은 솜 공이나 눈알 같은 자료는 영아들이 삼킬 우려가 있으므로 주의한다.

⑤ 음률 영역

영아들은 자신의 욕구에 따라 악기를 이용해 마음껏 소리를 내 보면서 탐색하고 음악을 접하면서 자신의 감정을 표현하게 된다. 영아들이 직접 악기를 다루기는 어렵지만 다양한 악기 소리를 들어 보고 접해 보는 것만으로도 긴장을 해소하고 즐거움을 느낄 수 있다.

⑥ 역할 영역

2세경에는 자신의 경험과 생활을 흉내 내며 제법 상상 놀이를 즐기게 되므로 다양한 역할 놀이가 일어날 수 있도록 놀잇감을 준비해 주어야 한다. 편안한 분위기를 느낄 수 있도록 적절한 공간을 마련해 주고 일상생활에서 쉽게 접할 수 있는 다양한 역할을 표현할 수 있도록 실물이나 유사한 소품을 제공한다. 이 시기에는 밀폐된 공간을 좋아하므로 큰 박스를 이용하여 집을 만들어 주거나 커튼을 이용하여 아늑한 공간을 만들어 준다. 엄마·아빠 놀이, 부엌 놀이, 모자 놀이, 아기 놀이, 목욕 놀이, 소방서 놀이 등을 즐기므로 영아들의 관심, 놀이 상황, 계절 등에 따라 적절하게 바꾸어 준다. 학기 초에는 가정생활과 연관된 극놀이를 선호하므로 일반적인 가족 놀이나 아기 놀이에 필요한 놀잇감을 제공한다.

⑦ 쌓기 영역

다양한 블록을 이용하여 구성 놀이를 해 보는 쌓기 놀이는 부분과 전체, 공간 구성력, 분류 능력의 형성을 돕는다. 아울러 쌓기 놀이는 신체 기술 향상, 정서적 긴장 해소는 물론 또래와 함께 함으로써 사회적 기술이나 태도를 향상시킬 수 있다. 동적이며 소음이 발생하는 놀이인 만큼 넓은 공간을 확보하고 바닥에 카펫을 깔아 준다. 블록은 크기가 너무 작지 않은 것을 준비하며, 나무나 종이, 우레탄, 스펀지 등 다양한 재질의 블록을 준비한다. 2세경에는 주제를 정하고 쌓기를 하기 시작하며, 이 영역에서도 상상 놀이가 일어나므로 동물, 자동차, 사람 등의 소품을 준비해 준다. 특히 놀잇감을 충분히 준비하여 영아 간 다툼의 발생을 예방하도록 한다. 학기 초에는 혼자 놀이, 병행 놀이가 주로 이루어지나 점차 또래와 함께 놀이하면서 또래 간의 상호작용이 나타난다.

(2) 놀이 활동 자료

2세 영아반 흥미 영역에 비치해 주기를 권장하는 기본 놀이 활동 자료를 소개하면 다음과 같다.

〈표 3-6〉 2세 영아반 흥미 영역별 기본 놀이 활동 자료

흥미 영역	기본 놀이 활동 자료
신체 영역	• 미끄럼틀, 트램펄린, 종합 놀이대, 볼풀 놀이대, 이동식 목마, 자동차, 끌차, 공, 훌라후프 등
언어 영역	• 소파나 쿠션, 끼적거리기 판, 카세트 플레이어, 카세트테이프, 여러 가지 그림책(가족이나 친숙한 동물 그림책, 느낌이나 태도에 관한 책 등), 일상생활에 관한 책(먹기, 배변, 손 씻기 등) • 자연에 관한 책(동물, 꽃, 과일 등), 촉감책
감각·탐색 영역	• 3~5조각 퍼즐, 소형 블록, 큰 구슬 꿰기, 돋보기, 식물, 동물, 여러 가지 자연물 등
미술 영역	• 그리기, 오리기, 만들기에 사용되는 기본 도구와 작품을 만들 수 있는 다양한 미술 재료(여러 가지 종이, 색연필, 크레파스, 화이트보드, 요구르트 병, 우유갑, 계란, 신문지, 잡지책, 크레용, 안전 가위, 풀 등)
음률 영역	• 마라카스, 탬버린, 녹음기, 음악 테이프, 스카프 등
역할 영역	• 부엌 놀잇감 : 스토브, 냉장고, 싱크대, 테이블, 의자, 대걸레나 빗자루 등 • 가게 놀이나 작은 손 인형 놀잇감 : 야채 가게나 우체국, 은행 놀이 등으로 바꾸어 역할 놀이를 할 수 있는 인형과 무대 등 • 인형 놀잇감 : 다양한 고전 인형, 담요나 인형 옷을 넣는 상자나 옷장 등 • 옷 입히기 놀잇감 : 거울, 보자기, 지갑, 액세서리, 옷을 놓을 수 있는 선반 등 • 운전 놀잇감 : 쇼핑 카트나 인형 유모차와 같은 것으로 하는 운전 놀이, 바퀴 있는 놀잇감, 의자로 기차를 만들어서 하는 운전 놀이, 큰 상자나 세탁 바구니를 이용한 운전 놀이 • 각종 미니어처 세트(농부, 동물원, 음식점, 기차, 인형 집, 소방서 등의 미니어처)
쌓기 영역	• 나무 블록, 종이 블록, 우레탄 블록, 스펀지 블록, 다양한 소품, 인형 등

〈표 3-7〉 영아반 흥미 영역에 비치 권장 놀이 활동 자료

<table>
<tr><th colspan="2">영역 \ 연령</th><th>만 0~1세</th><th>만 2세</th></tr>
<tr><td rowspan="3">언어 활동 자료</td><td>듣기 · 말하기</td><td>그림 자료, 사진 자료, 전화기, 짧은 이야기와 노래 테이프 등</td><td>손 인형, 사진 자료, 친숙한 일상생활용품의 사진과 이름이 있는 그림 카드, 전화기, 녹음된 목소리를 들어 볼 수 있는 카세트, 짧은 이야기와 노래 테이프 등</td></tr>
<tr><td>읽기</td><td>입으로 물거나 던져도 좋을 만큼 안전하고 견고한 재질과 형태의 그림책(헝겊책, 촉감 책, 비닐 책, 스펀지 책, 소리 나는 책 등), 다양한 그림이나 사진 자료(영아에게 친숙한 인물, 동식물) 등</td><td>글자 수가 많지 않은 다양한 주제의 그림책을 포함하여 재질과 형태가 다양한 책(촉감 책, 퍼즐 책, 소리 나는 책 등), 그림이나 사진 자료(그림책의 주인공, 영아에게 친숙한 인물, 지역 사회, 자연물) 등</td></tr>
<tr><td>쓰기</td><td>영아가 물거나 빨아도 안전한 종류로 짧고 굵은 크레용이나 부드럽게 써지는 색연필, 전지, 쓰기판 등</td><td>굵은 크레용, 굵은 색연필이나 연필, 자석 쓰기판, 종이 등</td></tr>
<tr><td colspan="2">감각·탐색 활동 자료</td><td>소리 나는 상자, 누르면 튀어나오는 놀잇감, 고무나 플라스틱으로 된 고리 끼우기, 구슬을 조작하여 이동을 볼 수 있는 레일, 모양 찾아 맞추기, 색깔 맞추기 등</td><td>조작 활동 자료(큰 조각 퍼즐, 모양 찾아 맞추기, 크기 순으로 고리 끼우기, 색깔 맞추기 등), 탐색 활동 자료(돋보기, 동식물, 주변에서 찾아낸 여러 모양의 돌이나 나무껍질, 조개껍질 같은 여러 가지 자연물), 촉감 상자, 소리 상자, 큰 구슬 꿰기, 자석 등</td></tr>
<tr><td colspan="2">신체 활동 자료</td><td>영아용 침대에서 사용 가능한 놀이 기구(손이나 발동작으로 효과를 나타낼 수 있는 것), 기어오를 수 있는 계단이나 경사로(부드러운 솜이나 스펀지를 넣은 것), 실내용 그네(등이나 양 옆, 앞면 안전벨트가 있는 것), 운동 기구(손이나 발동작으로 이동·비이동·조작 운동을 할 수 있는 기구), 잡고 걸을 수 있도록 벽을 따라 설치된 봉, 스펀지 블록, 큰 공(천이나 플라스틱), 밀고 당기는 놀잇감(단순하고 손에 쥘 수 있는 크기) 등</td><td>미끄럼틀, 점핑 바운서, 조합 놀이대, 볼풀 놀이대 등 고정식 놀이 기구와 이동식 목마, 자동차, 끌차, 공, 훌라후프 등</td></tr>
<tr><td colspan="2">미술 활동 자료</td><td>벽이나 바닥, 책상 위에 넓게 붙인 큰 도화지와 무독성 크레파스, 부드럽게 써지는 색연필, 밀가루 점토, 스티커, 여러 가지 모양의 도장 등</td><td>다양한 재질과 색깔의 종이류와 색연필, 크레용, 크레파스 등 그리기 도구, 우유갑, 잡지책, 안전 가위, 풀, 밀가루 점토, 스티커, 모양 도장 등</td></tr>
</table>

연령 / 영역	만 0~1세	만 2세
음악 및 동작 활동 자료	소리 나는 물건을 흔들거나 두드리는 것을 좋아하므로 딸랑이나 안전한 방울, 마라카스, 녹음기, 음악 테이프, 소리가 나는 활동 자료, 주변에서 볼 수 있는 소리 나는 물건	북이나 흔들고 두드릴 수 있는 단순한 리듬 악기(리듬 막대, 마라카스, 탬버린 등), 녹음기, 음악 테이프, 동작 표현을 돕는 소품(여러 가지 색 보자기, 스카프, 리본 막대, 부드러운 수건 등)
쌓기 활동 자료	우레탄 블록이나 스펀지 블록, 종이 벽돌 블록, 헝겊으로 감싸져 있는 블록 등	나무 블록, 종이 벽돌 블록, 우레탄 블록, 스펀지 블록, 재질이 부드럽고 구멍이 큰 끼우기 블록 등
역할 활동 자료	세탁이 용이한 재료로 만들어진 다양한 크기와 촉감의 인형(가족 인형, 소리 나는 인형, 동물 인형), 자동차 등	일상생활에서 부모를 통해 경험한 단순한 역할 놀이용 자료(그릇 등 여러 가지 모양의 소꿉 놀잇감, 전화기, 인형) 등

출처: 보건복지부 · 중앙육아종합지원센터(2017). 2017 어린이집 설치운영 길라잡이. pp. 44-45.

〈영아용 대근육 활동 자료〉

〈영아용 언어 활동 자료〉

〈영아용 감각·탐색 활동 자료〉

〈영아용 쌓기 활동 자료〉

〈영아용 역할 활동 자료〉

3. 유아반 실내놀이 환경 구성

유아반에 기본적으로 구성해야 할 흥미 영역은 쌓기, 역할, 언어, 미술, 음률, 수·조작, 과학 영역이고, 공간이 넓은 경우에는 컴퓨터 영역과 요리 영역 등을 추가로 구성할 수 있다.

1) 흥미 영역

(1) 쌓기 영역

쌓기 영역은 여러 종류의 블록과 소품을 활용하여 구성한 놀이 영역이다. 쌓기 놀이를 통해 유아들은 다양한 영역의 발달을 종합적으로 도모할 수 있다. 블록을 쌓고 구성하면서 대소근육의 힘과 조절 능력 등을 기를 수 있다. 친구들과 함께 협력하여 놀이를 하면서 언어적 상호작용을 많이 하여 언어가 발달한다. 함께 놀이를 하면서 자기와 다른 유아와의 관계를 형성하고 의견을 조정해 나가고 협력하는 등 사회성 발달이 이루어진다. 결과물을 보며 자신감과 성취감, 미적 감각 등 정서 발달을 도모할 수 있다. 쌓기 놀이를 하는 과정에서 유아들은 수량, 무게, 길이, 균형, 공간 개념 등 수·과학적 개념을 습득하고 조형 능력이 발달하게 된다.

쌓기 놀이는 유아들이 좋아하여 놀이 과정에서 서로 이야기를 하며, 쌓은 구조물이 무너지기도 하는 등 소음이 많이 발생하기 때문에 소음의 흡수와 안전을 위해 영역에 비교적 두터운 카펫을 깔아 준다. 블록을 정리하는 교구장 바닥에 블록의 모양이나 그림을 붙여 주어서 정리를 잘 할 수 있게 해 준다. 레고 블록 등은 보관함에 넣어 교구장 옆에 두어도 좋다.

쌓기 놀이 영역에서 놀이의 진행과 안전을 위해 유아들과 함께 정한 규칙판을 게시하는 것도 좋다. 놀이를 정해진 시간에 끝내지 못하여 유아가 완성하기를 원할 때나, 완성한 작품이 훌륭해서 다른 유아들에게도 보여줄 필요가 있는 경우

'치우지 마세요.'라고 쓴 안내판을 두어 완성하게 하거나 좋은 작품을 감상할 수 있는 기회를 준다.

(2) 역할 영역

역할 영역은 유아들이 일상생활에서 보고 느끼는 여러 인물들과 생활을 모방하고 재창조해 낼 수 있는 영역이다. 이 영역에서의 놀이를 통해 주로 유아들의 사회·정서 발달, 언어 발달이 이루어진다. 인물들에 대한 자신의 감정 표출 및 해소, 감정 이입, 역할에 대한 사회적 지식, 문제 해결 능력 등이 역할 놀이를 통해 발달할 수 있다.

역할 영역에 비치하는 교재·교구는 상업적인 놀잇감과 일상생활에서 사용하던 물건을 깨끗이 정리하여 이용하거나 필요에 따라 제작하여 제시한다. 교육 주제에 따라 소품을 바꾸어 줌으로써 시장 놀이, 병원 놀이, 우주선 놀이, 방송국 놀이 등으로 확장하여 활동할 수 있도록 지원한다.

(3) 미술 영역

미술 영역은 유아들이 여러 가지 다양한 소재를 다양한 방법으로 만들어 보는 활동 영역이다. 여러 종류의 종이들, 크레파스, 물감, 천, 요구르트 통, 상자 등 다양한 자료를 자르고, 찢고, 붙이고, 칠하는 등 다양한 방법으로 표현하는 경험은 유아들의 정서적·신체적·언어적·인지적 발달을 돕는다. 정서적으로 성취감, 욕구 표현, 감정 분출, 자신감 등을 가지게 하며, 대소근육의 힘과 조절 능력, 협응력 등을 길러 주며, 미술 재료가 지닌 특성에 대한 과학적 지식을 갖게 된다. 공동 작업을 하는 경우 협동심과 같은 사회성 발달도 도모할 수 있다.

미술 영역에서는 여러 가지 그림 자료들을 눈에 잘 보이도록 교구장에 정리해 유아가 꺼내서 활동하기 쉽도록 한다. 유아들이 물을 이용한 작업을 할 때 옷이 젖는 것이나 더러워지는 것을 방지하기 위해 겉에 입을 수 있는 가운이 있으면 좋다. 완성된 작품은 유아의 눈높이에 맞추어 전시한다.

(4) 음률 영역

음률 영역은 악기 놀이, 음악 감상, 신체 표현 활동을 통해 유아들의 여러 영역의 발달을 돕는다. 유아들은 음악을 좋아하고 음악에 맞추어 동작 활동을 하는 것과 악기 탐색하는 것을 좋아한다. 교사들 중 자유선택활동 시간에 악기로 인한 소음 때문에 다른 유아가 방해를 받을까 염려하여 악기 탐색하는 것을 제지하기도 하는데 유아들은 자기 놀이에 몰두하기 때문에 그다지 방해가 되지 않으므로 특별한 경우 이외에는 제지할 필요가 없다. 음률 영역은 소음이 많이 발생하는 곳이므로 바닥에 카펫을 깔아 주는 것이 좋다.

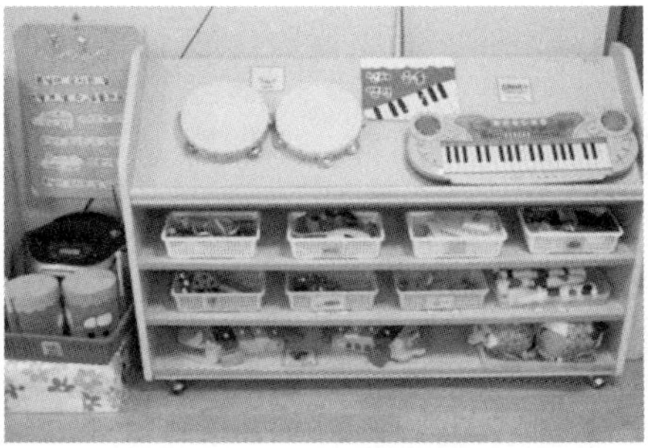
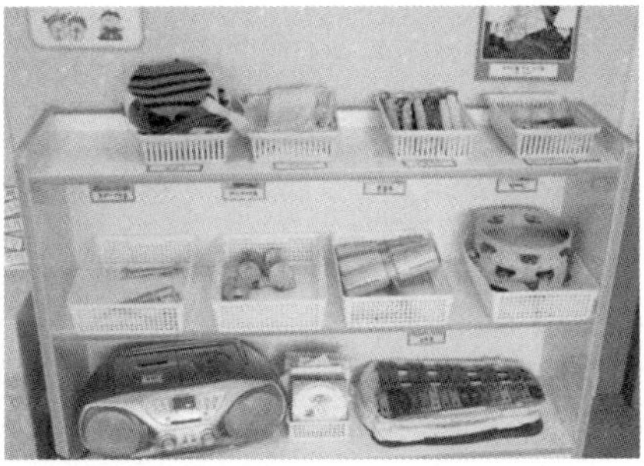

(5) 과학 영역

과학 영역은 자연 현상과 물리·화학적 현상에 대한 지식을 배우고 경험하는 영역이다. 동식물 기르기, 실험, 기계 분해 및 조립 등 과학 영역에서의 활동을 통한 관찰과 탐구와 발견은 유아들에게 여러 가지 과학 개념 형성과 문제 해결력을 길러 줄 수 있다. 과학 활동은 교육 주제와 유아들의 호기심과 흥미를 고려하여 제공한다.

(6) 수·조작 영역

수·조작 영역은 유아의 논리·수학적 사고 능력과 소근육 및 눈과 손의 협응 능력 발달을 돕기 위한 영역이다. 이 영역에서 유아들은 개인 또는 2~5명의 소집단으로 판 게임, 퍼즐 등의 정적인 활동과 기본적인 수 개념과 분류, 유목 포함(class inclusion) 등에 대한 개념을 배우게 된다. 이 영역의 활동들은 주로 유아들의 인지 발달과 소근육 및 감각 기능의 발달을 촉진한다.

(7) 언어 영역

유아의 언어 발달을 촉진하기 위한 언어 영역은 언어의 4가지 요소인 듣기, 말하기, 읽기, 쓰기 영역으로 세분화할 수 있다. 유아의 연령에 따라 통합해 운영하기도 한다. 그림책을 비롯한 다양한 책들을 연령에 적합한 것으로 준비해 주며, 교육 주제에 따라 바꾸어 준다. 듣기, 말하기, 읽기, 쓰기에 관한 교재·교구는 연령과 주제를 고려하여 준비한다.

(8) 컴퓨터 영역

컴퓨터 영역은 일상생활에 보편화되어 가고 있는 컴퓨터를 유아들이 친숙함을 갖고 적절하게 사용하기 위한 영역이다. 유아 교육 기관에서 컴퓨터 활동을 위해 환경을 구성할 때 컴퓨터실을 두는 방법과 교실 내에 컴퓨터를 두는 방법이 있다. 컴퓨터실을 두면 유아들이 같은 시간에 대집단으로 교육을 받을 수 있으며, 컴퓨터 관리와 네트워크 구축도 편리한 장점이 있다. 그러나 다른 영역 활동과 통합이 되지 않아 영역 간 통합 활동을 할 때와 같이 풍부한 활동으로 연결되지 못하는 단점이 있다. 교실 내에 1~3대의 컴퓨터를 두는 방법은 유아들이 다 같이 교육을 받을 수는 없지만 교실 내의 다른 영역과 통합하여 활동을 하므로 교육 주제와 관련하여 다양한 활동이 전개될 수 있다.

컴퓨터 활동은 유아들에게 인기가 있으므로 대기자 순서표와 시간을 알 수 있는 시계를 게시한다. 컴퓨터는 습기가 없고 모니터에 빛이 반사되어 눈이 부시지 않는 위치에 설치한다. 인터넷 이용이 보편적이므로 전화선이나 LAN선의 연결도 고려하여 설치한다. 전선이 길게 연결되어야 할 경우 유아들의 발이 걸리지 않도록 안전하게 정돈한다.

2) 놀이 활동 자료

3~5세 유아반 흥미 영역에 비치해 주기를 권장하는 기본 놀이 활동 자료를 소개하면 다음과 같다.

〈표 3-8〉 3~5세 유아반 흥미 영역별 기본 놀이 활동 자료

흥미 영역	기본 놀이 활동 자료
언어 영역	• 듣기 자료(녹음기, 테이프, 이어폰 등) • 말하기 자료(작은 융판, 이야기 꾸미기 자료, 각종 인형, 그림으로 읽는 동화, 각종 그림 카드 등) • 읽기 자료(쉬운 글자가 들어 있는 그림책 및 환경인쇄물, 각종 카드, 부모님과 친구들이 써 준 편지, 교육용 만화책 등) • 쓰기 자료(작은 탁자와 의자, 필기구, 자석 칠판, 각종 종이, 글자 바느질, 작은 책 만들기, 그림일기 등)
미술 영역	• 삼각대, 다양한 크기의 붓 • 그림물감, 크레파스, 매직, 사인펜 • 가위, 자, 펀치, 스테이플러, 테이프, 풀 • 콜라주 재료(천 조각, 병뚜껑, 우유갑, 리본, 구슬, 반짝이, 잡지 등) • 스티로폼, 이쑤시개 • 질감 있는 재료들(모래 종이, 고무, 플라스틱, 벽지 등) • 바느질 도구(여러 크기의 바늘, 실, 단추, 천 등) • 점토류 • 폐품류
음률 영역	• 음악 감상 자료(녹음기, 다양한 음악 테이프/CD 플레이어, 이어폰 등) • 악기류(리듬 악기, 가락 악기, 전통 악기 등) • 유아들의 반주나 악기 연주를 녹음하여 들을 수 있는 공테이프 • 악기 그림이나 음악 게임 • 교사나 유아들이 직접 만든 악기 • 동작 활동 자료(리본 테이프, 리듬 막대, 스카프, 한삼, 보자기, 탈, 가면, 고무줄 등) • 그림 있는 노래 가사
수·조작 영역	• 분류할 수 있는 구체물(단추, 구슬, 블록 등) • 순서 지어 볼 수 있는 구체물(크기가 다른 컵, 포개지는 그릇 등) • 숫자 카드 • 1~10까지 셀 수 있는 구체물 • 수 세기 자석판 달력, 주사위 게임

흥미 영역	기본 놀이 활동 자료	
과학 영역	• 세기, 분류하기, 무게 재기, 측정용 자료들(구슬, 콩, 작은 블록, 빈 계란 용기, 계량 컵 등) • 자, 저울, 확대경, 온도계, 프리즘, 자석 • 성장하는 동물과 식물 • 각종 표본, 사전이나 과학 도서	
역할 영역	다양한 주제로 역할 놀이를 할 수 있는 자료	
	소꿉 놀이	• 유아용 가구(스토브, 싱크대, 냉장고, 탁자, 의자, 침대, 거울 등) • 주방용품(접시, 주전자, 프라이팬, 국자, 컵, 숟가락, 포크, 도마, 플라스틱 칼, 그릇 등) • 옷 갈아 입힐 수 있는 남녀 인형 • 음식 모형(플라스틱 과일이나 야채, 고기, 빵, 계란 등) • 장신구, 청소 도구 • 전화기 • 특수한 요구를 지닌 사람들이 사용하는 도구와 장비(지팡이, 부목, 바퀴 달린 차, 보청기, 목발 등)
	병원 놀이	• 간이 침대나 인형 침대, 담요, 작은 베개 • 청진기 • 가운, 간호사 모자, 수술용 마스크 • 밴드, 약병 • 면봉, 고무 밴드
	주유소 놀이	• 주유 펌프, 짧은 호스 • 표시판 • 간단한 수리를 할 수 있는 경사 • 도구와 도구 상자(렌치, 드라이버, 플래시 등)
	소방관 놀이	• 짧은 소방 호스 • 소방관 모자와 자켓 • 소방 도구
	이·미용사 놀이	• 머리핀, 빗, 브러시, 손거울 • 화장품 용기 • 부드러운 솔 • 면도기 • 플라스틱 칼, 가위 • 어깨 덮는 가운
쌓기 영역	• 각종 블록(유니트 블록, 공간 블록, 사각 블록, 종이 벽돌 블록, 우레탄 블록, 속 빈 블록 등) • 연결용 경사로, 타원형 커브, 원기둥, 널빤지 • 각종 소품(자동차, 트럭, 배, 비행기, 기차, 도로 표지판, 고무나 나무로 만든 동물들, 사람 모형, 나무, 바위, 인형 집, 가구 등) • 아이디어를 자극할 수 있는 건축물 그림이나 사진(고속도로, 각종 건물, 기차 선로, 부두, 공항, 농장, 야생 동물이 있는 숲, 교회, 절, 여러 직업에서 일하는 남녀 등)	

4. 실외놀이 환경 구성

우리나라 유아 교육 기관에서는 실외놀이 시 영유아 관리의 어려움으로 인한 안전 문제, 사고 시 따르는 책임, 학습에 대한 부모의 요구로 인해 실외놀이가 그 중요성에 비해 실제로는 제대로 이루어지지 못하고 있다. 일반적으로 실외놀이는 놀이 공간이 넓기 때문에 영유아의 신체 발달을 자극하고 신체 활동을 통해 긴장과 스트레스를 해소하도록 돕는다. 아울러 실외놀이는 자연 관찰과 자연과의 직접적이고 다양한 경험을 제공하며 영유아 간의 사회적 상호작용을 촉진한다.

이와 같이 실외놀이(바깥 놀이)가 영유아 발달에 미치는 영향이 크기 때문에 '제3차 어린이집 평가인증: 통합지표'에서는 실외놀이를 다음과 같은 기준에 의해 규칙적으로 하고 있는지를 평가하고 있다(보건복지부·한국보육진흥원, 2018).

〈표 3-9〉 실외놀이 시간 기준

구분		시간 기준
영아	만 0세	주 3회 30분 이상
	만 1세	매일 30분 이상
	만 2세	매일 1시간 이상(오전 30분, 오후 30분 이상 실시 가능)
유아(만 3~5세)		매일 1시간 이상(오전 30분, 오후 30분 이상 실시 가능)
혼합 연령반		낮은 연령을 기준으로 실외놀이를 편성하여 운영
장애아 전문		주 1회 이상 장애 유형, 장애 정도, 발달 수준에 따라 융통성 있게 실시

- 영아(만 0~1세): 베란다 등에서 일광욕이나 외부 공기를 쐬는 활동도 가능
- 영아(만 2세): 실외에서 신체 활동, 식물 관찰, 산책, 물·모래 놀이, 그림책 보기 등의 활동 가능

- 유아(만 3~5세): 실외에서 신체 활동 뿐만 아니라 다양한 활동(동적·정적 활동)과 자유놀이를 적절히 안배하여 경험하도록 함

- 날씨와 계절 등의 요인으로 실외놀이가 불가한 상황에서는 실내에서 신체(대근육) 활동으로 대체하고 보육 일지 등에 기록

1) 실외놀이터 구성 시 고려 사항

실외놀이가 영유아 발달에 있어서 중요하기 때문에 영유아 교육 기관인 유치원은 실외놀이터인 유원장을 기본 시설로 갖추어야 하고, 어린이집의 경우에는 인가 정원이 50명 이상인 어린이집에 한하여 영유아 1인당 3.5㎡ 이상, 모래밭 및 대근육 활동을 위한 놀이 기구 1종 이상을 포함하여 놀이 기구 3종 이상을 설치한 실외놀이터를 갖추도록 관련 법과 지침에서 규정하고 있다.

실외놀이 시간에 영유아들은 경치, 실외의 다양한 소리, 냄새 등을 자유롭게 탐색하고 경험할 수 있어야 한다. 실외에서 영유아들은 달리기, 점프하기, 그네 타기, 자전거 타기 등과 같은 대근육을 사용하는 활동을 할 수 있다. 실외놀이 환경은 영유아들이 쉬운 신체적 과제에서 보다 어려운 신체적 과제를 점진적으로 완수할 수 있는 건강한 모험을 허용하도록 구성해야 한다. 아울러 실외놀이 영역은 흥미 있고 도전하고 싶은 마음이 들도록 다음과 같이 구성해야 한다.

첫째, 지형의 특성을 고려하여 영역을 배치한다. 실내와 연결이 되는 곳, 높낮이 차이가 있는 곳, 잔디나 흙으로 덮인 곳 등 지형의 특성을 이용하여 영역을 배치한다.

둘째, 실외 공간을 체계적으로 구성하여 다양한 활동을 할 수 있게 한다. 영역에 따른 놀잇감을 주어 놀이를 풍부하게 한다.

셋째, 실외 공간은 영유아들이 안전하게 놀이할 수 있도록 구성한다. 영유아들의 안전을 위해 거친 돌이나 요철이 심한 곳은 평평하게 정리해 준다.

넷째, 교사의 시선이 막힘이 없어야 한다. 외진 곳, 굴곡진 곳에는 활동 영역을 배치하지 않는다.

다섯째, 놀이하는 영유아의 발달 수준을 고려하여 공간을 구성한다.

특히 움직이고 주변을 탐색하려는 욕구가 강한 영아를 위한 실외놀이터 구성 시 다음과 같은 점을 고려한다.

- 동적 활동 영역과 정적 활동 영역을 균형 있게 구성한다.
- 부드러운 지면과 단단한 지면을 균형 있게 구성한다.
- 그늘진 공간과 햇빛이 비치는 공간을 균형 있게 구성한다.
- 고정식 놀이 기구와 이동식 놀이 기구를 균형 있게 구성한다.
- 높은 곳과 낮은 곳을 균형 있게 구성한다.

2) 실외놀이터 흥미 영역 구성 시 고려 사항

실외놀이터 흥미 영역 구성 시에는 다음 사항을 참고하여 구성하도록 한다.

〈영아용 조합 놀이대〉

〈유아용 조합 놀이대〉

〈표 3-10〉 실외놀이터 환경 구성 시 고려 사항

<table>
<tr><th colspan="2">구분</th><th>고려 사항</th><th>놀이 기구 및 자료</th></tr>
<tr><td rowspan="5">놀이터</td><td>대근육 활동 영역</td><td>• 달리기나 미끄럼 타기, 그네 타기 등 주로 대근육을 사용하여 신체 활동을 하기 때문에 안전하게 할 수 있도록 모래나 탄력성이 있는 마감재를 사용하고, 여러 가지 대근육 활동 교구 및 놀잇감을 비치하여 다양한 형태의 움직임 및 신체 활동을 경험할 수 있도록 지원
• 연령에 적합한 영유아용 놀잇감 제공 및 안전에 항상 주의</td><td>• 그네, 미끄럼틀, 정글짐, 회전 놀이 기구, 공중 놀이 기구, 흔들 놀이 기구, 오르는 기구, 건너는 기구, 또는 이를 두 가지 이상 결합한 조합 놀이대 등
• 놀이집, 널빤지와 안전 사다리, 삼각대, 뜀틀, 평균대, 점핑 바운서, 구르기용 매트, 헌 타이어, 대형 블록류, 이동식 농구대 등</td></tr>
<tr><td>물·모래 놀이 영역</td><td>• 물과 모래는 영유아에게 결과물을 요구하지 않으므로 내적 긴장이나 불만 등을 발산하거나 해소할 때 도움이 되는 영역으로 서로 인접하게 설치하여 놀이가 확장될 수 있도록 지원
• 편안하게 놀 수 있도록 차양막 등을 지원</td><td>• 모래놀이터(모래밭, 모래 놀이대), 소꿉놀이, 플라스틱 삽 등 물놀이 도구
• 수도, 수로 및 수조 등 물놀이 놀잇감, 간이 수영장 등</td></tr>
<tr><td>자연 체험 영역</td><td>• 동식물 기르기는 자연에 대한 탐구와 관심을 증가시키므로 동식물 성장 과정 및 특성을 이해 할 수 있도록 자연스럽게 기회를 제공하여 자연에 대한 관심과 긍정적인 애정을 가질 수 있도록 지원
• 사육장 주변에는 망을 설치하여 안전에 대비하고 항상 청결하게 관리하도록 유의</td><td>• 동물 관찰 영역, 텃밭, 나무, 꽃 등 자연물</td></tr>
<tr><td>휴식 공간</td><td>• 실외에서 장시간 활동하다 지칠 때 놀이 중이라도 언제든지 휴식을 취할 수 있는 공간 지원
• 지붕이 있는 정자, 그늘막 아래 벤치에 탁자를 두고 정적 실외 활동에 활용함</td><td>• 지붕이 있는 정자, 그늘막 아래 의자, 탁자 등</td></tr>
<tr><td>작업 영역</td><td>• 미술 활동 등을 할 수 있는 영역</td><td>• 미술 활동 및 기타 작업 활동 자료</td></tr>
<tr><td colspan="2">창고나 실외 정리장</td><td>• 다양한 실외놀이 기구 및 소품을 실내에 보관하면 이동성이 낮으므로 별도로 실외에 창고나 보관함을 두고 쉽게 꺼낼 수 있도록 지원
• 항상 영유아가 출입하지 않도록 관리하여 영유아 안전관리에 유의</td><td></td></tr>
</table>

5. 놀잇감을 둘러싼 영유아 간의 갈등 해소

자기 중심적 사고를 하고 있는 영유아는 다른 사람의 요구를 파악하고 적절하게 반응하거나 놀이 중 놀잇감을 '너 한번 나 한번' 번갈아 사용하는 등의 사회적 기술에는 한계가 있기 때문에 교실에서 영유아 간에 갈등이 표출되는 경우가 종종 있다. 따라서 교사는 놀잇감과 관련하여 발생할 수 있는 영유아 간의 갈등의 근본 원인과 해결 방안을 이해하고 갈등 발생 시 적절하게 중재하면서 영유아의 놀이를 지원하도록 노력해야 한다.

• 놀잇감 부족으로 인한 갈등

교실에서 가장 많이 발생하는 놀잇감을 둘러싼 영유아 간의 갈등은 여러 명의 영유아가 특정 놀잇감 하나를 가지고 놀고자 할 때 발생한다. 가장 효과적인 해결 방법은 놀잇감을 보다 많이 제공하는 것이지만 여러 가지 이유로 항상 가능한 해결 방안이 될 수 없다. 다른 해결 방안은 영유아가 순서를 기다리며 차례대로 놀잇감을 사용하도록 지도하거나 영유아의 주의를 다른 놀잇감으로 돌리기 위한 대안적 활동을 제시하는 것이다.

• 동일한 장소 사용으로 인한 갈등

어떤 영유아는 동일한 공간에서 블록 놀이를 하고자 하고, 또 다른 영유아는 장난감 트럭을 가지고 놀기를 원할 때 갈등이 생길 수 있다. 이러한 유형의 갈등은 교실의 특정 영역에서는 특정 장난감을 가지고 놀이하는 것을 제한함으로써 해결할 수 있다. 예를 들어, 탈 것을 가지고 노는 놀이는 넓고 개방된 영역에서만 하고 블록 놀이는 쌓기 영역에서만 하기로 약속을 정할 수 있다.

• 이용하지 못하는 놀잇감으로 인한 갈등

놀잇감에 대한 접근이 통제되어 영유아가 가지고 놀 수 있는 놀잇감이 적어서 갈등이 일어나는 경우도 있을 수 있다. 영유아가 이용 가능한 놀잇감을 늘려서 갈등 발생 소지를 예방할 수 있다.

• 파손된 놀잇감으로 인한 갈등

망가지고 작동되지 않는 놀잇감은 영유아의 놀이 선택을 제한하여 갈등을 유발할 수 있다. 다수의 영유아 교육 기관에 있는 바퀴 달린 탈 것이 파손되어 있으면 영유아는 작동되는 한정된 수의 탈 것을 놓고 다투게 된다. 따라서 교사는 교실에 있는 놀잇감들을 수시로 점검하여 파손된 것이나 작동되지 않는 것은 수리하거나 새것으로 교체하여 주도록 한다. 영유아와 함께 영유아들의 발달 수준에 적절하게 놀잇감 사용 수칙을 만들어 준수하면서 놀이하도록 지도한다면 놀잇감을 보다 오랫동안 좋은 상태로 사용할 수 있을 것이다.

4장

영유아 놀이와 교사의 역할

영유아 교육 기관에서 놀이가 활발하게 일어나기 위해서는 무엇보다도 교사의 역할이 매우 중요하다. 교사는 영유아의 삶과 발달에서 놀이의 중요성을 인식하고, 놀이가 활발하게 이루어지도록 놀이 환경을 구성하고 놀잇감을 제공하며, 적절하게 놀이에 개입하여 영유아의 놀이를 확장시키도록 돕는 등의 역할을 통해 영유아의 발달을 지원해야 한다. 그러므로 이 장에서는 교실에서 영유아의 놀이가 활발하게 일어나도록 하기 위한 교사의 역할을 먼저 살펴본 후, 영아반 교사의 역할과 유아반 교사의 역할로 구분하여 살펴보고자 한다.

1. 놀이를 촉진하는 교사의 역할

일반적으로 교사는 영유아의 놀이에서 관찰자, 놀이 계획 및 환경 구성자, 놀이 참여자, 놀이 지도자 및 놀이 평가자로서의 역할을 수행하게 된다. 아울러 교사가 자신이 담당한 학급에서 영유아의 놀이를 전문적이고 적절하게 개입하여 지원하고 확장해 줄 때 영유아의 놀이와 발달에 긍정적인 영향을 미칠 수 있다. 이를 위해 교사는 영유아에게 놀이를 할 수 있는 적절한 시간을 제공하고, 자유선택활동(영아는 자유놀이활동), 실외 활동 및 대소집단활동을 계획하고 실행할 때 영유아의 사전 경험을 고려하여 영유아의 흥미를 존중하고 놀이 시간을 지속시킴으로써 질 높은 놀이가 이루어 질 수 있도록 적절하게 개입해야 한다.

1) 적절한 놀이 시간 제공

교실에서 영유아의 놀이 수준을 높이기 위해서는 영유아들에게 놀이할 수 있는 충분한 시간을 제공할 필요가 있다. 영아들은 0~2세 어린이집 표준보육과정의 6개 영역(기본생활, 신체운동, 의사소통, 사회관계, 예술경험, 자연탐구), 유아들은 3~5세 누리과정의 5개 영역(신체운동·건강, 의사소통, 사회관계, 예술경험, 자연탐구)과 관련된 놀이 활동들을 골고루 자주 반복하여 놀이하면서 전인 발달을 추구하도록 지원하기 위해서 교사는 영유아에게 놀이할 수 있는 충분한 시간을 주어야 한다.

영아는 놀이 전에 먼저 충분한 탐색이 필요하여 놀이 시간을 충분하게 제공하는 것이 중요하고, 유아의 경우에는 놀이 시간이 부족할 경우 단순한 형태의 놀이에 그치고 특히 질 높은 사회극 놀이나 구성 놀이는 이루어지기 어렵다. 영유아에게 충분한 놀이 시간을 제공해 주기 위해 교사는 다음과 같은 사항에 유의할 필요가 있다.

첫째, 하루 일과를 구성할 때 하루 중 영유아가 주도적으로 놀이를 계획하여 실행하는 자유선택활동 시간을 우선적으로 충분히 반영한다. 물론 영유아들에게는 급식 또는 간식 먹기나, 씻기, 기저귀 갈기나 화장실 가기 등의 일상생활 관련 활동도 중요하지만 연령이 높아지면서 놀이에 보다 흥미를 갖게 되면 일상생활 관련 시간의 비중을 줄이면서 보다 충분하게 놀이할 수 있는 시간을 제공할 필요가 있다.

둘째, 영유아의 흥미, 예상하지 못한 사건의 발생, 진행되고 있는 놀이 활동에 맞추어 일과를 융통성 있게 운영한다. 예를 들어, 2세 영아반의 오전 실외놀이를 30분 계획했지만 날씨도 화창하고 영아들이 물·모래 놀이에 몰입하여 실외놀이를 계획보다 더 하고자 한다면 억지로 마무리하기보다는 오전 실외놀이 시간을 늘리고, 차후 일과 시간을 조정하는 융통성 있는 자세가 필요하다.

셋째, 교사가 지나치게 정리·정돈에 비중을 두어 진행 중인 놀이 활동을 중단하지 않도록 유의한다. 자유선택활동 시간에 교사는 교실 전체의 놀이 상황을 관찰하면서 유아들이 몰입하여 놀이하고 있는 영역의 경우에는 교사가 계획한 시간 안에 무조건 정리를 강요하기보다는 조금 더 시간을 주거나 오후 또는 내일이나 그 주까지 계속 할 수 있도록 배려한다. 예를 들어, 만 5세 유아들이 쌓기 영역에서 피사의 사탑 만들기를 시작했다면 탑을 완성할 때까지 블록을 해체하여 정리·정돈할 것을 요구하기보다는 일정 장소에 블록과 소품들을 보관하였다가 다시 만들어 끝까지 완성할 수 있도록 격려한다.

2) 영유아의 사전 경험 활용

유치원과 어린이집 공통 교육·보육 과정인 3~5세 누리과정(보건복지부·교육과학기술부, 2013a)과 0~2세 어린이집 표준보육과정(보건복지부, 2013e) 해설서 총론의 교수·학습 방법에서는 영유아의 생활 속 경험을 소재로 하여 지식, 기능, 태도 및 가치를 습득하도록 지도할 것을 제시하고 있다. 따라서 교사는 영유아가 일상생활에서 의미 있는 경험을 통해 배우도록 지원해야 하며, 특히 영유아의 사전 경험을 놀이 상황과 연결시켜 적극적으로 활용할 때 영유아의 흥미나 호기심을 보다 용이하게 유발할 수 있다.

영유아의 사전 경험과 교사가 계획한 놀이 주제가 조화가 되지 않으면 그 놀이는 원만하게 진행되기 어렵다. 예를 들어, 만 4세 반의 경우 교통 기관을 주제로 활동을 진행할 때 교사가 역할 영역의 활동으로 '배 타고 여행을 가요'를 제시하는 경우, 그 반의 유아들은 주로 자동차나 비행기를 타고 여행을 가 본 경험은 있으나 배를 타고 여행을 가 본 경험이 있는 유아는 없어서 역할 놀이가 제대로 이루어지기 어렵다. 이러한 경우 교사는 역할 놀이 활동을 그 반 대다수의 유아들이 사전에 경험해 본 '자동차 타고 여행을 가요'로 바꾸어 제시하는 것이 보다 효과적일 것이다. 교사는 계획안을 작성하기 전에 미리 영유아의 사전 경험을 파악하여 대다수의 영유아들이 경험한 것을 반영하여 놀이 활동을 계획하려는 노력이 필요하다.

▶ 사전 경험을 활용한 예

유아와 그림책을 보며 "우리 바깥 놀이 때 개미 봤었지? 그 개미구나. 그때 개미가 어떻게 움직였었지?" 등의 이야기를 나누거나, 쌓기 영역에서 '개미집 구성하기' 활동 진행 시 유아가 그린 개미집 그림, 바깥 놀이 때 관찰했던 개미 사진을 쌓기 영역에 게시하는 등 사전 경험을 적극적으로 활용하여 호기심을 지속적으로 유지하도록 지원한다.

출처: 보건복지부·한국보육진흥원(2018). 제3차 어린이집 평가인증 안내: 통합지표. p. 170.

3) 놀이 개입

영유아의 놀이에 교사가 개입하는 것과 관련하여 긍정적으로 보는 시각과 부정적으로 보는 시각이 공존해 왔다. 정신분석이론이 팽배했던 1960년대까지는 놀이를 영유가 자신의 내적 갈등이나 부정적인 감정을 발산하게 하는 안전 장치로 보았다. 그리하여 성인이 놀이에 개입하면 영유아가 놀이 중에 자신의 감정을 솔직하게 표현하는 것을 방해하여 치료의 효과가 없어지기 때문에 성인이 놀이에 개입하지 않는 것이 바람직하다고 보았다. 반면, 1960년대에 등장한 인지발달이론은 과도한 성인의 개입은 놀이의 효과를 감소시키지만 성인이 영유아의 욕구와 진행 중인 놀이 상황에 적절하게 개입할 경우 놀이의 질을 향상시키고, 보다 높은 수준의 인지적·사회적 놀이 발달을 촉진하는데 긍정적 영향을 미친다고 주장하였다.

결국 교사가 민감하지 못하거나 고압적인 방식으로 놀이에 개입하거나 개념을 가르치는 데 중점을 두는 등 적절하지 못한 방식으로 개입하는 경우 영유아의 놀이가 중단되거나 방해받을 수 있다. 따라서 교사가 영유아의 놀이 상황에 적절하고 반응적으로 개입할 때 영유아의 발달에 긍정적 효과를 가져올 수 있으며, 교사가 영유아의 놀이에 효과적으로 개입하기 위해서는 평소 실내 자유선택활동 시간이나 실외놀이 시간 등 하루 일과 중에 이루어지는 영유아의 놀이를 주의 깊게 관찰하는 것이 중요하다. 신은수 등(2011)은 교사가 영유아의 놀이에 개입하여 과잉 주도하면 영유아의 놀이를 방해하고 놀이의 본질이 흔들리게 된다고 보고, 영유아의 놀이에 개입할 때 놀이의 본래 상태를 유지하면서 영유아 중심, 영유아 주도, 영유아의 속도에 맞추어 놀이 활동을 제시하는 것이 중요함을 제안하였다.

교사가 영유아의 놀이에 적절한 시기에 적절한 방법으로 개입할 때 다음과 같은 긍정적인 효과를 유발할 수 있다(Johnson et al., 1987).

• 승인(approval)

만약 교사가 영유아의 놀이에 별 다른 관심을 보이지 않고 무시한다면 영유아는 자신이 하고 있는 놀이 활동을 지속할 만한 가치가 없는 것으로 인식할 수 있다. 교사가 영유아의 놀이에 참여하여 관심을 보이면 영유아는 자신이 하고 있는 놀이가 가치 있는 활동이라고 생각하게 되고, 이러한 교사의 인정은 영유아로 하여금 자신의 놀이에 보다 몰입하게 한다.

• 친밀감 형성(rapport)

교사가 영유아의 놀이에 개입하여 영유아의 수준에서 놀이에 참여하면 영유아는 교사를 거리감 있는 권위주적인 인물로 보기보다는 가까이 하고 싶은 사람이라는 것을 알게 되어 친밀감을 형성할 수 있다. 나아가 교사는 영유아의 놀이에 개입하면서 또래 간 긍정적 상호작용을 격려하고 영유아의 사회성 발달에도 긍정적 영향을 미칠 수 있게 된다.

• 놀이 시간의 지속(persistence)

영유아들끼리만 노는 것보다 교사가 영유아의 놀이에 참여할 경우 영유아의 놀이 시간이 보다 오래 지속될 수 있으며, 이를 통해 영유아는 보다 높은 수준의 놀이를 하면서 주의 집중력을 발달시키고 이를 토대로 학령기에 학업 성취를 높일 수 있게 된다.

• 정교한 놀이 유도(more elaborate play)

교사가 영유아의 놀이에 참여하여 인지 활동을 촉진할 수 있는 놀잇감을 제공하고 놀이를 확장시키며 상호작용을 해 주면 또래들과만 놀이하는 것보다 정교하고 수준 높은 놀이에 참여하고 유지하는 것을 배울 수 있다.

• 인지적·사회적 발달 촉진(cognitive and social development)

교사가 보다 직접적으로 개입하는 형태인 놀이 훈련은 영유아의 창의성, 언어지능, 조망수용 능력 및 협동심 발달에 도움을 주어 영유아의 인지적·사회적 발달을 촉진한다.

▶ 교사 개입의 유형

교사 개입의 유형은 개입 정도에 따라 최소한 개입하는 비참여부터 개입 정도가 많은 지시자·교수자로 구분할 수 있다. 양 극단에 있는 비참여와 지시자·교수자 유형은 영유아의 놀이에 부정적인 영향을 미치고, 방관자, 환경 구성자, 공동 놀이자 및 놀이 안내자 유형은 영유아의 놀이에 긍정적 영향을 미치는 지지적인 개입 유형이라고 할 수 있다.

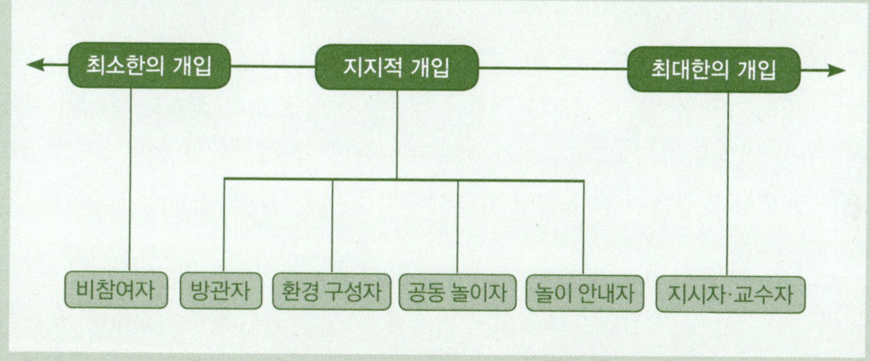

출처: 신은수 외(2011). 놀이와 유아교육. p. 247.

• 비참여자(uninvolved)

교사는 영유아의 놀이에 개입하지 않는다. 지나친 개입이나 개입하지 않는 것 모두 영유아의 놀이에 부정적인 영향을 미친다. 교사가 놀이에 개입하지 않는 경우 영유아는 주로 기능적인 운동 놀이나 거친 놀이 활동에 참여하는 경향이 있다.

• 방관자(onlooker)

교사는 영유아의 놀이를 감상하는 수준 높은 관객 역할을 한다. 영유아들이 놀이하는 곳 가까이에서 영유아가 놀이하는 것을 지켜보고 고개를 끄떡이는 등의 비언어적 승인을 나타내거나 영유아들에게 무엇을 하고 있는지 물어볼 수는 있지만 놀이에 참여하거나 방해하지는 않는다. 방관자로 영유아의 놀이를 지켜보면서 진행되는 영유아의 놀이에서 중요한 정보를 얻을 수 있고, 이를 통해 영유아의 놀이에 개입해야 할 시기와 유형을 결정하기 위한 도움을 받을 수 있다.

• 환경 구성자(stage manager)

방관자 역할처럼 영유아의 놀이에 참여하지는 않지만 영유아의 놀이를 준비하는 것을 적극적으로 돕는 역할을 한다. 예를 들어, 유아들이 극놀이를 할 때 극놀이에 참여하지는 않지만 극놀이에 필요한 역할 의상과 소품 구성을 돕거나 극놀이를 확장할 수 있는 제안을 할 수 있다. 이때 교사의 제안을 받아들일지 여부는 놀이하고 있는 유아들이 결정한다.

• 공동 놀이자(coplayer)

교사는 영유아의 놀이에 동등한 놀이 파트너로서 적극적인 참여자가 된다. 예를 들어, 마트 놀이를 할 때 중요한 역할은 영유아가 담당하고, 교사는 손님과 같은 최소한의 역할을 담당한다. 놀이가 진행되는 동안 교사는 역할 놀이, 또래 상호작용 전략 등과 같은 사회극 놀이 기술의 모델을 제공하기도 한다.

• 놀이 안내자(play leader)

놀이 안내자는 놀이 장면이 확장되고 변화될 수 있도록 단계를 정교하게 해 주거나 새로운 방법을 제시하는 등 영유아의 놀이에 보다 많은 영향을 미친다. 즉, 새로운 소품을 제공하거나 새로운 놀이 주제를 제안하기도 한다. 교사는 영유아가 자신이 시작한 놀이를 진행해 나가는 것을 어려워 할 때, 진행하고 있는 놀이 장면이 반복적이고 지루해지기 시작할 때 놀이 안내자 역할을 할 수 있다.

• 지시자·교수자(director·instructor)

교사는 놀이 장면 밖에서 영유아의 놀이를 전적으로 통제하는 과잉 개입을 한다. 혼자 극놀이에 참여 못하는 영유아에게 역할을 지시하는데 이러한 역할은 놀이 초기에 짧게 수행하는 것이 바람직하다. 놀이 시 학문적 내용을 가르치기 위해 교수자 역할을 하면서 영유아의 관심을 학문적 내용으로 유도하는 질문을 많이 하게 된다. 이 역할 역시 길게 사용하는 것은 바람직하지 않으며, 일단 학문적으로 의미 있는 학습이 일어나 활동에 몰입하게 되면 개입을 중단하는 것이 바람직하다.

2. 영아반(만 0~2세) 교사의 역할

1) 영아 놀이의 특성

영아반 교사가 놀이를 효율적으로 지도하기 위해서는 먼저 영아 놀이의 특성을 이해할 필요가 있다. 영아는 출생 시 가지고 태어난 감각 능력과 운동 능력을 토대로 주변의 물리적 환경과 인적 환경을 탐색한다. 탐색한 지식과 기술을 바탕으로 놀이를 하면서 자신을 둘러싼 주변 세계를 내면화하고 확장해 나간다.

영아의 탐색과 놀이는 다음과 같은 특성이 있다(보건복지부, 2013a, p. 71).

첫째, 탐색과 놀이는 영아의 내적 동기 유발에 의해 이루어지기 때문에 교육적 효과가 크다.

둘째, 탐색 후에 놀이가 이루어진다. 영아는 새로운 사물이나 상황을 먼저 탐색하고 탐색을 통해 그 사물이나 상황에 익숙해진 후 놀이를 한다. 따라서 0~2세 영아에게 새로운 사물이나 놀잇감, 환경을 제시하기 전에 영아가 자신의 오감에 기초하여 사물을 들여다보고, 빨아 보고, 냄새 맡고, 흔들어 보고, 두드려 보는 시간을 충분히 주는 것이 중요하다. 영아는 탐색을 하면서 새로운 놀잇감과 환경에 익숙해지면 보다 주도적이며 독립적으로 놀이에 몰입하게 된다.

셋째, 영아는 탐색과 놀이를 반복하면서 기존에 습득한 기술과 지식을 재구성하면서 보다 발달된 형태의 놀이를 할 수 있게 된다.

2) 탐색 · 놀이에 기초한 영아 놀이지도

영아반 교사는 영아의 놀이 특성을 숙지하고 이를 고려하여 다양한 놀잇감을 제시해 주고 영아가 흥미를 가지고 탐색하도록 할 필요가 있다. 탐색과 놀이 중심의 영아 놀이지도는 다음과 같은 4가지 단계로 이루어진다.

〈표 4-1〉 탐색과 놀이 중심의 영아 놀이지도 단계

단계	내용
제시하기	• 영아의 연령에 적합한 보육실 환경과 놀잇감 등을 영아에게 제시하고, 또래와 어린이집의 다양한 구성원 등 주변 환경에 관심과 흥미를 갖도록 안내하기 • 새로운 놀잇감을 영아의 눈높이에 맞추어 벽면이나 교구장에 제시한 후 영아의 관심 유도하기(예: "이게 뭘까?", "○○를 한번 찾아보자.", "○○가 여기 있네." 등) • 다양한 탐색물을 제시할 경우 영아의 발달 수준, 안전, 흥미 여부 등을 고려하여 제시하기 • 제시한 영아의 놀잇감이나 활동에 대한 개별 영아의 반응과 사전 경험 등을 주의 깊게 관찰하면서 활동 자료의 수준이나 내용을 재조정하기
탐색하기	• 영아가 자유롭게 탐색을 시도하면 교사가 계획한 놀이 활동으로 전이되도록 시범 보이기 등의 다양한 방식으로 탐색하고 경험해 볼 수 있는 분위기 조성하기(예: 교사가 마라카스를 제시할 때 흔들면서 소리 낸 후 영아에게도 흔들어 보도록 함. 영아가 다른 방법으로 소리를 내면, "○○이가 이렇게 하니까 소리가 더 잘 들리네."라고 반응하며 영아의 적극적 탐색을 격려해 줌)
놀이하기	• 영아가 탐색한 놀잇감 중 스스로 선택하여 자유롭게 놀이하도록 적극적으로 안내하고 유도하기 • 개별 영아가 창의적으로 탐색한 경험을 놀이로 통합하도록 유도하고 또래와 놀이 경험을 공유하도록 격려하기 • 영아의 놀이가 진행되는 초기에 관찰을 통하여 영아의 놀이 행동에 관심을 보이고 놀이 격려하기
놀이 확장하기	• 영아의 놀이를 관찰하면서 또래와의 놀이로 확장하거나 다른 영역의 놀잇감을 추가로 제시하여 놀이를 통합·확장하도록 돕기 • 이전 경험과 연결시켜 주거나 또래와 함께 해 보도록 격려하기(예: "여기 어제 가지고 놀던 강아지 인형이 있네. 강아지 한테도 맛있는 우유를 줘 볼까?" 등)

3) 영아반 교사의 일반적인 역할

영아반 교사는 교육적이고도 안전하게 준비된 물리적 환경 속에서 영아의 놀이를 효과적으로 지도할 수 있는 능력을 개발해야 한다. 영아 놀이지도에서 질 높은 인적 환경으로서의 교사의 역할은 영아의 놀이 행동에 직접적인 영향을 미치기 때문에 매우 중요하다. 영아의 놀이가 즐겁고 활발하게 이루어질 수 있도록 돕기 위한 교사의 일반적인 역할은 다음과 같다(윤애희·정정옥, 2015).

① 구체적인 물건을 가지고 놀이하면서 배우도록 지원한다.

영아는 자신의 오감을 활용하여 보고, 듣고, 만지는 것을 통해 배우는 것이지 말로 가르쳐 주어 배우는 것이 아니다.

② 영아 스스로 발견하여 배우도록 도와준다.

영아는 자기 스스로, 자신의 속도에 맞추어, 자신의 흥미에 따라 놀이를 할 때보다 오랫동안 놀이하고 더욱 즐겁게 배우게 된다. 영아가 놀이를 통해 행복하고 편안하며, 여유로운 마음을 갖도록 도와주어야만 한다. 영아는 얼마든지 틀릴 수 있으며 많은 실수와 시행착오 및 반복을 통해 배운다는 점을 교사는 명심해야만 한다.

③ 자유로운 가운데 영아 스스로 놀이 활동을 선택하게 한다.

매일 반복되는 일과 시간과 활동을 몇 가지 정해 두어 그 속에서 영아가 자신이 하고 싶은 놀이 활동을 스스로 선택하도록 지도하는 것이 영아로 하여금 질서와 순서를 익히게 하는데 도움을 준다.

④ 영아에게 다양한 자극을 제공한다.

놀이 활동이 단조로워 영아가 지루해 하거나 지나치게 어려운 놀이 활동이나 작업을 하면서 거듭 실패하는 것은 긍정적 자존감 형성에 바람직하지 않다. 그러므로 수준이 다른 다양한 놀잇감과 활동을 준비하여 개별 영아에게 적절하고 다양한 자극을 제공해야 한다.

⑤ 한 번에 한 가지씩 소개한다.

새로운 놀잇감이나 놀이 활동을 소개할 때는 간단한 것에서부터 시작을 하고, 충분히 익숙해진 후에 다음 것을 소개한다. 교사가 영아의 놀이 활동에 대해 긍정적 피드백을 주면 영아는 더욱 즐겁고 자발적으로 놀이를 하고 싶어 하며, 놀이를 통해 배우는 것을 즐겁게 생각하게 된다.

4) 영아와의 구체적인 상호작용 방법

① 가능하면 얼굴을 가까이 하고 눈높이를 맞추고 이야기한다.

② 영아가 자신의 생각이나 감정을 표현하고 질문을 할 때 주의 깊게 듣는다.

③ 하지 말라는 말 대신 가능한 긍정적인 표현을 한다.

④ 영아가 선택할 수 있는지 아닌지를 정확하게 인식할 수 있도록 교사는 표현을 분명하게 한다.

⑤ 영아가 바람직한 행동이나 기술을 표현하면 교사는 언어적·비언어적으로 격려한다(예: "옳지.", "그렇지.", 머리 끄덕이기, 엉덩이 토닥이기).

⑥ 영아들이 신체를 이용하여 다툴 때는 모두를 보호하기 위해 일단 제지하거나 그 장면에서 서로 격려하여 마음을 가라앉히고 평정을 찾도록 시간을 준다.

⑦ 영아가 요구하기 전에 애정과 관심을 준다(예: 이름 자주 불러 주기, 이야기 할 때 잘 들어주기).

⑧ 영아가 단순히 지시를 따를 때뿐만 아니라 평소에도 자주 긍정적인 피드백을 준다.

⑨ 영아의 감정 상태를 주의 깊게 관찰하고 그 감정을 말로 표현해 준다(예: "지금 슬프니?", "무척 기쁘구나.", " 아주 즐거워 보이네").

⑩ 특정 영아에게 부정적인 느낌을 갖게 되면 전보다 더 그 영아에게 관심을 갖고 이해하려고 노력한다.

⑪ 영아에게 굴욕감을 주거나 상처 주는 체벌이나 말은 절대 사용하지 않는다.

⑫ 영아가 바람직한 행동을 하면 적절한 격려와 칭찬을 한다.

⑬ 영아에게 요구를 하거나 요청할 때는 그렇게 해야 하는 이유를 간단하게 설명한다.

⑭ 영아에게는 한 번에 한 가지 지시만 하고, 지시할 때는 행동에 관련된 중요한 말을 먼저 한다.

⑮ 놀이 공간을 구성할 때는 각각의 공간에서 어떤 놀이 활동을 해야 하는지를 알 수 있는 단서를 주는 것이 좋다(예: 그 공간에서 놀이하고 있는 영아들을 찍은 사진이나 그림을 근처에 붙여 주기, 장난감과 교재·교구를 그 공간 근처에 준비해 주기).

⑯ 놀잇감을 배치할 때는 영아들이 안전하게 이용할 수 있도록 하고, 가능한 영아 스스로 이용할 수 있도록 낮은 교구장이나 책상을 제공하여 성인의 도움을 최소화하는 방향으로 배치한다.

⑰ 영아의 자발적 참여를 유도하기 위하여 놀이 환경을 매력적으로 구성하여 흥미와 재미를 유발하도록 한다.

⑱ 영아의 연령과 학습 속도, 사전 경험을 고려하여 놀이 환경을 계획하고 구성한다.

3. 유아반(만 3~5세) 교사의 역할

놀이 시 영아나 유아를 대하는 교사의 기본적인 자세는 같다. 교사의 신념이나 가치관, 사고방식에서 표출되는 자세나 태도, 마음씨, 분위기 등은 마찬가지이며, 영유아의 연령이나 수준에 따라 요구되는 세부적인 전문 지식에서 다소 차이가 있을 뿐이다. 따라서 유아 놀이지도 시 교사의 역할과 상호작용 방법은 영아 놀이지도 시 교사의 역할과 상호작용 방법과 상당 부분 유사하다고 할 수 있다. 이 부분에서는 유아 놀이지도 시 교사의 자세와 상호작용 방법에 관하여 간략하게 제시하고자 한다.

1) 유아반 교사의 일반적인 자세

① 놀이 활동 중에 유아의 이야기를 듣거나 유아에게 이야기를 할 때는 언제나 다리를 구부려서 키 높이에 맞춘 자세로 이야기한다. 성인이 신체 높이를 낮추고 얼굴을 마주 보며 이야기함으로써 의사소통을 보다 효과적으로 할 수 있으며, 유아를 존중하는 마음으로 듣고 대화하고 있다는 것을 전달할 수 있다.

② 유아와 이야기 할 때는 따뜻하고 부드러운 표정을 짓는다. 놀이지도 시 유아들을 대할 때 따뜻한 표정과 몸짓으로 표현하는 것은 유아와의 의사소통에 영향을 미칠 뿐만 아니라 유아들과 긍정적인 관계를 맺는데 도움을 준다.

③ 놀이 중 유아가 느끼는 감정이나 상황을 그대로 수용한다. 유아들은 자신의 감정이 누군가에게 수용되고 있음을 느끼면 감정을 조절하고 통제할 수 있다.

④ 유아들이 이야기할 때는 눈을 보면서 열심히 진지하게 들어준다. 유아들이 이야기할 때 고개를 끄떡이거나 "응", "그랬니?" 등의 표현을 통하여 유아의 이야기를 잘 듣고 있다는 반응을 해 준다.

⑤ 유아의 자존감을 지켜 준다. 놀이 중인 유아에게 무심코 한 말이 유아의 자존심을 해칠 수 있으므로 긍정적인 표현을 하여 자존감을 형성하고 유지해 나갈 수 있도록 도와준다.

⑥ 유아들의 발달 수준을 고려하여 이야기한다. 만 3세 유아들은 다른 사람의 소유, 권리, 특권을 잘 이해하지 못하지만 만 5세 유아들은 이에 토대가 되는 이유를 이해할 수 있고, 행동에 대한 심리적인 결과나 동기도 이해할 수 있다.

2) 유아와의 구체적인 상호작용 방법

① 유아가 현재 대답한 것, 반응한 것 또는 생각한 것을 보다 명료화할 수 있도록 이야기를 나눈다.

② 유아가 현재 생각하거나 반응한 것 등에 대해 보다 많은 의미를 부여하고 논리적으로 정당화해 보는 기회를 준다.

③ 유아의 반응이나 좋은 대답에 대해 주의를 다시 한번 환기하거나 강조하는 기회를 준다.

④ 질문을 잘 이해하지 못하는 유아에게는 힌트를 주어 시간을 갖고 천천히 생각하도록 격려해 준다.

5장

자유선택활동 지도

영유아 교육 기관에서 놀이가 이루어지는 주된 시간은 실내외 자유선택활동(영아는 자유놀이활동) 시간이다. 자유선택활동은 영유아 교육 기관에서의 일과 중 많은 부분을 차지하고 있는 만큼 이 시간을 어떻게 효율적으로 활용하느냐에 따라 영유아의 성장과 발달에 긍정적 또는 부정적 영향을 미칠 수 있기 때문에 매우 중요하다고 할 수 있다. 이 장에서는 자유선택활동 시간의 중요성, 자유선택활동 진행의 단계, 자유선택활동 시 교사의 역할, 영역별 교사의 역할 및 자유선택활동 시 놀이 수준 향상을 돕기 위한 전략에 관하여 살펴보고자 한다.

1. 자유선택활동 시간의 중요성

자유선택활동은 영유아가 내적 동기와 자유 선택에 기초하여 자신이 하고 싶은 놀이 활동을 스스로 결정하여 자신의 개별적인 흥미나 욕구 및 발달 수준에 따라 자유롭게 활동 자료를 선택하고 진행하는 활동으로, 유치원이나 어린이집의 하루 일과 중 많은 비중을 차지한다. 자유선택활동 시간에 영유아들은 자신의 계획에 의해 교실 내에 구성된 여러 영역을 다니면서 스스로 놀이를 선택하여 놀이를 한다. 자유선택활동 시간은 영유아들이 매우 좋아하는 시간이며, 능동적인 학습이 일어나는 중요하며 핵심적인 시간이다. 예전에는 자유놀이라고도 했으나 자유놀이라고 하면 교사가 아무런 준비나 계획 없이 그냥 영유아가 마음대로 놀게 하는 방임적인 것이라는 오해를 불러일으킬 수 있다. 자유놀이에서 자유선택활동으로 용어가 바뀐 것은 놀이에서 영유아의 주도성과 자율성, 선택권을 인정하려는 의미가 강조되었기 때문이라고 볼 수 있다. 자유선택활동이 활발하게 일어나게 하기 위해서는 흥미 영역을 적절하게 구성하는 것이 매우 중요한데, 자유선택활동을 위한 흥미 영역 구성에 관한 내용은 3장 물리적 환경과 놀이에서 자세히 소개하였다.

3~5세 유아만 이용하는 유치원과 달리 0~2세 영아도 많이 이용하는 어린이집의 경우, 0~2세 영아는 스스로 영역을 선택하고 주도적으로 놀이를 이끌어 가는 것이 발달적으로 제약이 있기 때문에 영아반에서는 자유놀이활동 시간이라는 용어를 사용하기도 한다.

자유선택활동 시간은 영유아의 발달에서 다음과 같은 중요한 의의를 갖는다.

- 자발적·능동적인 학습 시간

자유선택활동 시간에 영유아는 자신이 어느 영역에서 어떤 놀잇감을 가지고 무슨 놀이를 할지를 스스로 선택할 수 있다. 교사 주도의 성격이 강한 대집단활동 시간과는 다르게 자유선택활동 시간은 영유아가 주도하는 시간이므로 보다 자발적이고 능동적으로 놀이 활동에 참여하게 되어 학습적인 효과도 높을 수밖에 없다.

• 통합 교육으로 전인 발달을 도모하는 시간

영유아 교육 기관의 교사는 주간 교육계획안이나 주간 보육계획안을 작성할 때, 교실 안에 구성된 각 흥미 영역에서 이루어지는 활동이 그 주의 주제와 통합적으로 이루어질 수 있도록 계획하고 실행한다. 주제를 중심으로 흥미 영역 간 활동의 통합적인 경험을 통해 영유아는 전인적 발달을 도모할 수 있게 된다.

• 교사와 영유아 간 개별적 상호작용 시간

자유선택활동 시간에 영유아는 교실 안에 구성된 흥미 영역에서 개별 또는 소집단으로 자신이 선택한 놀이를 하고, 이때 교사는 영유아의 개별적인 특성을 고려하여 영유아와 개별적인 상호작용을 할 수 있다. 따라서 교사는 자유선택활동 시간에 영유아의 놀이를 주의 깊게 관찰하여 개별 영유아의 특성을 파악하고, 적절히 상호작용하여 대집단활동 시간에 배려하기 어려운 개별 영유아의 발달을 지원하기 위해 노력해야 한다.

• 사회관계를 배우는 시간

자유선택활동 시간에는 영유아 간에 활발한 상호작용이 일어난다. 이러한 상호작용을 통해 영유아는 순서 기다리기, 협력하기, 양보하기, 돕기, 배려하기 등의 친사회적 기술을 배우게 된다. 따라서 교사는 영유아가 친사회적 행동이나 사회적 유능감을 발달시키는데 필요한 또래 간 긍정적 상호작용을 격려해야 한다. 이를 위해 교사는 또래 간 긍정적 상호작용이 관찰될 때 칭찬하거나 격려하고, 놀이 중 영유아 간 다툼이나 문제가 발생하지 않도록 활동 자료나 공간을 충분하게 제공한다. 놀이 중 다툼이나 문제 상황이 발생했을 때, 다음 사항을 참고하여 연령에 따라 적절하게 개입하도록 한다.

〈표 5-1〉 놀이 중 다툼이나 문제 발생 시 교사의 개입 방법

구분	개입 방법
영아	• 영아 간 다툼이나 문제 상황 발생 시 교사는 즉시 적극적으로 개입하여 안전사고를 미연에 방지한다. • 영아 간 문제에 개입하여 안전을 유지한 후, 양쪽 영아의 감정을 수용해 주고 영아들이 이해할 수 있도록 이유를 간단하게 설명하며 모델링을 통해 긍정적 행동을 보여 주는 것도 좋은 방법이 될 수 있다. (예: "준영이가 수민이의 놀잇감을 가져가서 수민이가 화가 났구나. 준영아, 다음에는 '내가 가지고 놀아도 돼?'라고 수민이에게 물어볼 수 있겠니? 그러면 수민이도 화가 나지 않고 같이 재미있게 놀 수 있을 것 같은데.")
유아	• 유아에게 먼저 스스로 문제를 해결할 수 있는 기회를 주고 관찰하며, 필요한 경우 대안을 제시한다. • 유아가 직접적인 해결을 원해서 교사에게 친구의 잘못을 설명할 경우, 두 명 모두 상대방의 입장을 들어 볼 수 있는 기회를 제공한다. (예: "철이는 민수가 하는 말을 잘 들었니? 민수도 어떤 생각을 하는지 철이에게 말해 줄 수 있겠니?") • 유아가 친구의 입장을 잘 이해하지 못할 경우, 상대방의 입장에서 생각해 보고 표현해 보도록 하며, 교사도 신중하게 양쪽 유아의 말을 듣는 모델을 보여 준다. (예: "철이가 만약 민수라면, 민수는 어떤 느낌일까?") • 유아 간에 서로 문제를 해결했을 경우에는 칭찬해 주고 이러한 행동이 지속되도록 격려한다. • 교사가 주도하여 다툼을 종결시키거나 교사가 일방적으로 해결 방법을 제시하지 않도록 유의하고, 유아들에게 먼저 스스로 문제를 해결할 수 있는 기회를 제공한다. (예: 놀잇감을 가지고 다투는 두 명의 유아를 벌세우거나 "둘 중 먼저 이 놀잇감을 가지고 논 사람이 누구니? 먼저 가지고 놀았던 철이가 조금 더 가지고 놀다가 민수가 가지고 놀도록 하자."라고 말한다.)

출처: 보건복지부·한국보육진흥원(2018). 제3차 어린이집 평가인증 안내: 통합지표. pp. 212-213.

• 자율감과 책임감을 배우는 시간

가정에서는 주로 부모님께 의존하고 수동적인 생활을 해 온 영유아들이 자신이 놀이하고 싶은 영역에서 하고 싶은 놀이를 스스로 결정해 보는 자유선택활동은 자율감과 책임감 발달에 많은 영향을 미친다. 자신이 하고 싶은 놀이를 스스로 계획하고 진행하며, 놀이를 통해 피드백을 받으면서 누가 시키지 않아도 스스

로 하면서 자신을 통제하는 자율감과 끝까지 놀이를 완수하고 역할을 수행하는 책임감을 발달시키게 된다.

• 자유로운 활동으로 즐거움을 경험하는 시간

자유선택활동 시간은 영유아가 자신의 내재적 동기에 의해 흥미와 욕구를 반영한 놀이를 하도록 보장해 주는 시간이므로, 자신이 하고 싶은 놀이를 하면서 즐거움을 경험하게 된다. 놀이를 통해 즐거움을 경험함으로써 영유아는 자신과 타인 및 세상에 대한 긍정적 정서를 경험할 수 있다.

이와 같이 자유선택활동이 영유아들에게 여러 면에서 중요하기 때문에 '3차 어린이집 평가인증: 통합지표'에서도 다음과 같은 기준에 의해 자유선택활동을 하고 있는지를 평가하고 있다.

▶자유선택활동 시간(영아반은 자유놀이활동 시간) 점검 지표

- 6시간 이하 운영(맞춤반 영아): 매일 1시간 이상
- 6시간 초과 운영(종일반 영아, 유아): 매일 2시간 30분 이상
  - 해당 반 영유아 현원의 50% 이상이 등원한 시점부터 편성하여 마지막 영유아가 귀가할 때까지 총 2시간 30분 이상 편성하여 실행
  - 오전, 오후에 각각 1시간 이상씩 연속적으로 편성하여 실행

출처: 보건복지부·한국보육진흥원(2018). 제3차 어린이집 평가인증 안내: 통합지표. p. 155. 수정.

2. 자유선택활동 진행 단계

영아들은 스스로 놀이를 선택하여 실행하는 것이 아직 어려운 면이 있으므로 유아를 중심으로 자유선택활동 진행 단계를 소개하면 다음과 같다.

1) 계획 단계

영유아 교육 기관에서 주로 많이 사용되는 자유선택활동 계획 방법은 다음과 같다.

첫 번째 방법은 연령이 어린 유아들의 경우에 학기 초에 많이 사용되는 방법으로 각자 계획한 내용을 교사에게 "○○ 영역과 ◇◇ 영역에서 놀이하겠어요."라고 의사 표현을 하도록 지원하는 것이다. 유아가 등원하면 다양한 흥미 영역을 소개한 후 하고 싶은 놀이를 선택하게 한다. 유아들이 놀이 계획의 의미를 이해하게 되면 반 전체 유아를 대상으로 놀이 계획 시간을 가질 수 있다.

두 번째 방법은 각 흥미 영역별로 놀이 계획판을 준비해 주고 그 영역에서 놀고 싶은 유아가 놀이 계획판에 자신의 이름표를 붙이고 놀이에 참여하는 방법이다. 놀이를 하다가 다른 영역으로 옮길 때는 자신의 이름표를 떼어 가지고 가서 새로운 영역의 놀이 계획판에 붙인다. 이 방법은 유아들이 선호하는 특정 영역의 인원을 제한할 필요가 있을 때도 유용하게 사용할 수 있다.

세 번째 방법은 개인별 놀이 계획판이나 놀이 계획 평가표를 사용하는 방법으로, 연령이 높은 유아반이나 자유선택활동에 익숙해진 학기 중간 이후나 말에 사용하면 효과적이다. 개인별 놀이 계획판은 개별, 소집단이나 대집단으로 모여 놀이 계획을 짠 후 선택한 영역별 표시 카드를 자신의 이름표 밑에 부착된 고리에 거는 방법이다. 놀이 계획 평가표는 유아들이 개별적으로 마련해 놓은 놀이 평가표에 계획한 놀이를 표시하고, 놀이를 한 후 그 놀이에 대해 평가도 해 볼 수 있도록 고안된 평가표이다.

〈유아반용 놀이 계획 평가표〉

놀이 계획 평가표

__________월 __________일 __________요일 이름 : ____________________

영역	계획	평가	영역	계획	평가
언어 			음률 		
역할 			쌓기 		
수·조작 			컴퓨터 		
과학 			미술 		

출처: 윤애희·정정옥(2015). 유아교육 기관에서의 영유아 놀이지도. p. 315.

2) 실시 단계

흥미 영역별로 구성된 교실에서 유아의 개별적인 흥미, 욕구 및 발달 수준에 따라 스스로 계획한 놀이를 선택하여 놀이 활동에 참여한다. 다른 흥미 영역으로 옮길 경우 가지고 놀던 놀잇감을 제자리에 정리하도록 격려한다.

3) 평가 단계

(1) 유아 개별 평가

유아들이 자신의 놀이 내용과 놀이를 계획한 대로 잘 수행했는지의 여부, 놀이 과정 중의 문제점들을 놀이 계획 평가표에 기록하면서 스스로 정리해 보고 평가하도록 하는 시간이다.

(2) 집단 평가

집단 평가 시간에 유아의 개별 평가 내용을 토대로 활동 내용에 대한 유아의 느낌과 반응, 놀이 공간이나 유아 간 상호작용 등에 대하여 좋았던 점이나 재미있었던 점, 불편한 점, 고쳐야 될 점 등에 대해 평가하여 다음 계획에 참고한다. 또한 유아들이 만든 미술 작품이나 활동 결과물을 친구들 앞에서 보여 주며 소개하는 시간으로 활용할 수도 있다.

3. 자유선택활동 시 교사의 역할

자유선택활동 시간에 교사는 영유아들의 놀이를 풍부하게 만들어 주고 특히 영유아에게 놀이가 가치 있는 것이라는 것을 인식하도록 도와줄 수 있다. 또 교사는 자유선택활동 시간 동안 영유아와 친숙하고 개별적인 관계를 형성할 수 있고, 놀이를 발전시키고 주제를 다양하게 하여 놀이가 지속적으로 이루어지도록 도와줄 수 있다. 자유선택활동 시 교사의 역할을 살펴보면 다음과 같다.

• 직접 가르치기

교사가 영유아를 관찰하고 있다가 개입이 필요한 경우에 사실 또는 개념, 과정 등을 직접 가르치거나 설명하는 것이다.

• 대화 나누기

교사가 영유아의 현재 흥미 수준을 탐색하기 위해 영유아와 의사소통을 하는 것이다. 현재 무슨 놀이를 누구와, 어떻게 하고 있는지 정보를 구하거나 또는 놀이와 직접 관련이 없는 내용의 대화를 나누는 것이다. 예를 들어, 날씨나 입고 온 옷을 화제로 이야기하는 것을 들 수 있다.

• 놀이 유지하기

교사가 영유아의 놀이가 유지되도록 놀이를 보조하고 돕는 것이다.

• 칭찬·격려하기

교사가 영유아의 놀이 과정이나 성취 결과에 대해 칭찬하고 격려하는 것이다.

• 방향 제시하기

교사가 영유아의 현재 상황에서 변화가 일어나도록 활동이나 행동을 제시하는 것이다. 놀이가 중단되거나 진전이 없을 때 새로운 요소를 첨가해 활성화되도록 하는 것이다.

• 환경 구성 및 정비하기

교사가 주제에 맞는 놀이 자료를 첨가하거나 놀이 환경을 다시 재구성해 주는 것이다.

• 참여하기

교사가 현재 진행되고 있는 놀이에 한 사람의 놀이자로서 영유아와 동등한 수준으로 참여해서 놀아 주는 것이다.

• 시범 보이기

적절한 놀이 진행 절차를 교사가 유아에게 직접 시범을 보이는 것이다.

• 갈등 해결하기

각 영역에서 일어나는 영유아들 간의 갈등을 교사가 해결하도록 돕는 것이다.

• 정리·정돈 지원하기

영유아가 놀이를 마치거나 다른 영역으로 이동할 때 정리·정돈을 하도록 하는 것이다.

이상에서 살펴본 바와 같이 교사는 자유선택활동 시 영유아의 원활한 놀이 진행을 위해 다양한 역할을 수행하게 된다. 자유선택활동 시간에 교사는 놀이하는 영유아를 세심하게 관찰하여 계획한 활동이라도 그들의 흥미, 관심, 건강 상태에 따라 놀이를 융통성 있게 운영할 필요가 있다. 즉, 영유아의 놀이를 촉진 및 확장시켜 주거나 풍부하게 만들어 주기도 하고 축소 또는 대체하기도 한다. 따라서 교사는 영유아의 놀이 수준을 향상시키고 놀이를 통한 자발적인 학습이 이루어질 수 있도록 놀이 상황과 영유아의 욕구 상태에 따라 가장 효과적인 역할을 선택해야 할 것이다.

〈표 5-2〉 융통성 있는 놀이 운영의 예

구분	개념	예
확장	시간을 늘리거나 놀이 및 활동을 촉진하는 것	쌓기 영역에서 '우체국 구성하기'를 진행하던 중 유아의 관심이 택배로 전환되자 빈 상자를 제공하여 택배 운반 트럭을 구성하고 역할 영역에서 집 놀이를 하던 유아에게 배달하는 등 구성뿐 아니라 다양한 역할을 경험할 수 있도록 지원함
축소	시간을 줄이거나 현재 하고 있는 놀이나 활동을 계획안보다 빨리 마무리 하는 것	자유놀이 시 영아들이 놀이에 집중하지 못하고 배회하는 등 산만한 모습을 보이거나 갈등 상황이 빈번하게 일어나는 경우, 실내 자유놀이를 계획한 시간까지 운영하지 않고 영아들의 에너지를 발산할 수 있는 실외놀이를 진행함
대체	원래의 계획안에 제시된 것과 다른 놀이나 활동을 제공하는 것	영아반의 손 씻기 일과 중 영아들이 흐르는 물에 관심과 흥미를 보여 바깥 놀이 시간에 계획된 활동 '공 주고 받기' 대신 물을 이용해 놀이할 수 있는 '인형 목욕시키기' 활동을 진행함

출처: 보건복지부·한국보육진흥원(2018). 제3차 어린이집 평가인증 안내: 통합지표. p. 160.

4. 흥미 영역별 교사의 역할

1) 쌓기 영역

쌓기 영역은 다양한 크기와 종류의 블록과 소품을 활용하여 구성물을 만드는 놀이 영역으로 영유아들이 가장 선호하는 흥미 영역의 하나이다. 쌓기 놀이를 통해 영유아는 대소근육과 문제 해결력, 사회성을 발달시킨다. 쌓기 놀이가 활발히 일어나도록 교사는 다음과 같은 역할을 수행할 수 있다.

- 구성물에 적절한 다양한 종류의 블록과 소품을 제공하여 영유아의 창의적인 구성을 돕는다.
- 진행되고 있는 쌓기 놀이를 촉진하고, 역할 놀이로 연결 및 확장을 돕기 위해 영유아들의 놀이를 세심하게 관찰하여 적절한 의견을 제시한다. 아울러 쌓기

영역 공간을 충분히 확보하여 영유아 간 갈등 상황이나 위험 및 사고를 사전에 예방하도록 한다.

- 영아는 단순하게 블록을 길게 늘어뜨려 놓거나 쌓고 무너뜨리거나 담고 쏟는 등의 활동을 반복한다. 교사는 이를 함께 지켜봐 주고 즐거워해 주며 다시 쌓아 보도록 함으로써 영아가 쌓기 놀이에 몰입하도록 격려한다(예: 한두 개의 블록을 더 사용하여 위로 쌓아 보기, 블록을 옆으로 늘어 놓기, 다리를 세워 만들어 보기 등).
- 유아가 자신이 만들려고 하는 구성물에 대한 계획을 말할 수 있도록 격려하고 적절한 의견을 제시해 줌으로써 사고력과 구성 능력 발달을 지원한다.
- 쌓기 영역에서 구성물을 만든 후, 역할 놀이나 음률 영역 등 다른 영역과도 연계하여 놀이할 수 있도록 격려한다(예: 쌓기 영역에서 블록으로 자동차를 만든 후 역할 영역에서 '자동차 타고 여행을 가요' 놀이로 확장하고, 음률 영역에서 우쿨렐레를 가져와 '간다 간다' 노래를 부르면서 '자동차 타고 여행을 가요' 놀이로 연계·확장하도록 지원).
- 쌓기 영역에서 영유아 각자가 구성물을 만드는 경우, 영유아가 블록을 꺼내러 교구장에 오가는 동선, 구성 방향이 서로 겹치지 않도록 방향을 조정해 주어 서로 방해하지 않고 편안하게 놀이하도록 지원한다.
- 학기 초에는 블록 던지지 않기, 안전하게 치우거나 옮기는 방법(쌓은 블록 넘어뜨릴 때는 친구 없는 쪽으로 밀기, 높이 쌓은 블록은 위에서부터 정리하기, 한번에 적절한 수량 나르기, 머리 위로 들어 나르지 않기 등) 등 안전 관련 사항에 대해 영유아와 상황 그림을 보며 이야기를 나누고, 상황 그림을 쌓기 놀이 영역에 일정 기간 게시하여 익숙해지도록 한 후 점차 쌓기 영역에서의 놀이 규칙을 스스로 지켜 나갈 수 있도록 지도한다.
- 다른 영역에 비해 정리 시간이 많이 필요한 영역인 만큼 개별 혹은 소집단으로 정리 시간을 미리 알려 주어 영유아들이 충분한 시간을 가지고 정리할 수 있도록 배려한다.

- 5세 유아반 교사는 쌓기 영역 구성 시, 5세 유아는 쌓기 놀이 영역에서 다양한 구성물을 만들고 사전 경험을 중심으로 또래들과 논의하여 다소 복잡한 구성물을 만드는 것도 가능하다는 점을 고려한다. 즉, 교사는 주제와 관련하여 유아들이 학습한 지식을 표상하거나 다른 영역들과 연계하여 종합적인 구성 활동이 이루어질 수 있도록 다양한 종류의 블록과 소품들을 적절한 시기에 제시해 준다.

2) 역할 영역

영유아는 역할 영역에서 특정 사건이나 인물 등을 모방 또는 상상하여 놀이하는 역할 놀이를 통해 신체, 언어, 인지, 사회성 등을 발달시켜 전인 발달을 도모할 수 있다. 이처럼 영유아의 발달에서 교육적 가치가 높은 역할 놀이가 활발하게 이루어질 수 있도록 교사는 다음과 같은 역할을 수행할 수 있다.

- 교사는 연령별로 영유아가 흥미를 갖는 놀이 주제를 파악하고 있어야 하며, 놀이 주제에 적합한 실제와 유사한 소품 및 의상을 제공하여 영유아의 역할 놀이가 자발적으로 일어나도록 지원한다.
- 교사는 영유아의 역할 놀이를 주의 깊게 관찰하고 적절한 시기에 놀이 상대자로 참여하며, 영유아의 놀이가 원만하게 이루어지면 놀이에서 빠져나오는 등 놀이 전개에 따라 다른 역할로 자연스럽게 놀이에 참여하도록 한다.
- 영아의 경우, 교사는 영아들이 쉽게 상상 놀이를 할 수 있도록 실물과 유사한 구체적인 자료(예: 전화기, 아기 업는 포대기, 우유병, 인형, 모자, 핸드백 등)를 제공하여 자료를 보고 쉽게 상상적 행동을 이끌어 낼 수 있도록 지원한다. 영아가 자발적으로 상상 놀이를 시도할 때, 교사는 영아의 행동에 언어로 반응해 주면서(예: 인형에게 우유병을 물려 주는 것을 보고 '아기가 우유 잘 먹어요?', '배가 고픈가 봐요.' 등) 영아가 상상 놀이를 해 나갈 수 있도록 격려한다.

- 만 3세 유아의 경우, 교사가 놀이에 함께 참여하여 격려하면 역할 놀이 시간은 점차 길어지고 주제도 다양해지며 놀이가 확장될 수 있다.
- 만 4세반 교사는 놀이에 함께 참여하거나 놀이하는 것을 지켜보면서 도움이 필요할 때 적절히 개입하고, 쌓기 영역의 구성물을 활용하여 연계하거나 두 영역을 통합하여 운영하는 것이 바람직하다.
- 만 5세 유아의 경우는 사전 경험을 활용하고 또래와 공유하도록 하며, 견학을 통해 얻은 직접적이고 생생한 경험을 역할 놀이를 통해 재현해 볼 수 있도록 유사한 소품을 제공하거나 유아와 함께 구성하는 등의 방법으로 지원할 수 있다. 가족이나 성 역할뿐만 아니라 다양한 직업과 사회 구성원의 역할을 해 볼 수 있도록 주제와 관련된 자료를 비치해 준다. 필요한 경우 역할 놀이에 필요한 자료를 유아가 스스로 만들도록 격려한다.

▶ 역할·쌓기 놀이 진행 시 연령별 고려 사항

- **영아:** 영아는 연령에 따라 또래에 관심이 없이 개별적으로 상상 놀이와 쌓기 놀이를 하므로 교사는 영아 간에 서로 방해되지 않고 놀잇감으로 인한 분쟁이 발생하지 않도록 지원한다.
- **3세:** 같은 주제의 놀이를 하지만 곁에서 따로 노는 병행 놀이를 주로 하므로 교사는 다른 또래들이 옆에서 어떤 놀이를 하는지를 언어로 표현해 주고 서로 관심을 가지도록 지원한다.
- **4세:** 같은 놀이를 할 친구들을 찾고 서로 의견을 내며 다투기도 하면서 놀이를 함께해 나가므로 교사는 문제가 발생할 경우(예: 유아 간의 의견이 일치가 되지 않을 때, 남의 것을 부수거나 방해를 지속할 때 등) 놀이에 개입하고 또래들이 놀이 아이디어를 서로 나누는 것을 격려한다.
- **5세:** 역할 놀이와 쌓기 놀이에서 또래 간 협력이 매우 활발히 이루어지는 시기이므로 교사의 개입이 크게 필요하지 않을 수 있다. 때로 유아들이 교사에게 새로운 지식이나 기술, 도움을 요청하는 경우 답을 즉시 알려 주기보다는 최선의 해결책을 찾아가는 방법을 논의하면서 과정을 즐기도록 지원한다.

출처: 보건복지부·한국보육진흥원(2014). 어린이집 평가인증 안내: 3차 지표 시범 사업용. pp. 300-301.

3) 미술 영역

미술 영역은 영유아들이 친근한 주변 환경에서 모양, 색 등의 미술 요소를 탐색하고 아름다운 것을 느끼고, 다양한 매체와 재료들을 가지고 편안하고 창의적으로 표현하는 영역이다. 따라서 교사는 영유아들이 미술 영역에서 다양한 미술 재료를 탐색하고, 자유롭고 창의적인 표현을 할 수 있도록 다음과 같은 역할을 수행할 수 있다.

- 영유아에게 자연, 주변 환경, 사물이 가진 아름다움을 탐색할 수 있는 기회를 자주 제공하여 자신이 주의 깊게 본 것이나 탐색하고 관찰한 것을 토대로 표현할 소재를 찾도록 지원한다.
- 하루 일과 중에 미술 활동의 기본이 되는 선, 면, 색, 명암 등의 요소를 실내외의 주변 사물 속에서 찾아보는 경험을 제공한다.
- 영유아 개인의 흥미와 요구, 능력에 따라 활동할 수 있도록 다양한 미술 활동 재료를 풍부하게 제공해 주고 활동 주제나 계절에 따라 변화를 준다.
- 친숙한 미술 재료를 새롭고 창의적인 방법으로 사용하도록 격려하는 한편 새롭고 참신한 재료도 제공하여 호기심을 가지고 새로운 방법으로 사용해 보도록 지원한다. 영유아가 동일한 재료를 이용하여 활동할 때도 창의적인 아이디어를 표현할 수 있도록 격려한다.
- 영유아의 탐색과 표현 과정을 세심하게 관찰하고, 활동 과정에서 언어적으로 반응해 준다.
- 떠오르는 아이디어와 느낌을 언제든지 미술 활동으로 표현해 볼 수 있도록 풍부한 미술 재료를 미술 영역에 비치해 준다. 특히 미술 재료로 활용할 수 있는 폐품 재료를 제공하여 재활용의 중요성을 생활 속에서 인식하고, 유아가 가정에서 모아 온 폐품을 활용하여 미술 작품으로 재탄생시키는 경험을 할 수 있도록 배려한다.

- 영아는 크레파스와 같은 미술 재료를 가지고 끼적이기, 큰 붓으로 그리기, 도장 찍기, 종이 찢기, 간단한 가위질하기 등의 활동을 자신이 원하는 방식으로 시도할 수 있도록 격려한다.
- 만 4세 유아들은 다양한 미술 재료를 제공하여 결과물에 치중하지 않고 유아가 자유롭게 재료를 탐색하고 활용할 수 있도록 배려한다.
- 만 5세의 경우, 자신이 계획한 것을 실행하고 평가할 수 있다. 따라서 유아가 스스로 아이디어를 제안하여 시작한 미술 활동을 여러 날에 걸쳐서라도 마무리 할 수 있도록 격려하고 필요한 물적·공간적 자원을 지원한다. 만 5세 유아의 경우 그리기, 만들기 등의 표상이 보다 복잡하고 구체화되므로 정교한 조형물을 만들 수 있는 재료를 비치해 주도록 한다. 또한 만 5세 유아는 개별 작업은 물론 사회성이 발달하여 또래와 협력하여 작품을 만드는 것을 즐기는 연령이므로 공동 작업을 할 수 있는 공간이나 재료 등을 제공하여 공동 작업을 격려한다.

4) 언어 영역

언어 영역에서 영유아는 교사나 또래와의 자연스러운 놀이를 통해 나와 타인의 생각이나 느낌, 경험을 상황과 상대에 따라 적절하게 의사소통할 수 있는 능력을 발달시키게 된다. 교사는 듣기, 말하기, 읽기, 쓰기 등의 다양한 언어 활동을 균형 있게 경험할 수 있도록 연령과 발달에 적합한 활동 자료를 제공하고 교사와 또래와의 언어적 경험이 활발하게 이루어지도록 격려해야 한다.

① 듣기와 말하기

- 교사는 영유아와 시선을 맞추고 바른 발음으로 말하고, 적절한 언어를 사용하여 영유아에게 단어, 문장, 이야기 등을 들려줌으로써 올바른 언어적 모델을 제공한다.

- 교사는 영유아의 말이 끝날 때까지 기다리고 집중하여 들어줌으로써 영유아의 언어적 표현을 격려할 수 있다.
- 또래와 이야기를 주고받을 수 있는 기회를 많이 제공하고, 다른 사람과도 효율적으로 대화하는 방법을 배우도록 돕는다.
- 교실의 전 영역에서 영유아가 교사나 또래와 개별적으로, 혹은 소집단으로 말하고 들을 수 있는 기회를 자주 제공하고 격려한다.
- 여러 명의 영유아가 함께 이야기를 나눌 때 골고루 말할 기회가 돌아가도록 배려하여 특정 영유아에게만 기회가 집중되지 않도록 유의한다.
- 영아는 발달 수준에 따라 옹알이, 한 단어, 짧은 문장 등으로 자신의 욕구나 감정을 적절히 표현할 수 있도록 격려한다(예: 영아가 현재 하고 있는 행동을 언어로 다시 말해 주기, 옹알이나 다양한 몸짓으로 소리를 낼 때 주의 깊게 들어주기, 눈을 맞추고 정다운 목소리로 반응하기 등). 아울러 영아 자신과 관련되어 있거나 영아가 흥미 있어 하는 자료를 활용하여 영아의 관심을 끌고 적극적인 반응을 이끌어 내도록 한다(예: 영아가 좋아하는 물건, 자신이나 또래 사진, 가족사진을 보며 이야기 나누기 등).

② 읽기와 쓰기

- 다양한 종류의 책을 풍부하게 제공하여 주며, 새로운 책은 교사가 먼저 소개해 주고, 읽어 줌으로써 흥미를 유발시킨다.
- 영아가 원할 때 개별적으로 그림책을 반복하여 읽어 주고, 읽기 중에 나타나는 영아의 표현에 반응한다. 또한 영아가 자발적으로 끼적이기 하는 것을 즐길 수 있도록 다양한 재질의 종이를 제공하여 자유롭게 끼적이기를 할 수 있도록 지원하고, 그 결과물을 교실 내에 게시하여 영아에게 의미 있는 쓰기를 격려한다.

▶ 영아와의 책 읽기 방법의 예

- 그림책을 읽을 때 교사는 영아를 자신의 무릎에 앉히거나 같은 방향으로 나란히 앉아 읽어 준다.
- 그림책을 읽으며 교사는 '여기 좀 봐.', '이게 뭐니?' 등과 같은 질문으로 영아의 주의를 끌고 영아의 대답을 기다려 준다.
- 그림책을 읽는 도중에 영아가 책장을 넘기려고 하면 이를 제지하지 않고 존중해 준다.
- 책을 읽는 도중에 영아가 책에 나오는 사물을 찾아오거나 말로 표현하면 잠시 책을 읽어 주는 것을 멈추고 영아의 말과 행동에 반응을 해 준다.

출처: 보건복지부·한국보육진흥원(2014). 어린이집 평가인증 안내: 3차 지표 시범 사업용. p. 274.

- 만 3세 유아의 경우, 자유선택활동 시간에 책을 읽어 줄 때 개별 유아를 무릎에 앉혀서 읽어 주면 그림을 가까이에서 볼 수 있고, 책을 만지며 페이지를 넘기고, 시작과 끝을 찾아볼 수 있으므로 읽기 발달에 훨씬 효과적이다.
- 책을 소중히 다루는 방법을 알려 주고, 격려해 준다.
- 유아들이 익숙한 주변 환경에서 글자에 관심을 가질 수 있도록, 학습지나 특별 활동이 아닌 일상생활에서 환경인쇄물 등을 이용하여 글자에 관심을 갖도록 유도하고 글자를 찾아보는 경험을 함께해 본다.
- 일과 중에 쓰기 활동이 자연스럽게 일어나도록 사용이 편리한 곳에 쓰기 도구들을 비치해 주고, 여러 영역에서 글자를 활용할 수 있도록 격려하고 지지해 준다.
- 만 5세 유아를 위한 언어 영역은 듣기, 말하기 활동에서 나아가 읽고 쓰는 활동이 적절히 이루어지도록 하는 것이 바람직하다.

5) 음률 영역

다양한 소리와 음악을 듣고 악기를 탐색하고 연주하며 신체 표현을 통해 영유아는 정서적으로 풍부한 감성을 기르고 감각 발달, 신체 표현 및 창의성을 발달시키게 된다. 영유아의 음률 영역에서의 활동을 지원해 주기 위해 교사는 다음과 같은 역할을 수행할 수 있다.

- 노래 부르기, 악기 탐색하기, 리듬 탐색하기, 다양한 음악 감상하기 등 다양한 경험을 제공한다.
- 영유아가 음악이나 리듬 있는 소리를 들으며 자신의 신체를 움직이거나 거울을 보며 움직이기를 즐기도록 격려한다.
- 다양한 리듬 악기를 이용하여 리듬과 소리를 탐색하는 경험을 제공한다. 만 3~5세 유아는 리듬을 혼자서 탐색해 보는 것을 즐기기 때문에 교사가 정해 놓은 리듬을 따라서 그대로 치거나 함께 연주를 하도록 하는 것은 바람직하지 않다.
- 교사가 자신감을 가지고 밝은 표정으로 즐기면서 음률 활동을 진행해야 영유아들도 흥겹게 같이 할 수 있다. 반주에 자신이 없는 교사는 녹음테이프를 적절히 활용하는 것도 좋은 방법이다.
- 노래를 선택할 경우에는 영유아의 흥미 유발을 위해 영유아의 경험을 토대로 한 내용의 노래나, 반복적이거나 대화체로 된 부분이 있는 노래, 박자와 리듬이 분명한 곡을 선정한다.
- 짧은 시간이라도 영유아가 좋아하는 음악을 집중하여 들을 수 있는 기회를 제공한다. 가능하다면 학부모나 지역 사회의 전문가를 초청하여 악기 연주를 들려주는 음악 감상의 기회도 제공해 준다.
- 만 5세 유아는 리듬뿐만 아니라 멜로디의 탐색도 가능하다. 따라서 음악의 다양한 측면을 경험하고 창의적인 음악 활동을 경험할 수 있도록 지원한다.

6) 수 · 조작 영역(유아)

수·조작 영역에서 유아는 다양한 조작 교구와 수 교구를 활용하여 눈과 손의 협응 및 소근육 발달을 도모하고, 기초적인 수학적 사고력을 발달시키게 된다. 이 영역에서의 교사 역할을 보다 구체적으로 살펴보면 다음과 같다.

- 만 3, 4세 유아는 모든 감각을 활용하여 사물을 직접 탐색하고, 관찰하며 조작하여 봄으로써 기초적인 수학과 탐구적인 태도를 발달시키게 된다. 그러므로 사물을 구체적으로 탐색하는 과정에 중점을 두어 이러한 태도가 자연스럽게 형성될 수 있도록 지원한다.
- 유아가 스스로 생각해 보고, 시도해 볼 기회를 주고 교사가 직접 답을 알려주지 않도록 한다.
- 유아는 수·조작 영역 외의 일상생활과 관련된 사건이나 익숙한 사물을 조작하면서 1:1 대응, 순서 짓기, 비교 및 분류(예: “쌓기 영역에 있는 블록 중 어떤 색깔 블록이 가장 많니?”, “가장 많은 색깔부터 가장 적은 색깔을 순서대로 말해 볼까?”), 도형 및 공간 인식, 끈이나 그릇 등 임의의 단위를 사용한 측정과 관련된 경험 등의 문제 해결 능력 및 여러 가지 기초적인 수학적 개념을 기를 수 있다. 교사는 일상생활에서 이러한 기회를 자연스러운 학습의 기회로 활용하도록 한다.
- 만 5세 유아는 게임의 규칙을 이해하고 수용할 수 있으므로 게임하는 것을 좋아한다. 따라서 교사는 주제에 적절한 판 게임이나 카드 게임을 제공하여 또래와 상호작용하고 문제 해결 전략을 발전시킬 수 있도록 지원한다.
- 만 5세 유아는 3, 4세 유아에 비해 인지적 능력이 성숙하여, 계량컵, 되, 저울 등 표준화된 단위로 측정하는 활동과 자료를 모으고 분석하는 그래프 그리기 활동을 통하여 기초적인 수 활동 경험을 할 수 있도록 돕는다.

- 조작 활동을 위한 교구들은 주제에 맞춰 1~2주에 한 번씩 교체하며, 유아의 개인차를 고려하여 난이도에 차이를 두어 제시한다.
- 새로운 조작 놀이 교구를 제시할 때는 정해진 규칙이 있는 교구라도 먼저 유아들이 스스로 탐색하고 조작해 보는 기회를 제공한다.

7) 과학 영역(유아)

과학 영역은 영유아가 자신의 주변 세계에 대해 호기심을 가지고 궁금한 것을 해결하기 위해 탐구하며, 일상생활에서 당면하는 문제를 해결해 나가는 기초 능력과 태도를 기르도록 지원하는 영역이다. 교사는 다양한 자연 체험과 실물 자료의 제공 등을 통해 이러한 능력과 태도를 기르도록 도울 수 있다.

- 주제와 계절을 토대로 유아가 관심을 갖는 다양한 자료를 수집하고 전시하여 유아의 흥미를 유발하되, 유아가 이러한 자료들을 보고, 듣고, 만지고, 냄새를 맡아 보는 탐색의 과정을 충분히 경험하도록 한다.
- 유아들이 함께 찾아볼 수 있는 주제와 관련된 과학 그림책이나 화보 등을 풍부하게 비치하여 준다.
- 유아에게 지식을 전달하기보다는 유아가 관찰하고, 왜 그런지 스스로 생각해 보고, 예측해 보며 자신의 예측과 결과를 비교하고 결론을 내려 보는 과정을 경험할 수 있도록 돕는다.
- 유아의 발달적 개인차를 고려한 충분한 탐색 및 관찰이 이뤄지도록 과학 영역의 활동은 가능한 개별이나 소집단으로 상호작용하는 것이 바람직하다.
- 만 5세 유아에게는 관찰이나 실험 결과 기록지를 제시하고, 유아가 글이나 그림으로 표현하여 또래와 결과를 분석·토의해 보도록 격려한다.

8) 탐색 영역(영아)

영아반의 탐색 영역에서 영아는 오감을 활용하여 세상을 이해하고, 기초적인 수학적·과학적 탐구 태도를 기르게 된다. 영아의 탐색 능력 발달을 위해 교사는 다음과 같은 역할을 수행할 필요가 있다.

- 영아가 자신의 오감을 활용하여 친숙한 주변 환경의 자연물을 직접 만지고, 냄새 맡고, 보고, 듣는 경험을 할 수 있는 자연물을 제공하고 탐색하도록 격려한다.
- 주변 환경에서 쉽게 접할 수 있는 사물을 이용하여 생활과 관련된 수 세기를 일상에서 경험하도록 지원한다.
  - 0~1세 영아 : '있다'와 '없다'를 구별하고, '한 개'와 '여러 개'의 수량을 지각하는 경험 제공
  - 2세 영아 : 세 개가량의 구체물을 말하여 세어 보고, 1:1 대응을 해 보면서 수량을 인식하는 경험 제공
- 영아가 관심을 보이며 궁금해 하는 것이 있는 경우 관심을 지속시키고 확장해 주기 위해 스스로 탐색할 시간을 충분히 제공한다.

5. 자유선택활동 시 놀이 수준 향상 전략

자유선택활동 시간에 진행되는 놀이를 현재 놀이 수준보다 향상된 놀이 수준으로 발전시키기 위해, 교사는 다양한 측면에서 유아들의 놀이를 세심하게 살펴보면서 유아의 개인차에 따른 적절한 지원 방법을 적용하여야 더욱 효과적인 지도가 가능하다. 이때 도움이 될 만한 기초적인 기준을 살펴보면 다음과 같다(윤애희·정정옥, 2015).

① 유아의 놀이 계획과 실행 정도 파악 기준

- 스스로 놀이를 계획하지 못한다.
- 놀이 계획은 세우지만 실행하지는 못한다.
- 놀이 계획을 세우고 반 정도는 계획대로 실행한다.
- 놀이 계획을 세우고 대부분 계획대로 실행한다.

② 유아의 놀이 참여 정도 파악 기준

- 놀이에 참여하지 않는다.
- 교사나 친구의 도움을 받아 놀이에 참여한다.
- 스스로 놀이를 선택은 하지만 소극적으로 참여한다.
- 스스로 놀이를 선택하고 적극적으로 참여한다.

③ 유아가 시작한 놀이 활동을 끝맺는 정도 파악 기준

- 시작한 놀이 활동을 완성하지 못하는 경우가 많다.
- 교사의 격려가 있을 때만 시작한 놀이 활동을 완성한다.
- 교사의 격려가 없어도 대개는 시작한 놀이 활동을 완성한다.
- 교사의 격려가 없어도 시작한 놀이 활동을 열심히 하고 스스로 완성한다.

④ 유아가 놀잇감을 나누어 쓰는 정도 파악 기준

- 놀이 기구나 놀잇감을 다른 유아와 나누어 쓰지 않는다.
- 교사의 요청이 있을 경우에만 놀잇감을 나누어 쓴다.
- 교사의 요청이 없어도 가끔 다른 유아와 놀잇감을 나누어 쓴다.
- 교사의 요청이 없어도 다른 유아와 놀잇감을 잘 나누어 쓴다.

⑤ 유아가 집단 놀이 활동에 참여하는 정도 파악 기준

- 집단 놀이 활동에 전혀 참여하지 않는다.
- 집단 놀이 활동에 소극적으로 참여한다.
- 집단 놀이 활동에서 역할을 맡아 참여한다.
- 집단 놀이 활동에서 주도적인 역할을 한다.

⑥ 유아가 놀이 규칙을 지키는 정도 파악 기준

- 놀이 규칙을 전혀 지키지 않는다.
- 교사가 일깨워 주어야만 가끔 놀이 규칙을 지킨다.
- 스스로 놀이 규칙을 지키는 편이나 지키지 못할 때도 있다.
- 놀이 규칙을 잘 지킨다.

⑦ 유아가 놀이 시 차례를 지키는 정도 파악 기준

- 놀이 시 차례를 지켜야 함을 모른다.
- 차례를 지켜야 하는 것은 알지만 거의 지키지 못한다.
- 차례를 지키는 편이나 지키지 못할 때도 있다.
- 자기 차례를 잘 지킨다.

⑧ 유아가 놀이 시 제한을 수용하는 정도 파악 기준

- 놀이 활동에 제한(놀이 시간, 놀잇감, 사용 방법 등)이 있을 때 제한을 수용하지 않는다.
- 거부감을 보이면서 가끔 제한을 수용한다.
- 대체로 거부감 없이 제한을 수용한다.
- 제한을 잘 수용한다.

⑨ 유아가 놀이 시 돕는 정도 파악 기준

- 다른 유아나 교사가 도움을 청해도 돕지 않는다.
- 도움을 청하면 마지못해 돕는다.
- 도움을 청하면 기꺼이 돕는다.
- 스스로 도움을 준다.

⑩ 유아가 놀이 시설·기구를 안전하게 사용하는 정도 파악 기준

- 놀이 시설 및 기구의 안전 규칙을 지키지 못한다.
- 안전 규칙을 지킬 때도 있고 지키지 않을 때도 있다.
- 안전 규칙을 지켜서 놀이 기구를 바르게 사용한다.
- 안전 규칙을 잘 지키며 다른 친구에게도 지키도록 말한다.

⑪ 유아가 놀잇감을 정리하는 정도 파악 기준

- 교사가 지시해도 놀잇감을 정리하지 않는다.
- 교사가 지시할 때만 놀잇감을 정리한다.
- 스스로 놀이감을 정리한다.
- 스스로 놀잇감과 주변도 깨끗이 정리한다.

위의 기준에 따라 유아를 관찰한 후 지도한다면 유아들은 현재의 놀이 수준보다 더욱 향상되고 발전된 수준에서 자유선택활동을 할 수 있게 될 것이다.

6장

대소집단활동과 놀이지도

영유아들의 놀이는 자유놀이와 조직화된 놀이로 구분할 수 있다. 자유놀이는 유아 교육 기관에서의 고정 시설을 이용하여 노는 놀이와 다양한 놀잇감을 가지고 놀거나 혼자 혹은 집단으로 놀이하는 것을 말한다. 반면, 조직화된 놀이는 주로 유아들이 함께하는 동극 활동 및 운동을 포함하는 신체 게임 활동 등이 있다. 하루 일과 중 만 0~2세 영아반에서는 자유놀이가 중요하게 이루어지고 영아의 발달 특성상 의도적인 집단 놀이, 특히 대집단활동을 지양하고 있어 대집단활동은 주로 유아반에서 이루어진다. 따라서 이 장에서는 유아반의 조직화된 놀이를 위한 대소집단활동의 일반적 운영 방법, 대소집단활동 시 유아들의 주의 집중을 위한 교수 방법, 대소집단활동의 유형별 지도 방법을 살펴보고자 한다.

1. 대소집단활동의 일반적 운영 방법

집단활동을 효과적으로 운영하기 위해서는 교사의 교수-학습 방법이 중요하다. 교수-학습 방법이란, 교사가 어떤 의도로 언제, 어떻게 유아의 교육 경험이나 활동을 이끌고자 하는가에 대한 접근 방식을 의미한다. 교사는 유아와 활발하게 상호작용을 하면서 이러한 경험이 유아에게 의미 있는 경험과 학습의 기회가 될 수 있도록 교수-학습 방법을 효과적으로 사용하여야 한다. 교사는 활동의 내용과 상황에 따라 교사 주도적 접근법(예: 언어적으로 설명하기, 시범 보이기, 실물이나 시청각 자료 등을 활용하여 설명하기 등)과 유아 주도적 접근법(예: 새로운 사물이나 사건을 탐색하는 경우 등)을 적절하게 선택하여 활동을 진행하도록 한다.

교사 주도적 접근법을 활용하는 경우라도 교사는 유아의 의견과 제안을 수용하여 활동을 진행할 수 있으며, 때때로 유아의 적극적 참여에 의해 학습 경험이 의미 있게 전환될 수 있다. 교사가 활동을 주도적으로 진행할 경우 유아의 흥미와 발달 수준, 활동의 특성에 따라 적절하게 운영하고, 주의 집중에 지나치게 오랜 시간을 소요하지 않도록 하며, 흥미로운 도입 활동(예: 손유희 등)으로 주의 집중을 유도하는 것이 바람직하다. 또한 교사가 일방적으로 활동을 이끌어 가지 않도록 주의하여야 한다.

1) 1단계 : 집단활동의 준비

① 교사는 교육 목표를 설정하고 주제에 따른 집단활동의 종류를 정하며, 집단의 크기와 구성원을 고려한 후 적절한 시간과 장소를 결정한다.

② 교사는 유아의 발달 수준과 연령, 사전 경험 등을 고려하여 활동 자료를 준비한다.

③ 정해진 활동의 종류에 따라 가장 효과적으로 실시할 수 있는 방법과 활동 자료를 충분히 준비한다.

④ 전체 유아가 편안히 앉을 수 있는 충분한 공간과 주의 집중을 방해하지 않는 장소를 마련한다. 이때 주의할 점은 유아들이 창문이나 열려 있는 문을 보고 있으면 집중에 방해가 되고, 놀잇감이 유아 손에 닿을 정도로 가까이 있으면 만지게 되므로 그러한 장소를 피해서 모일 수 있도록 한다.

2) 2단계 : 집단활동의 진행과 평가

① 전체 유아들 중 1/3 정도만 준비되면 교사가 먼저 정한 자리에 앉고, 유아들을 반원 대형으로 앉혀 교사가 전체 유아들을 한눈에 볼 수 있도록 한다. 이때 유아와 너무 가까이 앉으면 유아들을 쳐다보기 어려우므로 적당한 거리를 확보하여 사각지대가 없도록 한다. 일반적으로 유아의 수가 많아서 두 줄로 앉아야 하는 경우에는 앞줄은 바닥에, 뒷줄은 의자에 앉게 하여 유아와 교사가 서로 잘 볼 수 있게 한다. 유아들이 소란할 경우 친한 유아끼리 떨어져 앉게 하면 집중하는데 도움이 된다.

② 유아들이 한번에 모이려면 시간이 걸리므로 모두 모이기 전 시간을 이용하여 주의를 집중시키는 간단한 활동을 한다.

③ 유아들의 주의가 집중되면 계획된 놀이 활동을 시작한다. 활동 시간은 활동의 종류와 유아의 연령, 집중 시간에 따라 조정하는데, 평균적으로 3세의 경우는 20분, 5세의 경우는 30분 이상을 넘지 않도록 한다.

④ 집단활동이 교사가 유아들에게 일방적으로 전달하거나 주입식으로 가르치는 시간이 되지 않도록 각별히 주의한다. 가능하다면 유아의 사고력, 문제해결력, 창의력 등을 고려한 집단활동이 이루어질 수 있도록 한다.

⑤ 유아가 흥미를 가지고 집단활동에 계속 참여하도록 하기 위해서는 그림 자료나 실물 자료 등을 다양하게 사용하는 것이 효과적이다. 영상 매체 등의 시청각 기자재는 짧게 사용하는 것이 좋다.

⑥ 교사의 지도 방법에 따라 조금씩 변화를 주어 때로는 큰 소리로, 때로는 속삭이듯이 작은 소리로 이야기하거나 유머를 적절히 사용하는 것이 좋다.

⑦ 교사는 언제든지 돌발적 상황이 발생하면 원래 계획을 변화시켜 활동을 길게 또는 짧게 조정할 수 있는 여유와 융통성을 지녀야 한다.

⑧ 유아들이 집중을 잘 못하면 일단 진행하던 활동을 멈추고 다른 활동으로 전환할 수 있어야 한다. 멈춘 활동은 그날 또는 다음날 적당한 시기를 선택하여 다시 시도한다.

⑨ 집단활동을 진행하는 과정에서 유아의 적절한 행동은 인정해 주고, 주의 산만한 태도에 대해서는 짧게 반응해 주거나 무시해 버릴 수 있다. 특정 유아의 행동으로 인해 집단활동이 계속 방해를 받을 경우 유아의 특성과 상황, 행동의 정도를 고려하여 조치한다.

⑩ 활동이 끝나면 매 활동마다 짧게라도 평가 시간을 갖는다. 이 평가 시간을 통해 교사는 여러 가지 정보, 즉 유아들의 반응, 자료의 적절성, 흥미 등을 분석할 수 있을 뿐만 아니라 다음 활동 계획에 참고 자료로 활용할 수 있다. 유아들에게는 지나간 활동 평가를 통해 다음에 어떻게 하는 것이 보다 바람직한지 목표를 설정하는 계기가 될 수 있다.

3) 3단계 : 활동의 전이

① 한 가지 집단활동이 끝나면 유아들이 쉽게 이해할 수 있도록 간단명료하게 다음 활동에 대한 지시를 하여 자연스럽게 활동이 연결되거나 전이될 수 있도록 한다.

> 예: "교실에 들어가면 이야기 나누기를 할 수 있도록 의자를 가져와서 쌓기 놀이 영역에 앉자."

② 모든 유아들이 동시에 다음 활동으로 이동하면 매우 혼잡하고 위험한 상황을 초래할 수 있으므로 소그룹으로 보낸다. 즉, 유아들을 2~3명 혹은 5~6명씩 나누어서 움직이도록 한다.

> 예: "신발을 신고 바깥에 문 앞에서 2명씩 줄을 서자."

③ 교사는 유아들을 이동시킬 때 재미있게 이동할 수 있는 방법을 여러 가지 익히고 있다가 사용한다.

④ 놀이 후 정리·정돈도 유아 교육의 매우 중요한 일부이기 때문에 가능한 한 활동에 사용한 놀잇감 및 자료는 시간이 걸리더라도 유아들끼리 정리하도록 유도한다.

2. 대소집단활동 시 주의 집중 교수 전략

유아에게 교사가 준비한 대소집단활동을 소개하기 전에 유아들을 주의 집중시키는 일이 선행되어야만 한다. 유아들의 주의 집중을 위한 교수 전략 및 주의 집중을 위해 사용할 수 있는 활동을 살펴보면 다음과 같다(윤애희·정정옥, 2015).

1) 활동 전이 시 교수 전략

집단활동을 한 후 유아들이 다른 활동으로 넘어갈 때 가장 주의해야 할 사항은 한꺼번에 많은 유아들이 이동하지 않도록 하는 것이다. 간식 준비를 한다거나 화장실에 가서 양치질 또는 손 씻기, 바깥 놀이 나가기나 귀가 등 공간과 장소를 옮길 때는 혼잡해져 안전사고가 발생할 수 있으므로 유아들을 소집단으로 이동시키도록 한다. 그 방법은 다음과 같다.

- 유아들을 성씨별로 이동시키는 방법이다. 사전에 유아들이 성씨별로 대충 몇 명 정도 되는지 파악해 두어야 한다.
- 유아들이 입고 온 옷차림이나 옷 색깔을 활용하는 방법이다. 예를 들어, 빨간 옷을 입은 사람, 초록색이 들어간 옷을 입은 사람, 긴 양말을 신은 사람, 짧은 소매 옷을 입은 사람, 머리에 방울 달린 사람, 허리띠를 하고 온 사람, 멜빵을 메고 온 사람 등이 있다.
- 이름 카드를 활용하는 방법이다. 한 학급 유아들의 이름을 쓴 카드를 준비해 두었다가 카드를 보여 주며 다 같이 이름을 불러 주면 해당 유아가 이동하는 것이다. 한 유아의 이름을 부르면 그 유아는 같이 가고 싶은 유아의 손을 잡고 "같이 가자."라고 하며 이동하는 방법이다.

- 자유선택활동이 끝난 후인 경우에는 자기가 오늘 어느 영역에서 제일 먼저 놀이를 시작했는지 생각하게 한 후 그날 놀이했던 영역별로 이동하는 방법이 있다.
- 다음 활동에 대한 지시는 유아가 이해하기 쉽도록 간단명료하게 한다. 이 시간 이후 다음 활동이 무엇인지, 어떻게 해야 하는지 우왕좌왕하지 않도록 지시를 간단하면서도 쉽고 분명하게 해야 한다(예: "집에 가는 시간이니까 옷을 입고 가방 메고 카펫 위에 모여 앉자.", "○○이가 악수해 주는 사람은 화장실에 가자." 등).

2) 주의 집중 활동

교사가 준비한 활동을 시작하기 전에 유아들의 주의를 집중시키는 일 또한 학습의 효과를 증진시키기 위해 매우 중요한 일이다. 유아 교육 현장에서는 흔히 손유희라는 이름으로 주의 집중 활동을 해 왔다. 손유희라고 하면 노래를 동반한 손가락 움직임과 간단한 동작을 떠올릴 것이다. 손유희를 포함하여 유아가 주의를 집중을 할 수 있는 다양한 방법들이 있으므로 다음 내용들을 참고하여 운영한다.

(1) 주의 집중 활동의 종류

① 손유희

손을 주로 사용하여 노래를 부르면서 동작하는 것으로 유아들의 주의를 집중시키기 위해 현장에서 가장 쉽게 사용하고 있는 방법이다.

하나하고 하나하면

활동 자료

하나하고 하나하면 무슨 소리 날까요
(똑 똑 똑똑똑 똑 똑 똑똑똑)
둘하고 둘하면 무슨 소리 날까요
(똑 똑 똑똑똑 똑 똑 똑똑똑)
셋하고 셋하면 무슨 소리 날까요
(똑 똑 똑똑똑 똑 똑 똑똑똑)
넷하고 넷하면 무슨 소리 날까요
(짝 짝 짝짝짝 짝 짝 짝짝짝)
다섯하고 다섯하면 무슨 소리 날까요
(짝 짝 짝짝짝 짝 짝 짝짝짝)

다섯하고 다섯하면 무슨 소리 날까요
(짝 짝 짝짝짝 짝 짝 짝짝짝)
넷하고 넷하면 무슨 소리 날까요
(짝 짝 짝짝짝 짝 짝 짝짝짝)
셋하고 셋하면 무슨 소리 날까요
(똑 똑 똑똑똑 똑 똑 똑똑똑)
둘하고 둘하면 무슨 소리 날까요
(똑 똑 똑똑똑 똑 똑 똑똑똑)
하나하고 하나하면 무슨 소리 날까요
(똑 똑 똑똑똑 똑 똑 똑똑똑)
손은 무릎에~~

활동 방법

같은 방법으로 손가락 개수만 바꾸어서 끝까지 한다.

코끼리와 거미줄

활동 자료

한 마리 코끼리가 거미줄에 걸렸네. 신나게 그네를 탔다네.
너무너무 재미가 좋아 좋아 랄랄라. 다른 친구 코끼리를 불렀네.
두 마리 코끼리가 거미줄에 걸렸네. 신나게 그네를 탔다네.
너무너무 재미가 좋아 좋아 랄랄라. 다른 친구 코끼리를 불렀네.
세 마리 코끼리가 거미줄에 걸렸네. 신나게 그네를 탔다네.
너무너무 재미가 좋아 좋아 랄랄라. 다른 친구 코끼리를 불렀네.
네 마리 코끼리가 거미줄에 걸렸네. 신나게 그네를 탔다네.
너무너무 재미가 좋아 좋아 랄랄라. 다른 친구 코끼리를 불렀네.
다섯 마리 코끼리가 거미줄에 걸렸네. 신나게 그네를 탔다네.
너무 많은 코끼리가 올라탔네. 랄랄라. 그만그만 툭하고 끊어졌다네.

쥐가 백 마리

활동 자료

쥐가 한 마리 쥐가 두 마리
쥐가 세 마리 네 마리 다섯 마리가
쥐가 여섯 마리가 쥐가 일곱 마리가
쥐가 여덟 마리 아홉 마리 열 마리
모두 열 마리 아니 스무 마리
아니 서른 마리 마흔 마리 쉰 마리
아니 예순 마리 아니 일흔 마리
아니 여든 마리 아흔 마리 백 마리

그때 야~옹 야~옹 고양이 나왔지
그때 야~옹 야~옹 고양이 화났지

그때 도망갔지 쥐가 도망갔지
쥐가 어디까지 도망갔나 나도 몰라
옳지 쥐구멍이지 옳지 쥐구멍이지
모두 쥐구멍에 들어가서 숨어 버렸지

활동 방법

'고양이 춤'이란 곡에 맞춰 유아들과 의논하여 동작을 만들어 해 본다.

② 손 인형 사용하기

손 인형을 사용하여 간단한 생활 습관이나 규칙 등을 동화처럼 만들어서 유아의 흥미를 유발한다(양치질, 손톱 깎기, 세수하는 순서, 손 씻는 순서 등).

손 인형 사용하기

활동 자료 여자아이 손 인형, 손수건

활동 방법

인형: (여기저기 긁는다) 아휴! 가려워.

교사: 아니, 영희야! 왜 그렇게 여기저기를 긁고 있니?

인형: 네. 어젯밤에 씻지 않고 잤더니 모기가 물었어요.

교사: 저런! 모기는 씻지 않는 사람을 좋아하는데….

인형: 어휴. 선생님! 배가 아파요.

교사: 아니. 영희야! 왜 배가 아프니?

인형: 어제 더워서 이불을 덮지 않았거든요.

교사: 저런! 더워도 배는 덮고 자야 되는데…. 영희야! 오늘은 자기 전에 깨끗이 씻고 이불을 꼭 덮고 자라(이때 손수건으로 인형에게 이불을 덮어 주는 것처럼 덮는다).

③ 배운 노래나 동시 함께 읊어 보기

유아들과 함께 활동했던 노래나 동시를 읊어 본다. 상황에 적절한 동시를 교사가 읊어 주기도 한다.

배운 동요 부르기

활동 자료 없음

활동 방법 유아와 같이 배운 동요(수박)를 불러 본다.

커다란 수박 하나, 잘 익었나 통통통
단숨에 쪼개니 속이 보이네
한 번 더 쪼갠 후에 너와 내가 들고서
신나게 하모니카 불어요
쭉쭉쭉쭉쭉쭉, 쭉쭉쭉쭉쭉쭉
쭉쭉쭉쭉, 쭉쭉쭉쭉

④ 기타 주의 집중 활동

유아들의 주의 집중을 위해 손유희나 손 인형 사용하기, 배운 노래나 동시 읊어 보기 외에도 다양한 방법들을 사용해 볼 수 있다. 몇 가지 활동을 제시하면 다음과 같다.

수수께끼 맞추기

활동 자료 없음

활동 방법

교사가 수수께끼 문제를 내 유아들이 알아맞히게 하거나 또는 유아가 나와서 수수께끼 문제를 낼 수도 있다.

예 "나는 다리가 네 개예요. 집을 지켜요. 나는 누구일까요?" – 강아지

"나는 빨간색이예요. 까만 씨가 있어요. 나는 누구일까요? – 딸기

악기 소리 세기

활동 자료 트라이앵글

활동 방법

트라이앵글 소리를 끝까지 잘 듣고 몇 번 소리가 났는지 손가락으로 표시하게 한다. 예를 들어, 트라이앵글을 천천히 한 번, 두 번, 세 번, 네 번 친 후, 몇 번 소리가 났는지 손가락으로 표시하게 한다.

확장 활동

리듬에 따라 한 번 치고, 두 번 치고, 치는 척만 하고 소리는 내지 않고, 세 번 치고, 네 번 친 후 모두 몇 번 소리가 났는지 물어보면 더 재미있다. 네 번, 다섯 번 등 유아들의 의견이 다르게 나온다.

손뼉 치기

활동 자료 없음

활동 방법

① 교사가 "우리 모두 다 같이 손뼉을 다섯 번 쳐 보자. 시작!"이라고 말하면 유아들이 서로 마음을 합쳐 손뼉을 친다.

② 교사는 "선생님이 치는 손뼉 소리를 잘 듣고 하나 더 쳐 보자."라고 말한다.

③ 교사는 "선생님이 치는 손뼉 소리를 잘 듣고 하나 덜 쳐 보자." 등으로 변화를 줄 수 있다.

'~자'로 시작되는 말 찾아보기

활동 자료 없음

활동 방법

유아와 함께 '~자'로 시작되는 말을 찾아본다.

예 '나'로 시작되는 말을 찾아보자.

– 나비, 나방, 나귀, 나이테, 나나(텔레토비) 등

(2) 주의 집중 활동 지도 시 유의점

- 주의 집중을 위한 활동도 다른 활동과 마찬가지로 교육적으로 유용한 시간이 되도록 연구하고 준비한다.
- 교사는 필요시 언제나 손쉽게 사용할 수 있도록 간단한 주의 집중 활동 자료를 옆에 놓아둔다.
- 주의 집중을 위한 활동도 계절이나 생활 주제, 단원에 따라서 변화시키고 변형하며, 사용하는 자료나 악기 등도 유아들에게 다양한 자극과 경험을 제공하기 위해 변화시키려는 노력이 필요하다.
- 주의 집중 활동에는 손유희만 있는 것이 아니므로 여러 가지 간단한 소도구와 자료(손 인형, 바둑알, 악기, 카드)를 개발하여 사용하는 노력을 해야 한다.
- 사용하려는 활동은 미리 잘 익혀서 유아들 앞에서 능숙하게 실시한다. 특히 손유희의 경우는 노래와 손동작이 포함되므로 손유희를 사용하기 전에 곡조와 손동작을 완전히 익혀서 자연스럽게 진행해야 효과를 거둘 수 있다.
- 손유희는 시간을 내서 가르치는 것이 아니라 유아들이 소란스럽거나 유아들의 주의를 집중시키고 싶을 때 교사가 먼저 시작하면 된다. 여러 번 하는 동안 자연스럽게 익히도록 하는 것이 바람직하다.
- 손유희를 한 번에 여러 가지 또는 여러 곡을 계속 사용하는 것은 바람직하지 않다. 그보다는 한 번에 한 가지 활동 또는 한 곡을 사용해서 유아들의 주의를 집중시키는 것이 보다 바람직하다. 여러 번 주의를 집중시키는 활동을 해도 주의가 집중되지 않는 경우는, 적절한 타이밍을 선택하지 못한 경우가 많으므로 적절한 타이밍을 선택하여 자신 있게 확신을 가지고 활동을 실시하도록 한다.
- 손유희의 분위기나 느낌을 잘 이해해서 유아들의 관심을 한 번에 유도하도록 한다. 특히 분위기와 느낌을 잘 살리면 더 즐겁고 재미있게 활동할 수 있다.
- 주의 집중 활동을 창의적인 방법으로 변형시켜서 여러 활동의 효과를 얻을

수 있도록 연구하고 개발한다. 자료를 바꾸거나 가사를 바꾸면 새로운 느낌이 나며, 이러한 경험을 함으로써 유아들에게도 창의적인 것이 무엇이며 어떤 효과가 있는 것인지를 생활 속에서 깨닫게 하는 기회를 제공할 수 있다.
- 주의가 집중되면 조용히 바로 다음 활동으로 넘어간다.

3. 대소집단활동의 유형별 지도 방법

1) 동극 활동 지도

동극이란 교사가 유아에게 들려준 동화의 내용을 유아들이 극화해 보는 활동이다. 동극은 대본을 외우거나 연습해서 하는 것이 아니라, 동화의 내용을 유아 나름대로 해석해서 자연스럽게 소리나 언어, 표정, 동작, 몸짓으로 극화하는 것이다.

(1) 동극의 교육적 효과

- 유아들은 동극을 통해 언어로 의사소통할 기회를 많이 갖게 된다. 동극을 하려면 먼저 동화를 주의 깊게 들어야 하고, 들은 것에 따라서 목소리나 표정, 동작 등을 온몸으로 표현하도록 노력하게 되므로 언어 발달과 의사소통의 기회를 제공하게 된다.
- 동극을 하려면 함께 모여서 무대 장치도 만들고 연기자, 관객, 연출가 등의 역할을 담당해서 모두 참여하게 된다. 따라서 협동심 등 사회적 가치를 학습할 수 있는 재미있고 유익한 학습 수단이 될 수 있다.
- 동극은 동화 내용을 그대로 따라 해야 하는 것은 아니다. 따라서 유아 나름대로 동화를 해석해서 창의적으로 표현하거나 상상력을 동원하여 다소 다르게 표현하는 것을 격려해 줌으로써 창의적 표현력과 상상력을 길러 줄 수 있는 학습 기회를 제공한다.

(2) 동화 선정과 동극 진행 시 유의점

동극을 효과적으로 진행하려면 적합한 동화를 선정하는 것이 중요하다. 동극용 동화를 선정할 때 고려할 점을 살펴보면 다음과 같다.

- 내용이 단순하고 반복되는 대사(예: 커다란 무, 세 마리 염소, 모자 장수, 곰돌이 생일, 떡 하나 주면 안 잡아먹지, 장갑 등)가 주가 되는 동화를 선정한다.
- 동화를 선정한 후 유아들이 쉽게 기억하여 동극으로 전개할 수 있도록 재구성하여 대본을 만든다.
- 등장인물의 수는 7~8명 정도로 많은 것이 좋다. 동화를 교사가 각색해서 인물을 추가하여 만들 수도 있다.
- 동극 활동은 동화를 듣고 바로 동극을 할 수도 있지만, 동화 듣기(월)–소품 준비(화)–배역 정하기(수)–회상하기 및 동극하기(목) 등으로 요일별로 나누어서 진행할 수도 있다.
- 참여를 원하지 않는 유아는 반드시 참여하도록 강요하기보다는 관객을 한다거나 소품 역할(예: 나무, 꽃 등) 또는 스텝 역할(예: 감독 혹은 카메라맨)을 할 수 있도록 지원한다.
- 유아들이 희망하지 않는 배역은 교사가 담당하거나 생략하는 것도 가능하며, 교사가 동극에 참여하여 유아들에게 모델링을 보여 주는 것도 바람직하다.
- 소품과 배경은 유아들이 직접 재료로 만들어 볼 수 있도록 하거나, 교사와 함께 꾸밀 수도 있다.
- 동극 진행 시 해설과 대사를 잊어버린 유아에게 교사는 대사를 알려 줄 수 있고, 부끄러워 하는 유아가 있을 경우 함께 말해 주기 등 필요한 상호작용을 한다.

(3) 동화 각색 방법

동화를 듣고 동화 내용을 토대로 동극 활동을 한다면, 유아들이 동극하기 쉽도록 동화 내용을 각색하는 것이 바람직하다. 동화 각색 시 고려해야 할 점을 살펴보면 다음과 같다.

- 대사는 짧고 반복되도록 각색한다.
- 동화의 전개 과정이 분명하도록 각색한다.
- 동화의 절정이 단순하면서도 만족스럽게 각색한다.
- 동화에 있는 설명 부분은 삭제한다.
- 간접 화법을 직접 화법으로 바꾸도록 한다.
- 시간, 상황, 장면의 변화가 분명하게 드러나도록 각색한다.
- 세밀하게 언어로 묘사된 부분은 몸짓이나 동작 표현을 이끌어 낼 수 있는 언어로 각색한다(예: 아름다운 꿈나라로 여행을 떠났어요. → 두 눈을 꼭 감고 잠들었어요.).

(4) 동극 진행 순서

유아들과 동극을 할 때 효율적으로 진행할 수 있는 동극 순서를 알고 있으면 교사나 유아 모두에게 도움이 될 수 있다. 동극 진행 순서는 일반적으로 ① 동화 들려주기, ② 동화 내용 회상하기, ③ 동극 무대 꾸미기, ④ 배역 정하기, ⑤ 배역 소개하기(관람 태도 및 주의 사항 알려 주기), ⑥ 동극하기, ⑦ 평가하기, ⑧ 재공연하기, ⑨ 동극 자료 정리하기 순으로 진행할 수 있다. 동화 '염소 세 마리'를 동극 진행 순서에 따라 모의로 진행해 보는 예를 제시하면 다음과 같다.

① 동화 들려주기

모의 수업 예시	참고 사항
▶선생님이 동극을 하기 위해 '염소 세 마리' 동화를 구연으로 들려준다. • 제목: '염소 세 마리' 동극용 동화 • 내용: 엄마 염소, 아빠 염소, 아기 염소 세 식구가 풀을 먹기 위해 다리를 건너가야 하는데, 다리 밑에 무서운 도깨비가 살고 있어서 잡아먹힐까 봐 서로 의논하여 좋은 꾀를 내어 무사히 다리를 건너가는 내용	▶동화를 들려줄 때 유의해야 할 점은 다음과 같다. • 동화의 내용에 따라 전달 매체와 기법이 적절해야 한다. • 교사는 동화 내용을 완전히 이해해야 한다. • 교사는 동화를 읽어 줄 때 유아들에게 골고루 시선을 주도록 한다. • 정확한 발음으로 구연하도록 한다. • 구연동화의 속도는 내용에 따라 적절하게 조절한다. • 등장인물의 성격에 따라 성대모사를 정확하게 한다. 단, 성대모사나 제스처가 과장되면 유아들이 혼란스러워 할 수 있기 때문에 주의한다. • 동화의 내용 중 반복되는 대사는 유아들과 함께 하도록 한다(예: 염소 세 마리 "내 다리 위를 지나가는 놈이 누구니?").

② 동화 내용 회상하기

모의 수업 예시	참고 사항
▶동화의 내용을 기억하면서 순서대로 이야기한다. • 동극을 하려면 몇 사람이 필요할까? 네 사람이요. • 누가 누가 나오니? 엄마 염소, 아빠 염소, 아기 염소, 도깨비요. • 이쪽에 있는 풀을 다 먹어버려서 어떻게 하기로 했니? 다리 건너로 이사 가기로 했어요. • 그런데, 다리 밑에 누가 살고 있었니? 도깨비요. • 도깨비가 눈치채지 못하도록 어떻게 가기로 했니? 살금살금 가기로 했어요. • 맨 처음 누가 건너기로 했니? 아기 염소요. • 아기 염소가 다리를 건너고 있는데 도깨비가 뭐라고 했니? 내 다리 위를 지나가는 놈이 누구니? • 아기 염소가 뭐라고 했니? 나예요. 아기 염소요. • 그랬더니 도깨비가 뭐라고 했니? 너를 잡아먹겠다. 흐흐흐. (이하 생략)	• 동극을 위하여 동화의 내용을 회상할 때는 전체 내용을 단순히 한번 더 들려주는 것이 아니라, 들은 이야기를 순서대로 줄거리와 사건의 순서를 회상하는 것이므로 대사를 중심으로 유아들과 묻고 대답하거나 간단한 동작 등을 함께해 보는 식으로 진행한다.

③ 동극 무대 꾸미기

모의 수업 예시	참고 사항
▶무대를 어떻게 꾸밀 것인가에 대해 이야기를 나눈다. • 어느 곳을 처음 풀밭으로 할까? 앞쪽에 있는 블록 영역이요. • 다리는 무엇으로 할까? 긴 의자요. • 새 풀밭은 어디로 할까? 저쪽이요. • 풀과 나무는 어디에 붙일까? 앞쪽이요. • 구경하는 사람은 어디서 볼까? 의자가 놓여진 곳이요. • 동극이 시작되기 전에 염소 세 식구들은 어디에 있을까? 의자가 놓여 진 곳이요. • 도깨비는 어디에 있을까? 다리 옆이요.	▶교사가 무대 장치는 무엇을 사용해서 어디에, 어떻게 배치할 것인지를 미리 생각해 놓은 상태에서 유아들과 의논하여 결정하는 것이 좋다. 교사가 복안을 가지고 있어야 유아들에게 조언을 할 수 있다. • 공연에 필요한 소도구는 교실에 있는 자료를 이용하여 미리 준비하고, 적당한 가면이나 소품이 없으면 동극 전 작업 시간에 유아들과 함께 제작한다. • 모든 유아들이 볼 수 있도록 무대는 가운데 정면으로 배치한다. • 연기자들이 처음에 위치할 자리를 정한다. (의자 옆, 가리개 뒤쪽 등)

④ 배역 정하기

모의 수업 예시	참고 사항
▶이 동극을 하려면 몇 명이 필요한지 물어보고, 누가 엄마 염소, 아빠 염소, 아기 염소, 도깨비를 맡을지 이야기를 나눈다. • 먼저 누가 엄마 염소를 하면 잘 할까? (　　) • 아빠 염소는 누가 하면 잘 할까? (　　) • 아기 염소는 누가 할까? (　　) • 역할이 정해진 사람은 모두 나와서 선생님 옆에 나란히 서 보자. • 그리고 이 가면을 써 보도록 하자.	• 동극을 처음 시작할 때는 잘할 수 있는 유아를 시키는 것이 좋다. • 유아들이 흥미 있어 하는 인물이나 주인공은 마지막에 선정하는 것이 좋다. • 남여 역할에 대한 편견을 없앤다. • 배역을 정할 때 교사뿐만 아니라 유아들도 추천할 수 있다. • 배역이 정해지면 역할에 따라 준비된 가면을 쓰거나 간단한 분장을 한다.

⑤ 배역 소개하기(관람 태도 및 주의 사항 알려 주기)

모의 수업 예시	참고 사항
▶역할을 맡은 대로 무대 한 가운데 옆으로 서서 각자 자기소개를 한다(예: "나는 엄마 염소를 맡은 ○○○입니다."). 배역에 따라서 무대의 정해진 위치로 보낸다. • 자신의 나올 차례가 될 때까지 어떻게 하고 있어야 할까? 동극을 잘 보고 있어야 해요. • 누구를 보며 말을 해야 할까? 구경하는 친구들이요. • 모든 사람이 잘 들을 수 있으려면 어떤 목소리로 이야기해야 할까? 큰 목소리요. • 도깨비는 어떻게 하면 재미있을까? 무섭게요. • 아기 염소는 어떻게 기어갈까? 살금살금이요. • 구경하는 사람들은 어떻게 해야 할까? 조용히 잘 구경해야 해요. • 동극 공연이 끝난 후에는 잘 보았다는 표시를 어떻게 해야 할까? 박수를 크게 쳐요.	• 자신이 어떤 역할을 맡은 누구인가를 소개한 후 정해진 위치로 간다. • 연기자는 크고 분명한 소리로 말하고, 장난치지 않으며, 구경하는 친구들을 쳐다보며 동극을 한다. 가능하면 그 동물처럼 행동하면 더 재미있다는 것에 대해 이야기한다. 공연 후에는 인사를 한다. • 관람자는 옆 친구와 떠들지 않고 공연 후에는 인사를 하며, 관람 후에는 박수를 쳐 주고, 의자 소리를 내지 않는다. • 배역을 맡은 유아들이 자리를 잡으면 교사는 연기자의 태도와 관람자의 태도에 대해 이야기를 나눈 후 무대의 옆쪽이나 관객석에 앉는다.

⑥ 동극하기

모의 수업 예시	참고 사항
▶"지금부터 ㅇㅇ반 어린이들의 ㅇㅇ 동극을 시작하겠습니다."로 동극의 시작을 알린 후, 트라이앵글 또는 소고 등의 악기를 한 번 친다. • 옛날 어떤 풀밭에 염소 세 식구가 살고 있었습니다. 그런데 그만 풀을 다 먹어서 풀이 하나도 없었습니다. 그래서 염소 세 식구는 다리를 건너 이사를 가게 되었습니다. 그런데 그 다리 밑에는 무서운 도깨비가 살고 있었습니다. 그래서 염소 세 식구는 어떻게 하면 다리를 무사히 건너갈 수 있을지 소곤소곤 머리를 맞대고 의논을 하였습니다. (이하 생략) ▶동극이 끝나면 무대로 나와 자기 소개를 한다(예: 나는 도깨비 역을 맡았던 ㅇㅇ 입니다).	• 동극의 시작을 알리는 해설과 함께 공연을 한다. • 교사는 유아들의 행동 하나하나를 일일이 지시하지 않도록 한다. • 연기 도중에 대사가 막히거나 동작이 끊겼을을 경우 교사와 관람하는 유아들이 함께 연결해 주도록 한다. • 보통 해설은 교사가 하지만 5세 학급은 2학기 정도가 되면 유아들이 할 수도 있다. • 공연이 끝나면 연기자는 각자 자기소개를 하고 관람한 유아들은 박수를 쳐 준다.

⑦ 평가하기

모의 수업 예시	참고 사항
▶유아들과 함께 동극에 대한 평가를 한다. • 오늘 동극은 어땠니? 재미있었니? • 어떤 점이 재미있었니?(예: "ㅇㅇ이는 정말 도깨비처럼 무섭게 해서 재미있었어요.", "ㅇㅇ이가 진짜 아기 같아서 재미있었어요.") • 혹시 재미없었던 점은 없었니? • 동극에 참여한 사람들은 무엇을 느꼈니? • 구경하는 사람들은 어땠니? • 다음에 다시 한다면 어디를 고쳐서 하면 더 좋을까?(예: "염소를 맡은 사람은 진짜 염소처럼 네 발로 기어가면 좋겠어요.", "대사는 더 크게 말해서 잘 듣게 했으면 좋겠어요.", "관객이 더 조용했으면 좋겠어요.")	• 유아들과 동극에서 재미있었던 점, 조금만 고쳤으면 하는 점에 대해서 이야기를 나눈다. • 동극을 했던 사람들의 태도와 관람했던 사람의 태도를 나누어 평가한다.

⑧ 재공연하기

모의 수업 예시	참고 사항
▶재공연을 해 본다. • 방금 전에 우리가 이야기 나눈 것을 잘 생각하면서 이제 다시 한번 '염소 세 마리' 동극을 해 보자. • 배역을 바꾸어 해 보면 어떨까? • 엄마 염소는 누가 해볼까? • 아빠 염소는? 도깨비는?	• 유아들이 원하고 상황이 허락할 때는 배역을 바꾸어 다시 동극을 한다.

⑨ 동극 자료 정리하기

모의 수업 예시	참고 사항
▶유아들과 동극에 사용한 자료들을 정리한다. • 나중에 동극을 다시 해 보려면 오늘 사용한 물건들을 어떤 영역에 두는 것이 좋을까? 역할 놀이 영역이요! • 무대는 어떻게 정리해 볼까?	• 공연이 끝난 후 동극에 사용했던 물건들(무대, 소품, 도구 등)을 제자리에 정리한다. • 유아들이 원할 때 공연을 할 수 있도록 동극에 사용했던 우산, 가면 등의 소품들을 교실의 정해진 영역에 놓아둔다.

(5) 동극 활동 예시

활동명	옷 장수와 호랑이	활동 형태 및 유형	대소집단활동-동극	대상	만 3세
활동 목표	1. 우리나라 한복에 관심을 갖는다. 2. 동화를 감상하고 동극으로 표현한다. 3. 협력하여 동극에 참여한다.				
누리과정 관련 요소	• 의사소통〉말하기〉느낌, 생각, 경험 말하기 • 사회관계〉다른 사람과 더불어 생활하기〉공동체에서 화목하게 지내기 • 예술경험〉예술적 표현하기〉극놀이로 표현하기				
활동 자료	• '옷 장수와 호랑이' 그림 동화, 동극용 소품(옷 장수 할머니 한복, 호랑이 가면 4개, 보자기, 노랑 한복 저고리, 빨강 한복 치마, 꽃신, 복주머니)				
활동 방법	**1. '옷 장수와 호랑이' 그림 동화를 들려준다.** • 옷 장수가 옷이 가득한 보따리를 머리에 이고 길을 가고 있었어요. "옷 사세요, 저고리, 치마, 꽃신, 복주머니가 있어요." "오늘은 옷이 잘 팔리지 않네. 산 너머 김부자 집에 가 볼까?" 그래서 옷 장수는 산을 넘기 위해 고개를 올랐어요. • 고개를 넘으려는데 커다란 호랑이 한 마리가 나타났어요. "어흥, 네 보따리에는 무엇이 들어 있지?" "호랑이님, 살려주세요. 노랑 저고리를 드릴게요." 호랑이는 노랑 저고리를 받고서는 어디론가 사라져 버렸어요. • 다음 고개에서도 호랑이 한 마리가 나타났어요. "어흥, 네 보따리에는 무엇이 들어 있니?" "호랑이님, 살려주세요. 빨간색 멋진 치마를 드릴게요." 호랑이는 빨간색 멋진 치마를 받고서는 어디론가 사라졌어요. • 다음 고개에서도 호랑이 한 마리가 나타났어요. "어흥, 네 보따리에는 무엇이 들어 있지?" "호랑이님, 살려주세요. 가죽 꽃신을 드릴게요." 호랑이는 가죽 꽃신을 받고서는 어디론가 사라져버렸어요. • 다음 고개에서도 호랑이 한 마리가 나타났어요. "어흥, 네 보따리에는 무엇이 들어 있지?" "호랑이님, 살려주세요. 복주머니를 드릴게요." 호랑이는 복주머니를 받고서는 어디론가 사라져 버렸어요. • 옷 장수가 고갯길을 모두 넘어 김부자가 사는 마을에 들어서려 하는데, 고갯길에서 호랑이들이 싸우고 있었어요. "내가 최고야." "아니야, 내가 최고야." 그래서 옷 장수는 얼른 호랑이들이 던진 노랑 저고리, 빨간색 치마, 꽃신, 복주머니 등을 주워서 마을로 내려갔어요. • 다음날 마음 사람들이 산속으로 들어가 보니 지금까지 보지 못했던 물레방아가 한 개 있었어요. 물레방아는 호랑이의 털 색깔을 하고 있었고 물이 없어도 계속 돌고 있지 뭐에요. 아마 지금도 호랑이들이 자기가 최고라고 싸우고 있나 봐요.				

<table>
<tr><th>활동명</th><th>옷 장수와 호랑이</th><th>활동 형태 및 유형</th><th>대소집단활동-동극</th><th>대상</th><th>만 3세</th></tr>
<tr><td>활동 방법</td><td colspan="5">2. 동화의 내용을 회상한다.
• 누가 나왔니?
• 호랑이는 옷 장수에게 어떤 말을 했니?
• 옷 장수는 호랑이에게 어떤 말을 했니?
• 옷 장수가 호랑이에게 무엇을 주었니?
• 호랑이들은 왜 싸웠을까?
• 마지막에 호랑이들은 어떻게 되었니?

3. 동극을 위한 계획을 한다.
• 등장인물의 배역을 어떻게 정할까?
• 동극을 위해 필요한 소품은 무엇일까?
• 동극을 할 때 우리가 함께 지켜야 할 규칙은 무엇일까?

4. 동극을 연습한다.
• 역할을 정하고 맡은 배역대로 동극을 해 본다.

5. 동극을 한다.
• 동극이 끝나면 배역을 소개한 후 관객들에게 인사를 한다.

6. 역할을 바꾸어서 재공연을 한다.

7. 동극에 대한 평가를 한다.
• 동극을 해 보니 어떤 느낌이 들었니?
• 다음에 할 때 무엇을 다르게 해 볼까?
• 즐거웠던 일은 무엇이었니?</td></tr>
<tr><td>활동의 유의점</td><td colspan="5">• 동극 활동에 사용한 소품을 역할 놀이 영역에 비치하여 자연스럽게 동극을 해 보게 한다.
• 한복과 장신구 등의 종류를 다양하게 첨가하여 동극의 내용을 변형할 수 있다.
• 사전에 한복을 입어 보는 경험을 제공하거나 한복 사진을 전시하여 유아가 한복의 명칭에 관심을 가지도록 한다.</td></tr>
<tr><td>활동 평가</td><td colspan="5">• 우리나라 한복에 관심을 갖는지 평가한다.
• 동화를 감상하고 동극으로 잘 표현하는지 평가한다.</td></tr>
<tr><td>확장 활동</td><td colspan="5">• 동화를 듣고 동극 소품 만들기, 무대 배경 만들기를 진행할 수 있다.
• 한복과 관련된 소품(장신구, 신발, 모자)을 주제로 동화의 내용을 개작할 수 있다.</td></tr>
</table>

출처: 보건복지부·교육과학기술부(2013c). 3세 누리과정 교사용 지도서 5권. pp. 219-221.

2) 신체 게임 활동 지도

게임은 유아에게 전인 발달의 기회와 풍부한 학습 상황을 제공해 주는 바람직한 활동으로 다음과 같은 교육적 효과가 있다.

첫째, 단체의 일원으로서 규율을 지키고 공통된 목적을 달성하기 위해 함께 협력할 수 있는 기회가 된다.
둘째, 즐거움과 정서적 만족감, 자제력, 자신감 등을 경험할 수 있다.
셋째, 타인의 성공을 기뻐해 주는 마음을 기를 수 있다.
넷째, 스스로의 잘잘못을 분석하고 수용하는 태도를 기를 수 있다.
다섯째, 단체 일원으로 공평하게 참여할 수 있다.
여섯째, 여러 가지 지적·사회적·신체적 발달의 기회를 제공한다.

Piaget는 아동의 놀이를 관찰하고 질문을 해 본 결과 게임의 방법은 4가지 단계로 발달함을 발견하였다. 그 내용을 살펴보면 다음과 같다(장혜순, 2004).

〈표 6-1〉 게임의 발달 단계

단계	내용
1단계: 운동과 개인 놀이 (motor and individual play)	• 혼자서 하는 놀이를 의미한다. 예를 들면 구슬 놀이, 탑 쌓기, 던지고 놀기 등이다. • 지능이 발달하지만 규칙을 따라야 할 필요성은 아직 못 느끼는 정도의 발달 상태이다.
2단계: 자기 중심적 놀이 (egocentric play)	• 친구와 놀고 싶어 하지 않거나 논다고 해도 이기려고 하지 않는다. 2~5세가 이에 해당한다. • 단지 자기가 하는 것에만 흥미가 있고 다른 사람과의 비교나 경쟁은 없다.
3단계: 협동의 시작 단계 (incipient cooperation)	• 서로 경쟁에서 이기려고 하는 시기인 7~8세에 나타난다. 이때가 협동이 요구되는 시기이다. • 서로 간의 수행을 비교할 수 있는 규칙이 필요한데 규칙을 만들려면, 아동들 간의 동의가 있어야 하고 또한 협동을 필요로 한다. 협동의 시작 단계라고 할 수 있다.
4단계: 규칙을 제정하는 단계 (codification of rules)	• 11~12세 사이에 나타난다. Piaget는 아동이 탈중심화되고 다른 관점을 조정하는 능력이 발달해야 게임에서 경쟁을 할 수 있게 된다고 하였다. • 아동들끼리 게임의 규칙을 만들어 보고, 적용도 해 본 후 결과에 따라 수정도 가능한 단계이다.

출처: 장혜순(2004). 유아놀이의 이론과 실제. pp. 236-237.

(1) 그룹 게임

그룹 게임은 블록 쌓기, 개인 놀이, 노래 부르기 혹은 춤추기 등과 같은 그룹 활동을 의미하는 것이 아니라, 게임의 참여자들이 규칙에 따라 이기려고 노력하고 반대로 상대편이 이기지 못하게 하면서 갖게 되는 신체적 혹은 지적 경쟁을 의미한다(예: 융단 위에 부직포로 만든 숫자를 놓고 유아가 맞히면 그 숫자를 가지게 하는데, 이때 숫자를 많이 가진 유아가 이기게 되는 게임 등).

바람직한 그룹 게임의 기준은 다음과 같다.

첫째, 유아가 재미있게 게임 방법을 이해하고 도전적이어야 한다. 예를 들어, '색 공 배열하기' 게임은 유아에게 위치만 기억하게 하는 게임으로 유아에게 도전감을 주기는 어렵다.

둘째, 유아 스스로가 성공을 판단할 수 있는 것인지를 검토해야 한다. 예를 들어, 옷핀 떨어뜨리기나 숨박꼭질, 의자 뺏기는 적절하나 유아가 관찰할 수 없는 과녁 맞추기는 좋은 그룹 게임의 기준으로 볼 수 없다.

셋째, 게임에 참여한 모든 유아가 적극적으로 그 게임에 참여할 수 있는지를 검토해야 한다. 적극적인 참여는 지적 활동을 의미하며, 게임에서 아무 역할이 없다면 정신 활동이 일어나지 않고 결과적으로 의미가 없게 된다.

(2) 그룹 게임의 유형

그룹 게임이 되기 위해서는 유아가 성취해야 하는 몇 가지 절정(climax)을 갖는 규칙(rule)이 있어야 한다. 또한 게임을 하면서 상호-의존적 역할과 반대 역할 또는 협력해야 하는 역할에 대한 규칙이 있어야 한다. 그룹 게임의 유형으로는 목표물 맞히기, 경기, 쫓기 게임, 숨기기 게임, 알아맞히기 게임, 언어적 지시 게임, 카드 게임 등을 들 수 있다. 그룹 게임의 종류를 원 게임, 자유 대형 게임, 개별 편 게임, 릴레이 편 게임 등으로 나누어 살펴보고자 한다.

① 원 게임

- 원 게임은 유아들이 둥글게 앉은 상태에서 진행된다.
- 승패가 분명하지 않아 누구나 성취감을 느끼게 할 수 있다.
- 편 게임보다 규칙이 단순하여 게임에 대한 이해가 쉽다.
- 원 게임은 집단생활 경험이 적은 학기 초나 연령이 낮은 유아들에게 실시하는 것이 좋다.
- 처음에는 규칙이 단순하고 기본적인 내용으로 실시해야 하며, 단순한 원 게임에 익숙해지고 연령이나 경험이 많아짐에 따라 점차 규칙이 다소 복잡하고 다양한 원 게임을 제공한다.
- 원 게임은 작은 원 안으로 공 굴리기, 고양이와 쥐, 의자 뺏기 등이 있다.

원 게임 활동 1

활동명	색 공 알아맞히기	대상	만 4세
활동 목표	1. 게임에는 규칙이 있음을 안다. 2. 친구와 함께하는 게임의 즐거움을 경험한다.		
누리과정 관련 요소	• 신체운동·건강〉신체 조절과 기본 운동하기〉공간, 힘, 시간 등의 움직임 요소를 활용하여 움직인다. • 사회관계〉사회적 가치 알고 지키기〉다른 사람과 한 약속이나 공공 규칙을 지킨다.		
활동 자료	• 색 공(작은 비닐 봉투에 넣은 탱탱볼), 옷핀		
활동 방법	• 유아들을 원으로 앉히고 두 편에서 한 명씩 나오게 하여 원 가운데서 서로 마주 보게 한 후 각각 다른 색 공을 적당한 길이로 등에 달아 준다. • 두 유아가 마주 본 채로 뒷걸음질 치게 하여 일정한 거리를 둔 다음 신호가 울리면 서로 상대방의 색 공이 어떤 색인지 알아맞힌다. • 자기의 공은 보여 주지 않으면서 친구의 공을 알아맞히는 놀이이다. 		
유의점	• 안전하게 놀이가 진행될 수 있도록 충분한 공간을 확보한다.		

원 게임 활동 2

활동명	의자 뺏기	대상	만 4세
활동 목표	1. 게임의 규칙을 이해하고 활용한다. 2. 게임을 통해 또래와의 긍정적인 정서를 경험한다.		
누리과정 관련 요소	• 신체운동·건강〉신체 조절과 기본 운동하기〉다양한 자세와 움직임에서 신체 균형을 유지한다. • 사회관계〉사회적 가치 알고 지키기〉다른 사람의 생각, 행동을 존중한다.		
활동 자료	• 의자, 피아노 또는 탬버린		
활동 방법	• 인원수보다 적게 하여 밖에서 앉을 수 있도록 의자를 동그랗게 붙여 놓는다. • 피아노 소리 또는 노래에 맞추어 둥글게 돌다가 '꽝'하고 신호가 나면 재빨리 의자에 앉는다. 이때 못 앉은 유아는 다른 자리로 가서 리듬 악기를 연주하면서 노래를 부른다. • 이와 같이 하여 마지막까지 남아 있는 유아 몇 명을 뽑아 그 반에서 가장 행동이 빠른 아이들이란 의미로 박수를 쳐 준다. 		
유의점	• 교사는 처음부터 앉지 못할 유아가 있음을 미리 생각하고 모든 유아들이 의자에 앉아볼 수 있는 경험을 주기 위해서 의자를 유아의 수만큼 준비하여 게임을 해 보다가 익숙해지면 의자를 몇 개씩 빼낸다.		

원 게임 활동 3

<table>
<tr><th>활동명</th><th>비밀 주머니</th><th>대상</th><th>만 4세</th></tr>
<tr><td>활동
목표</td><td colspan="3">1. 다른 사람이 들려주는 말에 관심을 갖는다.
2. 놀이의 규칙을 이해하며 놀이에 즐겁게 참여한다.</td></tr>
<tr><td>누리과정
관련 요소</td><td colspan="3">• 의사소통〉이야기 듣고 이해하기〉다른 사람의 이야기를 듣고 이해한다.
• 사회관계〉사회적 가치 알기〉다른 사람과 한 약속이나 공공 규칙을 지킨다.</td></tr>
<tr><td>활동
자료</td><td colspan="3">• 비밀 주머니(여러 가지 물건이 들어갈 수 있을 만한 크기이며, 윗부분이 고무줄로 되어 있으면 활동하기에 좋음), 여러 가지 주위에 있는 물건들(유아들이 좋아하거나 자주 사용하여 잘 알고 있는 것으로 선택하는 것이 좋고, 위험하지 않으며, 모양이 같은 물건으로 2개씩 준비함)
(예: 색연필, 장난감 자동차, 컵, 지우개, 주사위, 인형, 작은 공 등)</td></tr>
<tr><td>활동
방법</td><td colspan="3">• 유아들을 동그랗게 원 모양으로 앉힌다.
• 교사도 유아와 함께 앉는다.
• 교사가 물건 이름을 말하면 유아는 비밀 주머니에 손을 넣어 정한 물건을 찾는다. 물건을 찾은 유아는 이를 교사와 다른 유아들에게 보여 준 다음 다시 비밀 주머니에 넣는다.
• 옆 사람에게 비밀 주머니를 넘긴다.

</td></tr>
<tr><td>유의점</td><td colspan="3">• 유아들의 안전을 고려하여 자료를 선별해 제공한다.</td></tr>
</table>

원 게임 활동 4

활동명	작은 원 안으로 공 굴리기	대상	만 4세
활동 목표	1. 소근육을 활용한 공놀이의 즐거움을 경험한다. 2. 규칙 있는 게임을 경험하며 놀이를 즐긴다.		
누리과정 관련 요소	• 신체운동·건강〉신체 조절하기〉신체 각 부분을 협응하여 움직임을 조절한다. • 사회관계〉다른 사람과 더불어 생활하기〉교사 및 주변 사람과 화목하게 지낸다.		
활동 자료	• 공		
활동 방법	• 원 모양으로 둥글게 모여 앉는다. • 가운데 그려진 원 안에 공을 굴려 들어가게 해서 멈추게 한다. • 공이 원 안으로 들어가서 멈추면 소리 내어 박수를 친다. 공이 원 안으로 들어가지 않으면 소리를 내지 않고 손뼉 치는 시늉을 한다. • 자기 앞에 공이 온 유아가 다시 공을 굴린다. 		
유의점	• 유아들의 신체 발달 특징을 고려하여 유아들이 굴리기에 편한 크기의 공을 제공한다. • 공의 종류에 따라 힘 조절이 달라져야 함을 경험할 수 있는 활동으로 확장하여 놀이할 수 있다.		

② 자유 대형 게임

- 자유 대형 게임은 넓은 공간에서 선생님을 향해 자유롭게 서서 진행하는 게임이다.
- 자유 대형 게임은 대부분 유아들이 서서 활동하므로 산만해지기 쉽다. 따라서 교사는 게임이 시작되기 전에 모두 앉은 상태에서 게임 방법과 규칙에 대해 충분히 이야기를 나눈 후 활동을 진행해야 재미있고 질서 유지와 안전한 놀이가 가능하다.
- 자유 대형 게임에는 짝짓기, 모양 식구 찾기, 신체 마주 대기 등이 있다.

자유 대형 게임 활동 1

활동명	신체를 마주 대어요	대상	만 4세
활동 목표	1. 음악에 맞춰 신체 움직임의 즐거움을 경험한다. 2. 규칙 있는 게임을 경험하며 또래와의 긍정적인 정서를 경험한다.		
누리과정 관련 요소	• 신체운동·건강〉신체 활동에 참여하기〉자발적으로 신체 활동에 참여하기 • 사회관계〉다른 사람과 더불어 생활하기〉공동체에서 화목하게 지내기		
활동 자료	• 신체 각 부분의 그림 자료, 스키핑 음악		
활동 방법	• 유아들은 노래에 맞추어 자유롭게 같은 방향으로 움직인다. • 교사가 피아노나 탬버린을 크게 치면 유아들은 그 자리에 멈춘다(얼어 붙는다). 이때 교사는 머리, 어깨, 엉덩이, 발, 무릎 등 신체 한 부분의 이름을 댄다. 그러면 유아들은 가까이에 있는 친구와 짝이 되어서 그 신체의 부분을 서로 마주 댄다. • 재미있는 동작을 표현한 팀은 다른 팀에게 소개하는 기회를 주어 재미있고 창의적인 동작을 표현하도록 격려한다. 		
유의점	• 협소한 공간으로 인한 갈등이 발생하지 않도록 유아들이 활동하기에 충분한 공간에서 진행한다.		

자유 대형 게임 활동 2

활동명	같은 색끼리 모여요	대상	만 4세
활동 목표	1. 또래와 함께하는 게임의 규칙을 이해한다. 2. 또래와 함께하는 규칙 있는 게임의 즐거움을 경험한다.		
누리과정 관련 요소	• 의사소통〉듣기〉이야기 듣고 이해하기 • 신체운동·건강〉다른 사람과 더불어 생활하기〉공동체에서 화목하게 지내기		
활동 자료	• 없음		
활동 방법	• 전체 유아가 모여 앉은 상태에서 게임 방법을 설명한다. • 음악에 맞추어 서로 부딪치지 않게 걸어 다니다가 선생님이 색깔 이름을 부르면 자기 옷에 그 색깔이 있는 사람들끼리 모여서 확인한 후 바닥에 앉는다.  		
유의점	• 유아들의 안전을 위해 충분한 공간을 확보한다.		

자유 대형 게임 활동 3

활동명	많은 사람이 들어갔어요	대상	만 4세
활동 목표	1. 규칙 있는 게임의 즐거움을 경험한다. 2. 놀이 속에서 많고 적음의 수 세기를 경험한다.		
누리과정 관련 요소	• 신체운동·건강〉다른 사람과 더불어 생활하기〉공동체에서 화목하게 지내기 • 자연탐구〉수학적 탐구하기〉수와 연산의 기초 개념 알아보기		
활동 자료	• 바닥에 그린 원 4~5개, 탬버린		
활동 방법	• 음악 소리에 맞추어 교사의 지시대로 움직이다가 약속한 신호가 울리면 가까운 원 속으로 들어가 앉는다. • 4~5개의 원 속에 들어가 있는 유아들의 수를 각각 세어 본 후 어느 원에 가장 많은 유아가 들어갔는지 알아본다. • 다시 움직이기 전에 이번에는 유아의 수가 가장 적은 원이 이긴다는 것을 미리 정해 놓고 한다. 약속을 다양하게 변화시키면 더 재미있다(예: 유아 수가 두 번째로 많은 원, 세 번째로 많은 원 등) 		
유의점	• 정지 신호가 울린 후에는 한번 들어간 원에서 다른 원으로 옮겨가지 않는다. • 서로 부딪칠 우려가 있으므로 약속된 한 방향으로 움직인다.		

③ 자기편 돌아오기 게임

- 자기편 돌아오기 게임은 편 게임이 익숙하지 않은 유아들에게 같은 편이란 개념을 학습하도록 하는데 필요한 게임이다.
- 아래 그림처럼 자기 자리에서 출발해서 자기편을 완전히 한 바퀴 돌아 자기 자리로 들어가면 된다.
- 모자 쓰고 자기편으로 돌아오기, 공 가슴에 대고 자기편 돌아오기 등이 있다.

④ 편 게임

가. 개별 편 게임

개별 편 게임 소개

- 개별 편 게임은 두 편으로 집단을 나누어 하는 것이나 원 게임이나 자유 대형 게임에 비해서는 필요한 지시와 규칙이 많은 편이다.

- 개별 편 게임은 두 편으로 나누기는 하지만 각 편에서 각각 한 명씩 나와서 게임을 한 후 매번 승패를 평가하는 것이다. 게임 과정에서 개인 평가가 개별적으로 이루어지며 개개인의 승패가 자기편의 승패에 영향을 미치게 되는 게임이다.
- 개별 편 게임은 릴레이 편 게임보다 천천히 진행되며, 규칙도 비교적 단순하여 학기 초에 적합하다.

개별 편 게임의 평가 방법

개별 편 게임은 두 편에서 각각 한 명씩 나와서 출발한 후 도착하게 되면 그때그때 평가를 하게 된다. 두 명 중 어떤 유아가 이기고 진 것인가를 각각 표시해 두었다가 모든 유아가 게임을 끝났을 때 개별 평가한 것을 보고 승부를 알 수 있게 한다. 이때 사용하는 개별 편 게임 평가 방법은 다음과 같으며, 평가 방법을 다양하게 바꾸어 하면 보다 재미있게 게임을 할 수 있다. 또한 개별 편 게임은 수학적 개념을 생활 속에서 배우는 기회가 될 수 있다.

• 블록을 쌓아 평가하는 방법

• 융판에 과일(사과, 배), 동물(토끼, 거북이) 등 그림을 붙이면서 평가하는 방법

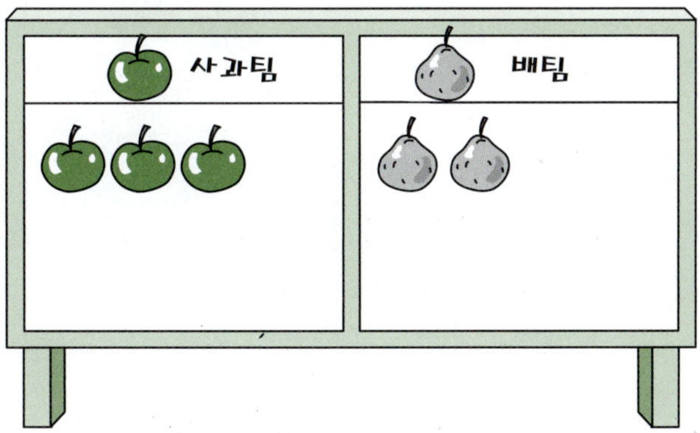

• 숫자 카드로 표시하는 방법

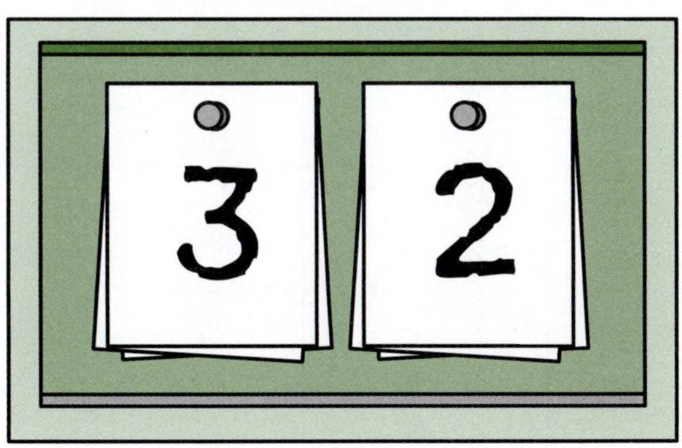

• 입체 자료를 세우거나 깡통이나 상자에 꽂는 방법

• 그래프 활동으로 연결시키는 방법

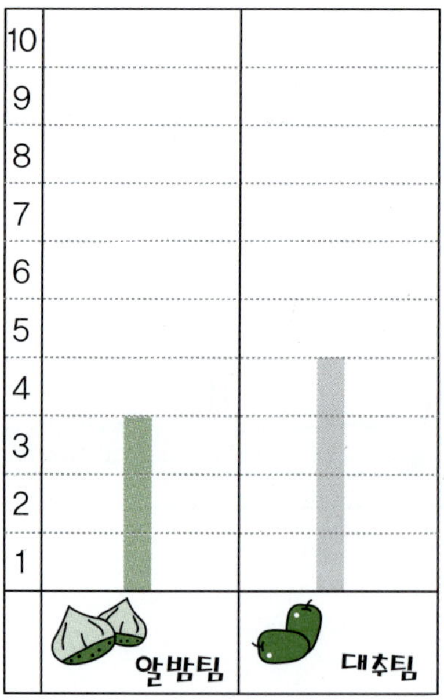

나. 릴레이 편 게임

릴레이 편 게임 소개

- 릴레이 편 게임은 유아들을 두 편으로 나눈 뒤 각 편에서 순서대로 한 명씩 출발하기는 하나 다음 유아가 출발선에 미리 대기했다가 연속적으로 출발하는 게임이다.
- 릴레이 편 게임은 규칙이 다소 복잡하고 경쟁적인 면이 있어 어느 정도 나이가 있는 유아들이 즐기는 게임이다.

릴레이 편 게임의 순서

순서	내용
편 대형 앉기	• 편 게임을 하려면 먼저 유아들을 두 편으로 나누어서 마주 보고 앉게 한다.
양편 수 세기	• 편 게임은 두 편의 수가 같아야 하는데 어떤 방법이 있는지를 유아들에게 물어본다. • 편을 나눈 후 마주 보고 있는 친구와 악수를 하게 하거나 숫자 노래(예: 한 작은 인디언)를 부르게 한다. • 만약 양편의 숫자가 같지 않은 경우, 어떤 방법으로 해야 두 편의 수를 같게 만들 수 있는지에 대해 유아들과 의논하여 결정한다(예: 한 편이 두 명이 더 많을 경우 → 한 사람이 다른 편으로 옮김, 한 편이 한 명이 더 많은 경우 → 다른 편의 누군가가 한 번 더 하면 됨).
게임 도구, 준비물 배치하기	• 게임에 필요한 출발선, 의자, 목표물 등을 적절한 자리에 유아의 도움을 받아 배치한다.
게임 방법 소개하기	• 준비가 다 되면 게임에 대해 설명한다.
게임 규칙 알아보기	• 본 게임이 원활히 진행되기 위해 지켜야 할 규칙을 정한다. 예를 들어 다리를 뻗고 있지 않기, 기어 나오지 않기, 도착한 유아는 기다리는 유아에게 손뼉 쳐 주기, 맨 마지막에 들어온 유아는 선생님과 손뼉 치고 자리에 앉기 등이 있다.
유아의 시범 보이기	• 교사가 게임 규칙과 방법을 설명한 후 유아들이 잘 이해하였는지 확인하기 위해 양 팀에서 한 명씩 나와 먼저 해 본다. 이때 유아들의 이해 정도를 파악할 수 있으며, 이해가 부족한 경우에는 보완 설명을 한다.
승패 기준 알려주기	• 게임의 승패를 어떤 기준으로 할 것인지를 유아들에게 알려 준다. 즉, 속도와 규칙 준수, 응원, 관전 태도를 고려한다는 것을 안내해 주면 규칙도 잘 지키게 되고 빨리 들어오려고 노력도 하게 되며, 응원 태도도 좋아지게 된다.

순서	내용
게임 실시	• 게임 시작 전에 정한 규칙에 따라 게임을 실시한다. 이때 교사는 게임이 규칙대로 잘 진행되는지, 규칙을 잘 지키는 유아가 누군지, 친구를 도와주는 유아는 누군지, 응원을 열심히 하는 유아는 어느 팀인지, 위험한 상황은 없는지 등을 관찰하고 기억한다.
게임 결과 평가하기	• 앞에서 정한 게임의 평가 기준에 따라 어느 편이 이겼는지 결과를 알아본다. 게임을 평가할 때 중요한 것은 게임의 결과보다 과정을 평가하는 것이다. 과정에 중점을 두고 게임에 임하는 태도(예: 끝까지 임무를 수행했나?, 질서를 지켰나?, 약속한 규칙을 잘 지키면서 했나?)도 함께 평가하여 지나치게 승부에 집착하지 않도록 도와주어야 한다. • 게임이 재미있었는지, 어려운 점은 없었는지 등을 유아에게 물어본다. 만일 재미있었다면 어떤 점이 재미있었는지, 어려운 점이 있었다면 그 어려운 점을 어떻게 하면 더 쉽게 할 수 있을지 등에 대해서 이야기를 해 본다. 이러한 평가 경험은 유아들이 다음번에 보다 나은 게임을 하기 위한 목표를 설정하는 데 매우 유익하다.

7장

관찰을 통한 영유아 놀이 이해

관찰은 영유아 교육 기관에서 영유아의 놀이를 이해하기 위해 주로 사용되어 온 방법이다. 관찰은 영유아가 보여 주는 여러 가지 상황이나 활동을 과학적인 방법으로 자세히 관찰하고 기록·분석함으로써 영유아의 행동 및 발달적 변화를 심도 있게 이해할 수 있도록 돕는 방법이다. 교사는 관찰을 통해 영유아의 놀이에 대한 관심, 영유아가 참여하는 놀이 유형, 영유아의 발달 정도, 선호하는 실내외의 흥미 영역 및 놀잇감, 놀이 수준 및 또래 관계 등을 이해할 수 있다. 또한 교사는 영유아의 놀이 행동을 관찰함으로써 적절한 놀이 개입 시기와 방법을 파악하여 영유아의 놀이가 보다 긍정적인 방향으로 이루어지도록 지원할 수 있다. 이 장에서는 관찰의 목적, 관찰 시 유의점, 관찰 절차, 관찰의 유형과 특성에 관하여 살펴보고자 한다.

1. 관찰의 목적

관찰의 중요한 목적 몇 가지를 소개하면 다음과 같다.

• 영유아의 현재 발달·학습 상태 이해

교사는 관찰을 통해 개별 영유아의 발달 및 학습 상태를 이해할 수 있다. 특히 영아기는 개인 간 발달 및 학습 차이도 크지만, 개인 내 발달 영역 간 차이도 크기 때문에 관찰을 통해 영아의 발달과 학습 상태를 파악하는 것이 중요하다. 정기적이고 체계적인 관찰을 통해 영유아의 현재 상태에 대한 이해뿐만 아니라 변화가 일어난 영역과 정도에 대한 정보도 수집할 수 있다.

• 교육 계획의 수립과 실행

영유아의 발달 정도, 흥미, 관심사, 사전 경험을 관찰하고 교사가 과거에 제시한 활동, 교구 및 교재에 대한 영유아의 반응 등을 관찰함으로써 영유아에게 적절한 교육 계획을 수립하고 활동을 선정할 수 있다. 또한 선정된 활동을 실행하는 과정에서 영유아의 반응을 관찰함으로써 활동 계획 실시 또는 활동 수준의 조정이나 방향 수정에 대한 의사 결정을 할 수 있다.

• 학급 전체의 발달 상태 이해

교사는 관찰을 통해 학급 전체 영유아들의 전반적인 발달 경향과 또래 관계, 영유아가 선호하는 놀이나 활동 등을 파악할 수 있다.

• 도움이 필요한 영유아의 선별과 지원

교사가 영유아를 관찰하면서 도움이 필요한 영유아를 발견하면 부모, 교사 및 외부 전문 기관과의 협조를 통해 최적의 도움을 제공할 수 있다.

• 부모 면담 자료로 활용

영유아 관찰 결과를 정기 부모 면담과 수시 면담 시 부모에게 안내하여 부모가 영유아 교육 기관에서 자녀의 생활과 발달 변화 정도, 또래 관계 등을 이해하고 가정에서 지원할 수 있는 방법을 모색하도록 도울 수 있다.

2. 관찰 시 유의점

관찰을 통해 영유아의 행동과 발달을 올바르게 이해할 수 있는 객관적인 자료를 수집하기 위해 관찰 시 교사는 다음과 같은 점에 유의할 필요가 있다.

- 관찰 장면에서 영유아의 행동과 말을 있는 그대로 기술한다.
- 관찰과 해석을 분명하게 구분하여 해석 이전 단계에서는 관찰자의 주관적인 판단이나 편견이 반영되지 않도록 객관적으로 관찰한다. 즉, 관찰이나 기록은 객관적이어야 하며, 해석 이전 단계에 관찰자의 편견이나 의견이 첨가되면 관찰된 자료는 객관성을 상실하게 된다.
- 관찰 대상 행동이 발생한 상황을 고려하면서 관찰한다. 같은 행동이라도 상황에 따라 해석이 달라질 수 있다. 따라서 영유아의 행동을 이해하고 올바르게 해석하고자 한다면 반드시 상황적 요인을 고려해야 한다.
- 관찰의 대상이 된 영유아와 관찰 내용은 목적 외에는 사용할 수 없으며, 반드시 비밀이 보장되어야 한다,
- 가능한 한 정확한 용어로 관찰된 행동을 기술한다. 과장되거나 장황한 설명과 부적절한 용어를 사용하면 관찰의 정확성과 객관성을 신뢰하기 어렵다.
- 관찰자의 이름, 관찰 대상자의 생년월일, 성, 관찰 일시, 관찰이 일어난 구체적인 장면(예: 놀이터, 교실, 흥미 영역 등) 등을 포함하여 관찰 결과를 기록한다.
- 관찰자는 관찰에 대한 훈련을 통해 관찰의 목적과 관찰 기록 방법을 정확하게 이해하고 관찰할 때 객관적인 관찰 결과를 얻을 수 있으며, 영유아에 대한 올바른 이해와 지도 방법을 모색할 수 있다.

3. 관찰 절차

관찰자는 하루 일과 중에 영유아의 모든 일상생활과 놀이 활동을 관찰할 수 있다. 체계적이고 객관적인 관찰을 위해서는 관찰 전 계획이 필요하며, 단계별 절차에 따라 관찰을 할 필요가 있다. 관찰 절차는 관찰 전 활동과 관찰 활동 및 관찰 후 활동의 3단계로 이루어진다.

〈표 7-1〉 영유아 관찰 절차

구분		내용
관찰 전 활동	계획	• 관찰의 목적 • 관찰 행동의 표집(시간적 연속성, 공간적 대표성 고려) • 관찰 장면의 선정 • 기록 방법 선택
관찰 활동	관찰	• 모든 감각 기관 활용
	기록	• 관찰 내용은 반드시 기록(동시 혹은 사후) • 객관적 기록
관찰 후 활동	추론	• 행동의 동기, 원인, 목적 등을 추론
	평가	• 행동에 대한 가치 부여
	결과 활용	• 교육 및 보육 과정에 반영, 영유아 평가, 부모 면담

1) 관찰 전 활동(계획 단계)

계획 없이 관찰을 할 경우 특정 영역이나 특정 영유아 또는 특정 행동에 관찰이 편중될 수 있다. 따라서 교사는 연간, 월간 또는 주제별 관찰 계획을 수립하여 관찰하는 것이 바람직하다. 종종 영유아 교육 기관 현장에서 바쁘다는 이유로 관찰을 미루다가 한번에 몰아서 관찰하는 교사를 볼 수 있다. 이러한 경우 시간에 따른 영유아의 발달 변화를 순차적으로 파악하기 힘들며 다양한 관찰 방법도 활용할 수 없게 된다. 따라서 시기별, 방법별, 내용별로 관찰 계획을 수립하여 관찰하고 다양한 영역에서 모든 영유아를 고루 관찰할 수 있도록 노력해야 한다. 관찰

전 활동의 단계에서는 관찰 목적 설정, 관찰 행동의 표집, 관찰 장면의 선정, 기록 방법의 선정 등에 대한 결정을 하는 것이 중요하다.

(1) 관찰 목적 설정

영유아 관찰의 목적은 구체적으로 설정할 필요가 있다. 예를 들어, 영유아의 발달 수준을 파악하기 위해서, 영유아의 또래 관계를 알기 위해서, 영유아의 놀이 수준을 파악하기 위해서, 선호하는 놀잇감과 선호하는 흥미 영역을 파악하기 위해서 등 다양한 목적을 설정할 수 있다. 관찰 목적을 영유아의 놀이 수준 파악으로 설정했다면, 교사 주도의 대소집단활동보다는 자유선택활동 시간에 또래와의 놀이 행동을 관찰하는 것이 보다 효과적으로 계획한 예라고 할 수 있다.

(2) 관찰 행동의 표집

관찰 행동의 표집이란 관찰의 대상이 되는 영유아의 행동을 범주화하고 행동 단위를 결정하는 것을 의미한다. 관찰 행동 표집 시에는 관찰 행동을 명료화하고 분명하게 정의할 필요가 있다. 예를 들어, '혼자 놀이란, 놀이할 때 또래와 떨어져 친구가 사용하는 놀잇감과는 다른 놀잇감으로 5분 동안 혼자서 놀이하는 행동이다.'라고 조작적 정의를 한 후 관찰을 하면 보다 정확하고 객관적인 관찰이 가능해진다.

(3) 관찰 장면의 선정

관찰 장면의 선정이란 관찰 행동을 어느 장소에서 가장 효과적으로 관찰할 수 있는지와 그 행동이 나타나는 한 장면을 택할 것인지 아니면 여러 장면을 택할 것인지를 결정하는 것을 뜻한다. 예를 들어, 영유아가 선호하는 놀잇감 파악을 관찰 목적으로 설정했다면 교실의 흥미 영역에서 영유아의 놀이 선택과 놀이 상황의 여러 장면을 선택하여 관찰할 수 있을 것이다.

(4) 기록 방법의 선정

일정한 형식에 따라 일관성 있게 관찰 결과를 기록해야 한다. 이를 위해서는 관찰 대상인 영유아의 특정 행동의 유형에 따라 적합한 기록 방법을 선정할 필요가 있다. 예를 들면, 각 영유아별로 메모지에 기록할 것인지 특별한 기록 양식을 사용할 것인지를 선정하여야 하며, 사진 혹은 동영상 촬영 방법을 이용할지를 선정할 수 있다.

2) 관찰 활동(관찰 및 기록 단계)

관찰 계획에 따라 실제로 관찰을 하고 관찰한 내용을 기록하는 단계이다.

(1) 관찰의 실시

영유아의 행동과 놀이를 단순히 눈으로 보는 것과 관찰은 큰 차이가 있다. 관찰을 할 때는 청각, 촉각, 후각, 미각 등 모든 감각 기관을 활용하여 객관적으로 관찰해야 한다. 아울러 영유아가 표현하는 말과 행동뿐만 아니라 표정, 몸짓, 울음소리, 반응의 강도 등 비언어적인 모든 정보에 대해서도 세심하게 관찰하여야 한다.

(2) 결과의 기록

관찰한 내용을 기록할 때는 객관적으로 가능한 자세히 기록하는 것이 중요하다. 판단이나 느낌에는 편견이나 선입견이 작용할 수 있기 때문에 기록할 때는 반드시 관찰자가 보고 들은 것만을 있는 그대로 자세히 기록하여 관찰 결과를 읽는 사람이 동일한 행동을 연상할 수 있도록 구체적이고도 객관적으로 기록하여야 한다. 관찰 기록의 예를 살펴보면 다음과 같다.

> 교사가 "이제 바깥 놀이를 할 거예요."라고 말하자 효인이는 손뼉을 치며 옆에 있는 정원이에게 "뭐 하고 놀래? 우리 나가서 모래 놀이 하고 놀자."라고 말한다.

3) 관찰 후 활동(추론, 평가 및 결과 활용 단계)

(1) 추론 단계

추론은 눈에 보이는 행동 이면에 있는 행동의 동기, 감정 등을 추측해 보는 것이다. 추론은 반드시 관찰 기록과 구분하여 기록하여야 하며, 객관적인 관찰 기록에 근거하여 이루어져야 하고 지나친 추론을 하지 않도록 유의하여야 한다. 다음에 제시한 추론의 예를 통해 오류를 발견해 보자.

[추론1]
효인이는 바깥 놀이를 좋아하고 어떤 놀이를 할 것인지 계획을 세워 친구에게 제안할 수 있다.

[추론2]
효인이는 정원이 외에는 친구가 없다.

(2) 평가 단계

평가는 영유아의 특정 행동이 바람직한지 또는 그렇지 않은지, 긍정적인지 부정적인지, 정상적인 발달을 하고 있는 것인지 아니면 발달이 아직 늦는지를 판단하는 것이다. 한 번의 관찰만으로는 평가가 정확하게 이루어질 수 없으며 누적된 몇 번의 관찰을 토대로 평가를 하는 것이 바람직하다.

(3) 결과 활용

관찰 결과는 교육 과정 편성, 교수 방법 및 환경 개선의 기초 자료로 사용하거나 부모 면담 등에 활용하여 영유아의 전인 발달을 지원할 수 있다.

4. 관찰의 유형과 특성

영유아의 행동을 이해하는 방법으로 사용되는 관찰법은 다양하지만 현장에서 많이 사용되는 일화 기록법, 시간 표집법, 사건 표집법, 행동 목록법, 평정 척도법 등을 소개하면 다음과 같다.

1) 일화 기록법

일화 기록법은 하나의 짧은 사건이나 우연적 행동에 대한 서술식 기록으로, 한 가지 행동이나 상황에 초점을 두고 객관적으로 기록하는 방법이다. 교실에서 교사가 영유아의 행동을 있는 그대로 관찰하고 기술하는 것이므로 영유아의 일상적인 행동을 이해하는데 도움이 된다. 영유아 교육 현장에서 교사는 개별 영유아에 대한 일화를 주기적으로 관찰함으로써 영유아의 행동 평가에 필요한 자료로 사용될 수 있다. 일화 기록법의 특징을 살펴보면 다음과 같다.

- 관찰된 사건에 대해 어떤 상황이 언제, 어디서, 어떻게 일어났으며, 영유아가 그 상황에서 무슨 말을 하고 행동했는지를 구체적으로 알 수 있는 방법이다.
- 특정한 시간이나 사건에 제한 없이 언제 어디서나 기록할 수 있으며, 특별한 준비나 계획이 없어도 관찰자가 가치와 흥미가 있다고 생각하는 것을 그때그때 기록하면 되므로 교사의 입장에서 가장 손쉽게 접근할 수 있는 영유아 이해의 방법이다.
- 개별 영유아에 대한 지속적인 정보를 수집할 수 있으며, 영유아의 장점과 단점, 호기심과 욕구 등을 파악할 수 있으므로 일상적인 생활이나 문제 행동의 지도를 위한 기초 자료를 수집하기에 적절한 방법이다.
- 단편적인 사건의 기록이므로 한두 개의 일화 기록만으로 영유아를 평가하기에는 오류가 발생할 수 있다. 따라서 정확한 평가를 위해서는 주기적인 자료 수집이 요구되는 방법이다.

(1) 일화 기록법 실시 방법

일화 기록을 작성할 때 다음과 같은 점에 유의하여 작성하도록 한다.

- 어떤 일화나 사건이 발생한 후 곧 기록한다. 따라서 언제나 기록할 수 있도록 필기도구와 메모지를 항상 가까이에 준비해 놓도록 한다.
- 관찰 대상 영유아가 한 말과 행동을 구별해서 기록한다.
- 관찰 일자, 관찰 시간, 관찰 대상 영유아, 관찰자의 이름, 관찰 영유아의 연령, 관찰 영유아의 성별, 관찰 장소, 관찰 장면 등을 반드시 기록에 포함시키도록 한다.
- 관찰 대상 영유아의 언어와 행동을 기록함과 동시에, 그 상황에서 상호작용하는 또래나 교사의 반응도 기록한다.
- 대화의 정확한 의미를 파악하기 위해서 관찰 대상 영유아가 사용한 말을 직접 화법으로 기록한다.
- 일련의 사건을 기록할 때는 일화가 일어난 순서대로 기록한다. 즉, 일화에는 시작, 중간, 끝이 있어야 한다.
- 관찰 대상 영유아의 행동을 객관적이고 사실적이며 완전하게 기록한다. 특히, 관찰자의 편견이 개입되지 않도록 한다.

(2) 일화 기록법의 예

일화 기록은 영유아 교육 기관의 상황에 따라 다양한 양식을 사용하여 기록할 수 있다. 영아반 일화 기록의 예를 제시하면 다음과 같다.

〈표 7-2〉 영아반 일화 기록법 예

3월				3월			
이름(연령)	○○○( )	성별	남	이름(연령)	○○○( )	성별	남
관찰 장면(영역)	점심 시간(기본생활)	기록자	△△△	관찰 장면(영역)	실외 활동(신체운동)	기록자	△△△
관찰 일시	2018. 3. 7			관찰 일시	2018. 3. 20		
기록	양치를 하고 난 후 손을 씻는 중 ○○이가 "응가응가!"라고 말한다. 교사가 손을 씻는 것을 도와준 후 대변을 볼 수 있도록 화장실에 데려가 바지와 팬티를 내려준 후 변기에 앉혀 주자 응가를 한다.			기록	터널 지나가기 활동을 한다. 교사가 터널을 지나가자 ○○이가 교사의 뒤를 따라서 손을 바닥으로 짚고 무릎으로 기어서 터널을 나온다. 교사가 들어가는 방향과 나오는 방향을 알려 주자 반복적으로 터널을 기어서 나온다.		
해석	배변 의사를 표현할 수 있으며, 기저귀를 사용하지 않고 화장실에서 배변할 수 있다. 배변 훈련을 하는 과정이기 때문에 실수하는 과정을 허용하여 편안한 분위기에서 대소변 가리기를 마칠 수 있도록 지도하고자 한다.			해석	터널을 기어서 지나가는 것을 볼 때, 자신의 팔, 다리, 목, 허리 등의 움직임을 조절할 수 있다. 자신의 신체 부위를 보다 자유롭게 조절하며 움직일 수 있는 대소근육 활동을 제공하고자 한다.		

출처: 보건복지부·중앙육아종합지원센터(2018). 표준보육과정의 이해와 실제. p. 89.

2) 시간 표집법

시간 표집법은 사전에 선정된 행동을 일정 시간 간격에 따라 행동의 출현 유무를 관찰하는 방법이다. 관찰 기록 시에는 행동의 출현 여부만을 표기하는 방법, 행동의 빈도와 지속 시간을 추가하여 표시하는 방법 등을 사용한다. 예를 들어, 영유아가 교실에서 자주 참여하는 놀이 유형에는 어떠한 것이 있는지를 알고 싶은 경우 시간 표집법을 사용하여 관찰할 수 있다. 시간 표집법의 특징을 살펴보면 다음과 같다.

- 관찰하고자 하는 행동을 보기 위해 미리 관찰 시간 단위를 정한다. 영유아가 자유선택활동 시간에 선호하는 놀이 유형을 알아보고자 한다면, 각 영유아당 어느 정도 관찰할지를 결정하여 그 시간 간격을 정하면 된다.
- 짧은 시간에 나타나는 행동을 기록하기 때문에 관찰자가 쉽게 관찰할 수 있는 비교적 자주 일어나는 행동을 관찰 대상 행동으로 정하는 것이 바람직하다. 관찰하고자 하는 행동이 적어도 15~20분에 한 번 출현해야 한다.

(1) 시간 표집법 실시 방법

시간 표집법 실시 방법을 살펴보면 다음과 같다.

- 관찰을 시작하기 전에 관찰자는 관찰하고자 하는 행동의 조작적 정의를 이해하고, 각 행동의 범주를 알아야 한다(예: '손 빠는 행동은 3초 동안 손가락을 입안에 넣고 있는 것이다.').
- 1회의 관찰 시간과 총 관찰 횟수를 정한다. 예를 들어, 1회 관찰 시 한 영유아당 20초를 관찰하고, 기록을 위해 10초를 사용한다면 10명의 영유아를 관찰할 경우 200초의 관찰 시간과 100초의 기록 시간이 필요하다.
- 언제, 어디서 관찰할 것인지를 결정한다.
- 관찰 결과의 기록을 위한 관찰 범주에 대한 부호 체계는 관찰자가 기억하기 쉽게 논리적이면서도 일정한 규칙을 가지고 있어야 한다(예: 병행 놀이=병 또는 ㅂ 등).
- 관찰자의 하위 행동 범주에 행동의 출현 유무만을 체크(√)로 표시하거나 행동이 출현할 때마다 세기표(/)로 표시한다.

(2) 시간 표집법의 예

시간 표집법 중 사회적 놀이에 대한 시간 표집법 및 인지적 놀이에 대한 시간 표집법의 예를 제시하면 다음과 같다.

〈표 7-3〉 사회적 놀이에 대한 시간 표집법 예

관찰 유아	유아1, 유아2, 유아3	연령	만 4세
		관찰 장소	○○○ 교실
관찰일	2018년 7월 20일	관찰자	○○○

관찰 행동								
구분 / 유아명		놀이 행동				비놀이 행동		비고
		혼자 놀이	병행 놀이	연합 놀이	협동 놀이	비참여 행동	방관 행동	
유아1	1회	V						
	2회		V					
	3회		V					
	4회						V	
유아2	1회			V				3명 소그룹
	2회				V			4명 소그룹
	3회	V						
	4회		V				V	
유아3	1회		V					3명 소그룹
	2회				V			3명 소그룹
	3회				V			4명 소그룹
	4회		V					

지시: 1. 관찰자는 사회적 놀이 수준의 범주를 익힌 후 관찰할 유아를 3명 선정한다.
2. 관찰할 유아의 순서를 무작위로 정한 후 유아1을 20초 관찰 후 관찰한 행동이 어느 수준에 속하는지를 10초간 V표로 기록한다.
3. 다음 관찰 대상인 유아2로 넘어가서 20초를 관찰하고 10초를 기록한다.
4. 유아 3명을 모두 관찰하여 기록한 후 1회의 관찰을 끝낸다.
5. 유아1부터 2회부터 4회까지의 관찰을 위와 같은 방법으로 다시 실시한다.

〈표 7-4〉 인지적 놀이에 대한 시간 표집법 예

관찰 유아	유아1, 유아2, 유아3			연령	만 5세
				관찰 장소	OOO 교실
관찰일	2018년 7월 23일			관찰자	OOO
관찰 행동					
유아명 \ 구분		기능 놀이	구성 놀이	극놀이	규칙이 있는 게임
유아1	1회		V		
	2회		V		
	3회			V	
	4회				V
유아2	1회	V			
	2회		V		
	3회		V		
	4회		V		
유아3	1회			V	
	2회			V	
	3회		V		
	4회				V

지시: 1. 인지적 놀이 수준의 조작적 정의를 숙지한 후 관찰할 유아를 3명 선정한다.
2. 관찰할 유아의 순서를 무작위로 정한 후 유아1을 20초 관찰 후 관찰한 행동이 어느 수준에 속하는지를 10초간 V표로 기록한다.
3. 다음 관찰 대상인 유아2로 넘어가서 20초 관찰하고 10초 기록한다.
4. 유아 3명을 모두 관찰하여 기록한 후 1회의 관찰을 끝낸다.
5. 유아1부터 2회부터 4회까지의 관찰을 위와 같은 방법으로 다시 실시한다.

3) 사건 표집법

사건 표집법은 단순히 어떤 행동의 발생 유무만을 관찰하기보다 행동이나 사건이 발생하기를 기다렸다가 관심을 가진 행동이나 사건이 일어나면 일정한 형식에 따라 행동의 순서를 자세하게 기술하는 것으로 관찰 시간이 아닌 관찰 장면이나 사건을 추출하는 방법이다. 따라서 관찰자가 관찰 대상 영유아의 특정 행동이 나타날 때까지 기다렸다가 발생 유무에 따라 기록함으로써 언제 반드시 관찰해야만 한다는 시간적 제약이 없다.

사건 표집법으로는 관찰자가 미리 정해진 범주에 따라 행동의 발생 빈도를 기록하는 빈도 사건 표집법과 관찰하고자 하는 사건이나 행동이 일어나기 전의 상황(Antecedent event: A), 사건이나 행동 그 자체(Behavior: B), 사건이나 행동이 일어난 후의 결과(Consequence: C)를 순서대로 기록하는 서술식 사건 표집법이 있다. ABC 사건 표집법은 교사들이 영유아의 행동 원인을 알고자 할 때 가장 적합한 관찰 방법이다. 서술식 사건 표집법의 특징을 살펴보면 다음과 같다.

- 관찰의 단위를 시간 간격이 아닌 사건에 초점을 둔다.
- 시간의 제약 없이 특정 행동을 전체적인 맥락과 관련지어 이해할 수 있기 때문에 영유아의 특정 행동의 원인을 알고자 할 경우 서술식 사건 표집법이 적합하다.
- 비교적 자주 나타나지 않는 행동도 관찰 가능하다.
- 사건 전과 사건 후 상황을 알 수 있다.

(1) 서술식 사건 표집법 실시 방법

서술식 사건 표집법의 실시 방법을 살펴보면 다음과 같다.

- 관찰하고자 하는 행동이나 사건을 정하고, 언제 어떤 상황에서 어떻게 관찰하고 기록할지를 결정한다.
- 어떤 종류의 정보를 기록할 것인지를 미리 결정해 놓는다.
- 관찰하고자 하는 사건이나 행동이 일어나기 전과 사건이나 행동이 일어난 상황, 그리고 사건이나 행동이 일어난 후의 결과를 기록지에 적는다.

• 행동을 자세하게 기록할 필요가 있으므로 관찰 기록을 위하여 녹음기나 동영상 등의 영상 기록 매체를 활용할 수 있다.

(2) 서술식 사건 표집법의 예

서술식 사건 표집법의 예를 제시하면 다음과 같다.

〈표 7-5〉 서술식 사건 표집법 예

관찰 유아	○○○	생년월일	2013년 7월 7일 (여)
관찰일	2018년 4월 12일	관찰자	○○○
관찰 행동	자유선택활동 시간에 아무것도 하지 않거나 방관적인 행동		
시간	사건 전(A)	사건(B)	사건 후(C)
9:15	정원이가 어린이집에 도착하였다.	15분 동안 다른 유아들이 노는 것을 바라보고만 있다.	효안이가 정원이에게 같이 놀자고 부른다. 6분간 자동차를 밀며 논다.
9:30	교사가 "자유선택활동 시간이에요."라고 말한다.	성운이가 윗옷을 거는 것을 쳐다본다.	막 교실로 들어서는 윤재를 쳐다본다.
9:36	교사가 정원이에게 "정원아, 원하는 것을 가지고 놀아도 돼요."라고 말한다.	아무 표정 없이 교실을 둘러본다.	미술 영역으로 가서 점토를 가지고 약 4분간 논다. 그리고는 또 다시 교실을 둘러본다.
9:46	점토를 치운다.	역할 영역으로 가서 그 곳에 있는 교사와 3명의 유아들이 놀고 있는 것을 바라본다.	교사가 "우리와 함께 놀까?"라고 말한다. 정원이는 5분간 레고를 가지고 논다.
10:00	교사가 그 영역을 떠난다.	정원이가 레고를 그만두고 다른 유아들을 쳐다본다. 여준이와 눈을 마주치자 웃는다.	여준이가 웃으며 "나랑 같이 점토할래?하고 묻자 놀던 미술 영역으로 간다.

4) 행동 목록법

행동 목록법은 특정 상황에서 일어날 것 같은 행동에 대한 목록을 미리 작성하여 그 행동의 출현 유무를 기록하는 방법이다. 이러한 행동 목록법은 행동의 출현 유무, 즉, '예', '아니오'에 대한 정보만 제공할 뿐 얼마나 빈번히, 또는 어느 정도로 일어나는지에 대한 정보는 제공하지 못한다. 또한 필요한 목록을 미리 작성하여 관찰을 해야 하기 때문에 사전에 관찰하고자 하는 행동의 목록을 미리 작성하거나 미리 만들어진 행동 목록 중에서 관찰자의 목적에 맞는 적절한 것을 선택하여 준비하여야 한다. 특별한 훈련을 받지 않고도 누구나 쉽게 사용할 수 있고, 기록이 간단하기 때문에 능률적이지만 행동 목록을 포괄적이고 상호 배타적으로 작성하는 것이 어렵고 행동의 출현 빈도나 지속 시간 또는 행동의 질적 수준에 대한 정보를 제공하지 못한다는 단점이 있다. 행동 목록법의 특징은 다음과 같다.

- 행동 목록표를 반복해 사용함으로써 영유아 행동 발달의 변화를 평가하는데 용이하게 이용할 수 있다.
- 중요한 영역들을 쉽게 설명하여 연령에 따른 지식, 기술, 가치, 태도에 대한 전반적인 지침을 제공한다.

(1) 행동 목록법 실시 방법

행동 목록법 실시 방법을 살펴보면 다음과 같다.

- 영유아를 관찰하기 전에 행동 목록 내용을 준비한다.
- 행동 목록에 포함된 문장은 관찰 가능한 구체적 행동을 나타내는 것이어야 한다.

- 행동 목록표의 문장은 포괄적이고 대표적인 목록으로 구성되어야 하고 문항 간 중복이 없어야 한다.
- 특정 영역을 대표하면서 그 영역에 속한 하위 영역을 골고루 포함시킬 수 있는 문항들이 포함되어야 한다.
- 객관적으로 기록하고 관찰 날짜가 포함되어야 한다.
- 행동 발달 기술들을 표시할 때 영유아들의 작업 표본이나 일화 기록 등을 근거로 함께 제시한다.

(2) 행동 목록법의 예

유아 신체 발달에 관한 행동 목록법의 예를 제시하면 다음과 같다.

〈표 7-6〉 유아 신체 발달 행동 목록법 예

이 름: ○○○	생년월일(성별): 2013년 8월 5일(남)					
관찰자: ○○○						
▶ 다음 행동이 관찰되면 관찰된 날짜를 기록하고, 관찰되지 않으면 X로 표시하시오.						
행동	1회	2회	3회	4회	5회	6회
1. 한 발로 5초 이상 서 있을 수 있다.	4/5	7/12				
2. 한 발로 넘어지지 않고 5회 이상 뛴다.	X	7/12				
3. 선을 따라 6회 이상 걷는다.	X	7/14				
4. 두 발을 모아 점프할 수 있다.	X	X				
5. 양발을 교대로 사용하여 계단을 오른다.	X	X				
6. 던져 준 공을 받을 수 있다.	X	X				
7. 공을 던질 수 있다.	X	X				
8. 세발자전거를 탈 수 있다.	X	X				

5) 평정 척도법

평정 척도법은 영유아가 지니고 있는 특성이나 특질 혹은 성격을 미리 정해진 범주에 따라 평가할 때 사용되는 관찰의 보조 도구이다. 특정 행동의 출현 유무를 표시하는 데 그치지 않고 행동의 질적인 특성을 몇 등급으로 구분해서 알고자 할 때 유용하게 사용된다. 따라서 평정 척도법은 특정 행동의 출현 유무만을 표시하는 체크 리스트의 한계점을 보완한 것이라고 할 수 있다. 평정 척도법은 3단계, 5단계, 7단계로 평정하며, 척도의 표시는 언어, 숫자, 그림 등 다양한 형태로 나타낼 수 있다. 평정 결과는 일정 기간이 지난 후 영유아의 전체적인 발달 평가에 유용하게 활용할 수 있다. 평정 척도법의 특징을 살펴보면 다음과 같다.

- 영유아 관찰에서 얻은 자료를 수량화하기 위해 고안된 방법이다.
- 연속성이 있는 특정 행동의 차원 혹은 영역에 대해서 수량화된 점수를 부과한다.
- 관찰과 동시에 행할 수 없으며 충분한 관찰 후 그 결과를 요약하는 수단으로 활용한다.
- 척도는 일반적으로 3단계 혹은 5단계로 구성되나, 4단계 척도를 사용하기도 한다.

(1) 평정 척도법 실시 방법

평정 척도법의 실시 방법을 살펴보면 다음과 같다.

- 일정 기간 동안 관찰한 사실에 근거하여 객관적으로 평정한다.
- 평정할 때 관찰자의 편견이 개입될 가능성이 있으므로 유의할 필요가 있다.
- 관찰하는 행동에 대해 단계별로 정확한 설명이 없는 경우 관찰자의 주관적인 견해가 개입될 가능성이 있다.

- 한 가지 특성에 대해서 대상 영유아들을 모두 평정한 후에 다른 특성을 평정하는 것이 적합하다.
- 관찰 대상 영유아가 평정을 받고 있다는 사실을 인식하지 않도록 한다.
- 관찰과 평정을 실시할 장면을 주의 깊게 선택할 필요가 있다.
- 평정 전에 척도의 모든 항목을 읽어본 후, 평정한다.
- 평정 척도 항목에 따라 평정을 한 후, 하단에 대상 영유아의 평정 결과를 요약한다.

(2) 평정 척도법의 예

유아 관찰 기록 평정 척도법 및 '제3차 어린이집 표준보육과정'에 기초한 영아 관찰 평정 척도법의 예를 살펴보면 다음과 같다.

〈표 7-7〉 유아 관찰 평정 척도법 예

관찰 기록표 (만 3세용)					
이름(성별)	○○○ (남, 여)	학급명		관찰자	○○○
생년월일		관찰 일시			
▶ 유아의 행동과 가장 일치하는 정도에 동그라미를 표기하세요.					
	아주 못함	못함	보통	잘함	아주 잘함
1. 자기 물건을 스스로 정리한다.	○				
2. 줄을 서서 기다릴 수 있다.		○			
3. 친구에게 양보할 수 있다.				○	
4. 바깥 놀이에서 규칙을 지킬 수 있다.			○		
5. 교실에서 작은 소리로 말을 할 수 있다.					○
요약:					

〈표 7-8〉 영아 관찰 평정 척도법 예

관찰 기록표(만 2세용)					
이름	OOO	학급명		관찰자	OOO
생년월일		성별	남/여	관찰 일시	

관찰 문항(관찰 요소)	척도				관찰 및 활동 사례
	1	2	3	4	
1. 자신과 다른 사람을 구별할 수 있다. (분리 개별화)					- 나와 친구들의 사진을 관찰하고, 이름을 불러 주면 알맞게 찾는다. - 친구의 컵을 알고, 찾아서 전해 준다.
2. 자기 것을 알고, 좋아하는 것을 선택할 수 있다. (자기 인식)					- 좋아하는 그림책을 선택하여 읽는다. - 여러 개의 색종이 중에서 자신이 좋아하는 색을 골라서 놀이한다.
3. 자신의 여러 가지 감정을 말과 행동으로 표현할 수 있다. (욕구와 감정 표현)					- 친구가 놀잇감을 가져가자, 표정과 말로 속상한 기분을 표현한다. - 시도한 것을 성공하고 나서 손뼉을 치며 기쁨을 표현한다.
4. 타인의 감정을 인식하고 반응할 수 있다. (타인의 감정 인식)					- 병원 놀이 중에 환자(예: 교사, 친구, 인형 등)의 아픈 곳을 찾아 치료하며 위로해 준다. - 여러 가지 표정 사진을 보며, 느낌을 말이나 행동으로 맞게 표현한다. - 친구나 교사가 요청할 때 자신의 놀잇감을 나누어 준다.
5. 가족 구성원에게 말과 행동으로 애정을 나타낼 수 있다. (애착 표현)					- 가족사진을 보고 누구인지 짚어 보며, 가족과 함께한 일상적인 일들을 간단한 문장으로 말한다. - 가족에게 줄 편지나 선물을 만드는 과정에서 가족에 대한 애정을 말이나 그림으로 표현한다.
요약 및 해석:					

출처: 이미화 외(2014). 영아보육 질 제고를 위한 평가도구 개발 및 활용방안. p. 194. 수정.

▶ 관찰법의 장·단점

영유아 교육 현장에서 많이 활용되는 관찰법의 장점은 다음과 같다.

첫째, 있는 그대로의 영유아의 행동과 반응 형태를 보고 듣고 느낌으로써 개인에 대한 보다 직접적인 정보를 얻을 수 있다.

둘째, 영유아에 대해 다른 어떤 이해 방법보다도 접근하기가 쉽다. 특히 교사가 학급을 운영하면서 자연스럽게 영유아의 행동을 관찰하게 되므로 별다른 제약을 받지 않는다.

셋째, 관찰에서 얻어진 자료는 비교적 자세하고 풍부하기 때문에 영유아의 행동을 이해하는데 기초가 될 수 있다.

관찰법의 단점은 다음과 같다.

첫째, 일화 기록법이나 사례 연구법은 한 명씩 관찰하기에 많은 시간과 노력이 필요하며, 비용 면에서 비경제적이라 할 수 있다.

둘째, 관찰자의 개인적 특성의 차이로 편견이나 주관적 판단을 완전히 배제할 수 없다.

셋째, 관찰 대상자가 자신이 관찰의 대상이 됨을 인식하게 될 경우 대상자의 부자연스러운 행동을 예방하기 어렵기 때문에 관찰자 훈련이 충분히 이루어져야만 한다.

2부

영유아 놀이지도의 실제

8장

영아 놀이지도의 실제

영유아 교육 기관에서 하루 일과 중에 이루어지는 대부분의 활동은 '놀이'이다. 영아는 실내외에서 다양한 놀이를 경험하며 발달한다. 따라서 영아의 놀이는 그 자체가 삶이며, 놀이 시간을 통해 영아는 성장한다. 이 장에서는 내적 동기화, 과정 중시, 유연성, 긍정적 정서 등 놀이의 특성이 가장 잘 나타나는 신체 영역, 언어 영역, 감각·탐색 영역, 미술 영역, 음률 영역, 역할 및 쌓기 영역 중심으로 영아가 놀이를 보다 풍부하게 경험하도록 지원할 수 있는 영아 놀이 활동의 실제를 소개하고자 한다.

1. 신체 영역

1) 신체 놀이의 교육적 가치

영아는 하루 일과 속에서 다양한 신체 활동에 자발적으로 참여하며 신체 움직임에 대한 본능적 욕구를 마음껏 표출한다. 이러한 경험을 통해 영아는 심신의 건강을 도모하며, 자신과 세상을 알아 가게 된다. 아울러 신체 발달은 인지를 비롯한 다른 영역의 발달과도 매우 밀접하게 관련되어 있어 영아의 전인적 발달에 토대가 된다.

2) 신체 놀이 지원을 위한 교사의 역할

영아의 신체 놀이 지원을 위한 교사의 역할을 제시하면 다음과 같다(박찬옥 외 2014).

첫째, 안전을 최대한 고려하면서 신체 놀이 활동을 계획한다. 영아들은 불안정한 상태로 걷고, 달리고, 점프하기 때문에 넘어지는 것은 정상적인 행동이다. 따라서 교사는 놀이 중 영아가 넘어져서 발생할 수 있는 안전에 관한 모든 상황에 대비해야 한다. 뾰족한 모서리나 끼일 수 있는 틈에는 안전 장치를 하고, 깨지기 쉽거나 작은 조각 등 위험한 물건들은 영아들의 신체 활동 공간에서 모두 치워야 한다.

둘째, 영아에게도 안전 교육을 한다. 영아들은 모든 영역에서 발달이 미성숙하여 자신의 한계를 인식하지 못하고 무리한 시도를 하는 경우가 종종 있다. 특히, 자율성이 출현하는 2세에는 무엇이든 자신의 뜻대로 하려는 경향과 새로운 도전의식이 강해져서 이러한 무리한 시도가 나타날 수 있다. 교사가 영아들을 모든 위험한 상황에서 완벽하게 보호할 수 없으므로 영아 스스로 안전 감각을 가질 수 있도록 주기적으로 안전 교육을 실시해야 한다. 영아 안전 교육 시 교사는 영아가 자신의 능력의 한계를 알고 합리적인 시도를 할 수 있도록 지속적으로 격려해 주어야 하고(예: '높은 곳에서 뛰어내리기를 하다가 실패했구나. 아직 이렇게 높은 곳에서 뛰어내릴 때가 아닌가 보다. 이것보다 조금 낮은 곳에서 다시 시도해 보면 어떨까?'), 한계들은 지속적으로 변화한다는 것을 인식할 수 있도록 도와주어야 한다(예: '너는 아직 이렇게 높은 곳에서 뛰어내리는 방법을 배우지 않았어. 많이 연습하다 보면 곧 지금의 높이에서 뛰어내릴 수 있게 될 거야.').

셋째, 영아의 신체 놀이를 관찰한다. 영아가 어떠한 신체 놀이를 할 수 있으며 할 수 없는지, 신체 놀이에 즐겁게 참여하는지, 신체 놀이 자료와 환경 구성은 발달에 적절한지, 신체 놀이가 계속해서 발달해 가는지 등을 교사는 항상 관찰할 필요가 있다. 특히 교사는 겉으로 나타나는 영아의 행동과 숨겨진 행동 등에 초점을 두고 관찰할 필요가 있다. 겉으로 표출되는 행동을 통해 영아가 어떠한 신체 놀이에 참여하는가 혹은 신체적으로 얼마나 반응하는가 등에 대해 알 수 있고, 숨겨진 행동을 통해 영아의 내적 감정과 사고를 추론해 볼 수 있다.

넷째, 영아와 함께 신체 놀이에 즐겁게 참여한다. 교사가 영아들과 신체 놀이 경험을 공유함으로써 친밀감을 쌓는 과정은 영아와 신뢰 관계를 형성하는 좋은 기회가 된다. 교사가 영아의 신체 놀이에 참여할 때 가장 중요한 것은 자발적으로 참여해야 한다는 점이다. 자발적 참여는 교사와 영아에게 모두 즐거움을 주며 영아는 교사와의 즐거운 신체 놀이를 통해 보다 많은 것을 학습할 수 있다. 따라서 교사는 영아의 신체 활동에 기꺼이 참여하고 싶고, 참여했을 때 즐거움을 느낀다는 사실을 영아에게 알려 주는 것이 좋다.

3) 신체 놀이 활동의 실제

신체 영역에서 영아와 함께하는 신체 놀이를 소개하면 다음과 같다.

❶ 촉감 길을 걸어요

● **놀이의 교육적 가치**

다양한 촉감 길에서 자신의 신체를 조절하고 손과 다리, 온몸으로 느껴 보는 활동이다. 이 활동을 통해 영아는 네 발로 기기를 시작하고 자신의 신체를 조절하면서 보다 적극적으로 주변 환경을 탐색할 수 있다.

● **대상 연령:** 7개월

● **놀이 교구:** 촉감 매트

● **교사의 역할과 지원**

1. 영아가 네 발로 기기를 할 때 촉감 매트를 바닥에 깔아 놓고 영아가 관심을 보이면 기어도 보고 만져도 볼 수 있도록 한다.
   - 촉감 매트를 바닥에 단단히 고정하여 영아가 기어가도 촉감 매트가 움직이지 않도록 한다.
2. 교사는 영아가 자유롭게 움직이며 촉감 매트를 탐색하는 모습을 관찰한다.
   - 영아가 촉감 매트를 충분히 탐색하도록 기다려준다.
3. 교사는 영아가 촉감 매트 위에서 다양하게 놀이할 수 있도록 지원한다.
   - 다양한 촉감 느껴 보기
   - 기어다니며 촉감을 탐색하기
   - 폭신폭신하다, 보들보들하다 등 언어적 표현하기
4. 촉감 매트 위에서 움직이며 다양하게 놀이하는 영아를 관찰하여 언어로 표현하여 준다.
   - 촉감 매트가 보들보들하지?
   - ○○이가 촉감 매트 위를 잘 기어가네.

● **놀이 지원 Tip**

1. 촉감 매트 위에서 가만히 있는 영아는 교사가 촉감 매트를 만져 보며 언어로 표현하여 주기도 하고 소리도 내어 보며 영아가 흥미를 가질 수 있도록 격려한다.

출처: 서울특별시육아종합지원센터(2016a). 서울시 보육전문성 향상을 위한 월령별 영아보육프로그램(4~12개월). p. 76.

❷ 선생님 얼굴 수염 떼기

● **놀이의 교육적 가치**

선생님 얼굴에 붙어 있는 종이를 떼어 보는 놀이로 얼굴의 부분 명칭을 들어 보는 언어 경험(듣기)을 할 수 있고, 눈과 손의 협응력 발달을 도모한다.

● **대상 연령:** 9~12개월

● **놀이 교구:** 1X5cm 막대형의 부전지, 거울

● **교사의 역할과 지원**

1. 영아가 선생님의 얼굴을 바라보며 관심을 보일 때 접착력 있는 종이를 선생님 코 위에 살짝 붙인다.
   - ㅇㅇ이야, 선생님 코에 종이가 붙어 있네?
2. 영아가 손을 뻗어 선생님 얼굴 위의 종이를 뗄 수 있도록 선생님의 얼굴을 내밀어 준다.
   - ㅇㅇ이가 선생님 코에 붙은 종이를 떼어 주었구나.
   - 어, 이번에는 선생님이 고양이처럼 코 옆에 수염을 붙여 봐야지.
   - ㅇㅇ이가 떼어 볼까?
3. 교사의 코, 눈, 입술 등에 종이를 붙였다가 입김을 세게 불어서 떼는 놀이를 반복한다.
   - 선생님 눈에다 붙여 볼게. 후~ 종이가 어디로 갔을까?
4. 영아의 코나 입술 위에도 살짝 붙이고 거울을 보여 준다.
   - ㅇㅇ이 코 옆에 수염이 생겼네?
   - ㅇㅇ이 입술 위에 수염이 생겼네?

● **놀이 지원 Tip**

1. 시중에 나와 있는 막대형 부전지는 눈에도 잘 띄고 영아가 떼어 내기에도 적절한 접착력을 가지고 있다. 후기 월령의 경우, 색 테이프를 이용하여 제시하면 영아가 소근육을 보다 많이 활용할 수 있다.
2. 활동 후 영아들이 종이를 입으로 가져가지 않도록 바로 치운다.

출처: 보건복지부(2013b). 어린이집 표준보육과정에 기초한 영아보육프로그램 0세. pp. 244-245.

❸ 낮은 골대에 공을 넣어요

- **놀이의 교육적 가치**

골대에 공을 던져 공을 넣어 보는 놀이로 영아가 의도한 방향대로 던져 보며 눈과 손의 협응력 및 대근육 발달을 도모한다.

- **대상 연령:** 24개월
- **놀이 교구:** 골대와 공(골대 1개, 공 10개, 공 주머니 1개)
- **교사의 역할과 지원**

1. 영아의 주변에 공을 놓아둔다.
   - 교실의 코너를 활용하여 골대를 설치한다.
   - 골대를 향해 공을 던지는 놀이이므로 주변에 장애물이 없는 곳에 골대를 설치한다.
   - 공 주머니 또는 교실에 있는 바구니에 공을 담아 준비한다.
   - 영아가 공에 관심을 보이면 교사가 공을 던져 골대에 골인시키는 것을 보여 준다.
   - 영아가 공을 만져 보고 자유롭게 탐색할 수 있는 충분한 시간을 제공한다.
2. 영아가 교구를 탐색하는 모습을 관찰한다.
   - 영아가 교구를 충분히 탐색할 수 있도록 관찰하며 기다린다.
   - 영아가 교구를 활용하여 어떻게 놀이하는지 관찰한다.
   - 탐색 중 영아가 교사에게 도움을 청하거나 함께 놀이하기를 원한다면 적극적으로 지원한다.
3. 영아가 시도하는 다양한 놀이를 관찰하고, 놀이에 필요한 지원을 해 준다.
   - 낮은 골대를 향해 공을 던져 골인시켜 모든 공을 넣어 보고, 다시 모든 공을 꺼내어 보는 놀이를 반복할 수 있다.
4. 영아의 놀이를 관찰하며 기분이나 느낌을 공감하고 표현해 준다.
   - ㅇㅇ이가 골대를 향해서 공을 던졌구나.
   - 골대로 공이 쏙 들어갔네.
   - 공을 많이 던지니 골대에 공이 많아졌구나.

- **놀이 지원 Tip**

1. 영아는 공 던지기가 아직 어렵지만 공을 잡은 영아의 손을 교사가 함께 잡고 공을 던지는 시도를 해 보도록 한다.
2. 놀이에 흥미를 갖지 않는 영아는 당장 반응을 보이지 않더라도 기다려 주고, 지속적으로 반응을 보이지 않는 경우에는 영아가 선호하는 놀잇감을 가지고 놀이하도록 한다.

출처: 서울특별시육아종합지원센터(2016b). 서울시 보육전문성 향상을 위한 월령별영아보육프로그램(13~24개월). p. 174.

❹ 바닷속 터널 지나가기

- **놀이의 교육적 가치**

바닷속을 상상하며 바닷속 터널을 통과하는 놀이로 영아의 상상력 및 대근육 발달을 지원한다.

- **대상 연령:** 30개월
- **놀이 교구 :** 바다 그림 훌라후프 비닐 터널(3개), 여러 가지 바다 소리 음향
- **교사의 역할과 지원**

1. 영아의 주변에 바다 그림 훌라후프 비닐 터널을 놓아둔다.
   - 교실의 신체 영역에 바다 그림 훌라후프 비닐 터널을 놓아둔다.
   - 영아들이 자유롭게 지나갈 때 터널이 좌우로 움직이거나 굴러가지 않도록 안전을 위해 천장과 터널, 바닥을 연결하여 고정한다.
   - 여러 가지 바다 소리 음향을 준비해 둔다.
2. 영아가 교구를 탐색하는 모습을 관찰한다.
   - 영아가 교구를 충분히 탐색할 수 있도록 관찰하며 기다린다.
   - 영아가 교구를 활용하여 어떻게 놀이하는지 관찰한다.
   - 영아가 적극적으로 탐색할 수 있도록 지원한다.
3. 영아가 바닷속 터널 안에서 하는 다양한 놀이를 관찰하고, 필요한 지원을 해 준다.
   - ㅇㅇ이는 바다에 가 본 적이 있니?
   - 바다에서 무엇을 해 보았어?
   - 바닷속을 어떻게 지나갈 수 있을까?
4. 영아가 터널을 지나갈 때 바닷속 음향을 들려주어 실제 바닷속을 지나가는 상상을 해 볼 수 있도록 기분이나 느낌을 공감하고 표현해 준다.
   - (파도소리) 저 멀리서 파도가 조금씩 빠르게 오고 있어.
   - (물속 소리) 물속에서 들려오는 소리구나. 어떻게 헤엄쳐서 가볼까?
   - (소라 소리) 바닷속에서 소라 소리가 들리는구나. ㅇㅇ이는 잠깐 멈춰서 소라를 만지며 귀를 기울여 듣고 있구나.

- **놀이 지원 Tip**

1. 영아들이 바다에 대해 관심을 가지고 알아볼 수 있도록 사전에 물과 관련 활동을 경험할 수 있도록 한 후 바다에 대해서 접근한다.
2. 바다 그림뿐만 아니라 바다를 표현해 볼 수 있는 재질(셀로판지, 비닐, 4cm 이상의 조개껍데기, 바닷속 생물 껍데기류 등)을 부착하여 영아들이 다양하게 촉감을 경험할 수 있도록 돕는다.

❺ 촉감 신발을 신고 걸어요

● **놀이의 교육적 가치**

영아가 촉감 신발을 신고 몸을 움직여 보고, 걸을 때의 느낌을 경험함으로써 감각 및 대근육 발달을 도모한다.

● **대상 연령:** 13~24개월

● **놀이 교구:** 영아용 촉감 신발

● **교사의 역할과 지원**

1. 영아의 주변에 영아용 촉감 신발을 놓아둔다.
   - 영아가 촉감 신발에 관심을 보이는 경우 촉감 신발을 신고 걸어 볼 수 있다고 이야기한다.
   - 영아가 촉감 신발을 자유롭게 탐색할 수 있는 충분한 시간을 제공한다.
2. 영아가 촉감 신발을 탐색하는 모습을 관찰한다.
   - 영아가 촉감 신발을 신고 충분히 탐색할 수 있도록 관찰하며 기다린다.
   - 영아가 촉감 신발을 신고, 어떻게 놀이하는지 관찰한다.
   - 탐색 중 영아가 교사에게 도움을 청하거나 함께 놀이하기를 원한다면 적극적으로 지원한다.
3. 영아가 시도하는 다양한 놀이를 관찰하고, 놀이에 필요한 지원을 해 준다.
   - 신발에 털실이 붙어 있네요. 만져 볼까요?
   - 이 신발은 바닥이 미끌미끌하네요.
   - 부딪쳐 보니 짝짝짝 소리도 나네요.
   - ㅇㅇ야 이번에는 ㅇㅇ신발을 신고 걸어 볼까요?
4. 영아의 놀이를 관찰하며 기분이나 느낌을 공감하고 표현해 준다.
   - 발바닥에서 어떤 느낌이 나니?
   - (교사가 노래를 불러 주며) 노래에 맞춰 움직여 볼까?
   - ㅇㅇ는 발을 신나게 구르는구나.
   - ㅇㅇ는 씩씩하게 걷는구나. 하나, 둘.

● **놀이 지원 Tip**

1. 촉감 신발을 신고 걸을 때 넘어지지 않도록 지원하며, 다양한 촉감 신발을 신어 보고 탐색할 수 있도록 격려한다.
2. 놀이에 흥미를 갖지 않는 영아의 경우 당장 반응을 보이지 않더라 기다려 주고, 지속적으로 반응을 보이지 않는 경우에는 영아가 선호하는 놀잇감을 가지고 놀이하도록 한다.

출처: 보건복지부(2013c). 어린이집 표준보육과정에 기초한 영아보육프로그램 1세. pp. 178-179.

❻ 쿠킹 포일로 신체 모양 본을 떠요

● **놀이의 교육적 가치**

신체에 관한 간단한 대화를 주고받으며 부드러운 신체 접촉과 자신의 특별함을 경험할 수 있는 놀이를 통해 신체의 모양을 인식하고 자신에 대해 긍정적인 인식을 할 수 있다.

● **대상 연령:** 32개월

● **놀이 교구:** 쿠킹 포일

● **교사의 역할과 지원**

1. 영아가 신체 놀이를 할 수 있는 쿠킹 포일을 준비한다.
   - 교사가 쿠킹 포일을 손에 감싸 꼭꼭 누르는 모습을 행동으로 보여 준다.
   - 영아가 쿠킹 포일에 관심을 보이면 자유롭게 탐색할 수 있도록 한다.
2. 영아가 쿠킹 포일을 탐색하는 모습을 관찰한다.
   - 영아가 쿠킹 포일의 특성을 충분히 탐색할 수 있도록 관찰하며 기다린다.
   - 쿠킹 포일로 무엇을 시도하는지 관찰한다.
   - 탐색 중에 영아가 교사에게 질문하거나 도움을 요청하면 적극적으로 지원한다.
3. 영아들과 쿠킹 포일을 이용한 신체 놀이를 함께 하고, 놀이에 필요한 지원을 해 준다.
   - 영아는 쿠킹 포일을 구기거나 뭉쳐 보며 탐색할 수 있고, 교사가 했던 것처럼 손에 쿠킹 포일을 감싸 꼭꼭 눌러 보는 것을 시도할 수 있다.
   - 교사는 영아의 탐색과 놀이를 기다려 준 후, 쿠킹 포일로 신체 모양 본뜨기를 해 보자고 제안한다. '○○는 어디 있나? 요기!' 노래를 부르며 영아의 신체 부위를 찾아보고, 영아가 원하는 곳에 쿠킹 포일로 본뜨기를 해 본다.
   - 역할을 바꾸어 영아가 교사의 신체 부위를 본뜨며 놀이할 수 있다.
4. 영아의 놀이를 관찰하며 기분이나 느낌을 공감하고 표현해 준다.
   - 손을 쿠킹 포일로 감았구나.
   - 꼭꼭 누르니까 손 모양이 나타났네.
   - 발에도 해 보고 싶었구나.
   - 얼굴 모양이 나타나서 재미있었구나.

● **놀이 지원 Tip**

1. 얼굴에 본뜨는 것을 거부하는 영아는 영아가 원하는 신체 부위만 본을 뜨며 참여할 수 있게 한다.
2. 놀이에 흥미를 갖지 않는 영아의 경우 당장 반응을 보이지 않더라도 기다려 주고, 지속적으로 반응을 보이지 않는 경우에는 영아가 선호하는 놀잇감을 가지고 놀이하도록 한다.

출처: 서울특별시육아종합지원센터(2016c). 서울시 보육전문성 향상을 위한 월령별 영아보육프로그램(25~36개월). p.130.

2. 언어 영역

1) 언어 놀이의 교육적 가치

언어는 말소리나 글자에 의해 인간 상호 간에 소통하는 수단으로 단순한 표현과 이해에 국한되는 것이 아니라, 표현하기 위해 의미를 구성하고 이해하기 위해 의미를 재구성하는 사고 과정이다. 언어 발달에서 영아기는 언어 발달의 결정적 시기로 최초의 의사 표현인 울음으로부터 문자 표현에 이르기까지 언어 발달이 역동적인 변화 양상을 나타내는 시기이다. 영유아 교육 기관에서 영아는 놀잇감, 교사 및 또래, 나아가 다른 성인과의 상호작용을 통해 언어를 발달시킨다. 교사의 풍부한 언어적 자극 제공 여부에 따라 영아의 언어는 다른 발달 양상을 보일 수 있고, 교사의 민감성이 영아의 언어 발달에 중요한 요소로 작용할 수 있다. 반응해 주고 지원해 주는 교사의 상호작용뿐만 아니라 움직이면서 탐색할 수 있는 기회와 적절한 놀잇감, 언어적 경험을 확장시켜 주고 풍부하게 해 주는 놀이 환경은 영아의 언어 발달을 최적으로 증진시킬 수 있다.

2) 언어 놀이 지원을 위한 교사의 역할

놀이 시 영아의 언어 발달 지원을 위한 교사의 역할을 살펴보면 다음과 같다.

첫째, 영아와의 친밀하고 의미 있는 관계 형성이 선행되어야 한다. 양육자와의 친밀한 관계 형성이 언어 습득의 전제 조건이 되므로 교사는 영아와 신뢰감 형성을 위한 애정적 유대 관계를 맺어야 한다. 일상생활에서 영아와 마주하며 미소와 말을 교환하고 영아의 요구에 일관되고 신속하고 민감하게 반응해야 한다. 아울러 교사와 영아가 일대일로 서로 말을 주고받는 방식의 상호작용을 하도록 노력한다. 이를 위해 교사는 언어 이전의 영아에게는 영아의 표정과 행동을 참고하여 언어화하여 들려주고, 언어 이후의 영아에게는 영아가 하고 싶은 말을 생각하여 표현할 수 있도록 충분히 기다려 줄 필요가 있다.

둘째, 매일 반복되는 일상생활의 의사소통 상황에 영아와 함께 즐겁게 참여한다. 의사소통은 일방적인 메시지 전달이 아니라 본질적으로 상호작용적 과제이므로 교사는 일상생활에서 상호작용적 대화를 하는 것이 필요하다. 예를 들어, 일상생활에서 영아의 행동을 언어화해 준다거나, 주변에서 만날 수 있는 친숙한 사물의 이름을 알도록 사물과 그 사물의 이름을 연결하도록 도와주는 것이다.

셋째, 언어 사용의 좋은 모델이 된다. 바른 말, 고운 말 사용은 물론 정확한 발음과 상황에 적절한 언어를 사용한다. 그리고 몸과 마음을 다하여 상대방의 이야기를 경청하여 듣는 태도와 상대방을 바라보며 이야기하고, 차례를 지켜 말하는 태도를 모델링해 보여 주는 것도 중요하다. 영아와 이야기할 때는 말을 천천히 또박또박하여 문장을 단순화시켜 말하는 것이 필요하다. 영아의 이야기를 들어줄 때는 "응, 그랬구나!", "저런! 그래서 어떻게 됐어?", "그래, 선생님도 그렇게 생각해." 등 열심히 귀 기울여 듣고 있다는 메시지를 주며 영아의 이야기를 들어준다.

때로 영아가 얼굴 표정과 몸짓 혹은 울음으로 의사 표현을 하더라도 영아의 표현에 호응하며 적극적으로 끝까지 들어주는 노력이 필요하다.

넷째, 처음부터 언어의 상징 체계를 경험할 수 있도록 상호작용한다. 언어의 상징 체계를 경험할 수 있도록 책 읽기와 쓰기 놀이 등을 통해 영아가 문어와 관련된 여러 가지 규칙과 개념을 인식하고 학습할 수 있도록 지원한다. 예를 들어, 영아가 자연스럽게 언어의 상징 체계를 경험할 수 있도록 책 속의 그림이나 글은 의미를 전달하며 상징이라는 것을 경험하도록 하거나, 인쇄된 글자는 말과 연결된다는 것을 알 수 있도록 지원할 수 있다. 또한 주변 환경에서 글자를 볼 수 있는 기회를 제공함과 동시에 영아에게 끼적이기를 할 수 있는 장소와 자료를 제공하여 마음껏 끼적이기를 할 수 있도록 한다.

다섯째, 매일 책을 읽어 준다. 영아가 책에 관심을 보여 책을 읽어줄 때는 영아를 교사의 무릎에 앉히거나 같은 방향으로 나란히 앉아 천천히 또박또박 읽어 준다. 좋아하는 그림책을 반복해서 읽어 그림책의 내용에 익숙해지면 내용에 대해 간단히 질문하여 영아의 생각을 표현해 볼 수 있는 시간을 갖는 경험도 중요하다.

3) 언어 놀이 활동의 실제

언어 영역에서 영아와 함께하는 언어 놀이를 소개하면 다음과 같다.

❶ 감각 그림책을 보아요

● **놀이의 교육적 가치**

영아가 감각 그림책을 만지며 다양한 촉감을 경험하는 놀이로, 우연히 감각 책을 만져 소리가 나면 그 행동에 흥미를 보이고 반복한다. 이러한 놀이를 통해 영아는 초보적인 사물의 인과 관계를 이해하게 된다.

● **대상 연령:** 6개월

● **놀이 교구:** 감각 그림책

● **교사의 역할과 지원**

1. 교사는 감각 그림책을 영아 주변에 놓아두고 영아가 관심을 가지면 탐색하도록 한다.
2. 교사는 영아가 감각 그림책을 충분히 탐색할 수 있도록 기다려 주고 관찰한다.
   - 영아가 감각 그림책을 만져도 보고 소리도 들어 보며 자유롭게 탐색할 수 있도록 충분한 시간을 제공한다.
3. 교사는 영아와 그림책을 보며 영아 스스로 감각 그림책을 만져 보고 촉감을 느낄 수 있도록 지원한다.
   - 감각 그림책의 촉감 느껴 보기
   - 감각 그림책의 꼬리 만져 보기
   - 교사가 들려주는 동물의 이름 들어 보기
4. 영아가 촉감 책에 보이는 반응을 언어로 표현하여 주며 지지하고 격려해 준다.
   - ㅇㅇ아, 여기 그림책이 있네.
   - 선생님이랑 그림책 볼까?
   - 우와, 여기 책에서 바스락바스락 소리도 나네.
   - 여기는 보들보들 꼬리도 있네.

● **놀이 지원 Tip**

1. 감각 운동기의 영아는 감각 그림책을 오감으로 탐색하게 된다. 입으로 빨고 손으로 잡으며 충분히 탐색할 수 있도록 지원한다.

출처: 서울특별시육아종합지원센터(2016a). 서울시 보육전문성 향상을 위한 월령별 영아보육프로그램 (4~12개월). p. 66.

❷ 병풍 책으로 놀이해요

● **놀이의 교육적 가치**

병풍 책 속 동물들의 모습을 살펴보고 병풍 책으로 자신만의 공간을 만들어 보는 놀이이다. 이 놀이는 영아에게 혼자만의 독립된 공간을 제공하여 자신만의 세계를 갖게 할 수 있고, 동물 소리 흉내 내기, 까꿍 놀이 하기 등 다양한 놀이를 통해 즐거움을 경험할 수 있다.

● **대상 연령:** 17개월

● **놀이 교구:** 병풍 책 10개

● **교사의 역할과 지원**

1. 영아가 볼 수 있는 곳에 병풍 책을 놓아둔다.
   - 병풍 책을 차곡차곡 책꽂이에 꽂아 준비한다.
   - 병풍 책을 낮은 곳에 꽂아 두어 영아가 스스로 빼내도 안전한 환경을 만들어 준다.
   - 영아가 병풍 책 속 동물들을 자유롭게 탐색할 수 있는 충분한 시간을 제공한다.
2. 영아가 병풍 책을 탐색하는 모습을 관찰한다.
   - 영아가 병풍 책을 충분히 탐색할 수 있도록 관찰하며 기다린다.
   - 영아가 병풍 책을 활용하여 어떻게 놀이하는지 관찰한다.
   - 탐색 중 영아가 교사에게 도움을 청하거나 함께 놀이하기를 원하면 적극 지원한다.
3. 영아가 병풍 책으로 시도하는 다양한 놀이를 관찰하고, 놀이에 필요한 지원을 해 준다.
   - 병풍 책 속에 있는 동물을 살펴보고 흉내를 내어 볼 수 있으며, 병풍 책을 길게 연결하여 자신만의 공간을 만들어 문 열고 닫기, 까꿍 놀이 등을 하며 놀이할 수 있다. 병풍 책 연결은 영아 혼자하기에는 어려울 수 있으므로 교사와 함께 하도록 한다.
4. 영아의 놀이를 관찰하며 기분이나 느낌을 공감하고 표현해 준다.
   - ㅇㅇ이는 호랑이를 좋아하는구나.
   - 호랑이처럼 '어흥!'하고 소리를 낼 수 있네.
   - 병풍 책을 이어 붙이니 길어졌구나.
   - 병풍 책을 이어 붙이니 ㅇㅇ이가 들어갈 수 있는 공간이 생겼구나.
   - ㅇㅇ이가 병풍 책으로 만든 집으로 들어갔구나.
   - 그 안에서는 ㅇㅇ이처럼 놀이를 할 수 있구나.

● **놀이 지원 Tip**

1. 병풍 책을 모두 이어 붙여 공간을 만들고, 교사가 먼저 들어가 까꿍 놀이를 시도한다.
2. 병풍 책을 길게 펼쳐 놓고 영아가 좋아하는 동물을 찾아보도록 한다.
3. 놀이에 흥미를 갖지 않는 영아는 당장 반응을 보이지 않더라도 기다려 주고, 지속적으로 반응을 보이지 않는 경우에는 영아가 선호하는 놀잇감을 가지고 놀이하도록 한다.

출처: 서울특별시육아종합지원센터(2016b). 서울시 보육전문성 향상을 위한 월령별 영아보육프로그램(13~24개월). p. 88.

❸ 테이블 동화 '코끼리 형님의 나들이'

- **놀이의 교육적 가치**

동화를 들으며 자연스럽게 위치 개념을 경험할 수 있고, 주인공의 기분이나 감정에 대해 이야기를 나누며 공감 능력 발달을 도모한다.

- **대상 연령:** 28개월
- **놀이 교구:** 테이블 동화 '코끼리 형님의 나들이', 동물 상자 4개, 배경판 2개
- **교사의 역할과 지원**

1. 영아가 테이블 동화 놀이 교구에 관심을 보이면 이야기를 들려준다.
   - 언어 영역의 책상 위에 테이블 동화 교구를 올려놓는다.
   - 영아가 동화 놀이 교구에 관심을 보이면 이야기를 들려준다.
   - 동화 놀이 교구를 자유롭게 탐색할 수 있도록 돕는다.
2. 영아가 테이블 동화 놀이 교구를 탐색하는 모습을 관찰한다.
   - 동물 상자의 모양과 크기의 특성을 충분히 탐색할 수 있도록 관찰하며 기다린다.
   - 동화의 내용을 재연하며 탐색하는지 관찰한다.
   - 탐색 중에 영아가 교사에게 질문을 하거나 도움을 요청하면 적극적으로 지원한다.
3. 영아가 테이블 동화 놀이 교구로 시도하는 다양한 놀이를 관찰하고, 놀이에 필요한 지원을 해 준다.
   - 코끼리 동물 상자 위로 다른 동물을 태워 보며 동화 속 내용을 재현하는 놀이가 나타날 수 있으며, 상자 크기와 상관없이 쌓아 보며 놀이할 수 있다. 이 과정에서 아는 동물의 이름이나 기분을 말해 보거나 흉내 내 보는 모습이 관찰될 수 있다.
   - 영아가 동물 상자를 위로 쌓거나 기차처럼 연결하며 놀이하는 모습이 관찰될 때, 교사가 위치 어휘(위, 아래)에 대해 알려 준다면 놀이 속에서 위치 개념에 대해 경험해 볼 수 있다.
4. 영아의 놀이를 관찰하며 행동이나 느낌을 공감하고 표현해 준다.
   - 코끼리 위에 거북이가 탔구나.
   - 동물들이 기분이 좋아 보였구나.
   - 하마 밑에 코끼리가 있구나.
   - 동화를 다시 듣고 싶었구나.
   - 동물들이 줄지어 있구나.

- **놀이 지원 Tip**

1. 동물 상자를 동화 내용과 상관없는 순서로 쌓아 보거나 스스로 무너뜨리며 친숙해질 수 있다.
2. 놀이에 흥미를 갖지 않는 영아의 경우 당장 반응을 보이지 않더라도 기다려 주고, 지속적으로 반응을 보이지 않으면 영아가 선호하는 놀잇감을 관찰하여 놀이할 수 있게 한다.

출처: 서울특별시육아종합지원센터(2016c). 서울시 보육전문성 향상을 위한 월령별 영아보육프로그램(25~36개월). p. 78.

④ 울퉁불퉁 종이에 끼적여요

● **놀이의 교육적 가치**

골판지의 울퉁불퉁한 느낌을 경험하고, 팔 전체를 이용하여 끼적이기를 경험함으로써 영아의 소근육 발달 및 언어 발달을 도모한다.

● **대상 연령:** 13~24개월

● **놀이 교구:** 연한 색의 골판지, 다양한 쓰기 도구

● **교사의 역할과 지원**

1. 영아의 주변에 연한 색의 골판지 및 다양한 쓰기 도구를 제공한다.
   - 영아가 잘 볼 수 있는 곳에 다양한 쓰기 도구를 놓아둔다.
   - 영아가 골판지 및 쓰기 도구에 관심을 보이면 격려해 준다.
   - 영아가 자유롭게 탐색할 수 있는 충분한 시간을 제공한다.
2. 영아가 골판지 및 쓰기 도구를 다양하게 탐색하는 모습을 관찰한다.
   - 영아가 골판지 및 쓰기 도구를 충분히 탐색할 수 있도록 관찰하며 기다린다.
   - 영아가 골판지 및 쓰기 도구를 활용하여 어떻게 놀이하는지 관찰한다.
   - 탐색 중 영아가 교사에게 도움을 청하거나 함께 놀이하기를 원한다면 적극적으로 지원하다.
3. 영아가 시도하는 다양한 놀이를 관찰하고, 놀이에 필요한 지원을 해 준다.
   - ㅇㅇ이가 ㅁㅁ를 골랐구나.
   - ㅁㅁ로 울퉁불퉁한 종이 위에 그려 볼까요?
   - 주욱~ 기다란 선이 생겼네.
4. 영아의 놀이를 관찰하며 기분이나 느낌을 공감하고 표현해 준다.
   - ㅇㅇ이가 쭉쭉~ 그어서 그렸구나.
   - 우와~ ㅇㅇ가 그리니까 울퉁불퉁한 무늬를 따라서 그림이 생겼네.
   - ㅇㅇ이가 그림을 어디에 붙이고 싶니?
   - 거울 위에 붙이고 싶구나.

● **놀이 지원 Tip**

1. 영아가 원하는 곳에 완성 그림을 붙인 후 그림 찾는 활동으로 확장하여 진행할 수 있다.
2. 다양한 감각 경험의 제공을 위하여 여러 느낌의 종이를 사용하는 것이 바람직하다.
3. 놀이에 흥미를 갖지 않는 영아의 경우 당장 반응을 보이지 않더라도 기다려 주고, 지속적으로 반응을 보이지 않는 경우에는 영아가 선호하는 놀잇감을 가지고 놀이하도록 한다.

출처: 보건복지부(2013c). 어린이집 표준보육과정에 기초한 영아보육프로그램 1세. pp. 180-181.

❺ 동물 울음소리 들어 보기

● **놀이의 교육적 가치**

동물 울음소리를 듣고 동물의 이름을 말해 보는 놀이를 통해 영아의 언어 능력이 발달한다. 동물 생김새에 관심을 두고 놀이함으로써 동물의 특징을 인지하는 능력을 발달시킨다.

● **대상 연령:** 25~36개월

● **놀이 교구:** 누르면 소리가 나도록 제작된 동물 모형, 농장 배경판

● **교사의 역할과 지원**

1. 영아가 볼 수 있는 곳에 동물 모형과 농장 배경판을 제공한다.
   - 영아 주변에 누르면 소리가 나도록 제작된 동물 모형과 농장 배경판을 놓아둔다.
   - 영아가 관심을 보이면 자유롭게 탐색해 볼 수 있도록 한다.
2. 영아가 동물 모형과 농장 배경판을 탐색하는 모습을 관찰한다.
   - 영아가 동물 모형과 농장 배경판을 충분히 탐색할 수 있도록 관찰하며 기다린다.
   - 영아가 누르면 소리 나는 동물 모형으로 어떻게 놀이하는지 관찰한다.
   - 탐색 중에 영아가 교사에게 질문하거나 도움을 요청하면 적극적으로 지원한다.
3. 영아가 교구로 시도하는 다양한 놀이를 관찰하고, 놀이에 필요한 지원을 해 준다.
   - 여기 여러 가지 동물이 있네요. ㅇㅇ는 어떤 동물을 좋아하나요?
   - 여기 동물은 진짜 소리를 낸대요. 어떻게 하면 소리가 날까요?
   - 어떤 동물의 소리일까요? 오리 울음소리구나.
   - 농장에서 동물 친구들이 놀고 있대요. 새끼 오리가 노래하고 있나 봐요. 꽥꽥!!
4. 영아의 놀이를 관찰하며 기분이나 느낌을 공감하고 표현해 준다.
   - ㅇㅇ는 동물을 좋아하는구나.
   - ㅇㅇ가 누르니 소리가 나 동물이 대답을 하는 것 같구나.
   - 오리가 ㅇㅇ에게 반갑다고 인사해 주고 있는 것 같아.
   - 동물들 소리를 들으니 ㅇㅇ가 기분이 좋구나.
   - 다른 친구와도 함께 들어 보고 싶었구나.

● **놀이 지원 Tip**

1. 자료 제작 시 울음소리의 차이가 큰 동물들을 중심으로 준비하여 분별이 쉽게 한다.
2. 동물의 울음소리를 듣고 어떤 동물인지 맞혀 보는 수수께끼 활동으로 확장할 수 있다.
3. 놀이에 흥미를 갖지 않는 영아의 경우 당장 반응을 보이지 않더라도 기다려 주고, 지속적으로 반응을 보이지 않는 경우에는 영아가 선호하는 놀잇감을 가지고 놀이하도록 한다.

출처: 보건복지부(2013d). 어린이집 표준보육과정에 기초한 영아보육프로그램 2세. pp. 256-257.

3. 감각·탐색 영역

1) 감각·탐색 놀이의 교육적 가치

영아들이 가지고 태어나는 감각은 세상을 탐색하는 창이며, 환경에 적극적으로 반응할 수 있게 해 주는 매개물이다. 영아들의 감각은 개별적으로 활용되기보다는 듣거나, 감촉을 느끼거나, 냄새를 맡는 등 다른 감각과 서로 통합되어 작용하는데 이를 감각 통합이라고 한다. 감각 통합은 신체 활동과 정신 활동을 위해 감각을 조직화하는 것을 의미하는 것으로, 감각은 무조건 경험이 아니라 목적을 갖고 사용된다. 영아는 움직임이 정교해질수록 다양한 감각을 활용할 기회를 갖게 되며, 이러한 경험을 통한 감각의 통합은 영아의 인지 발달에 영향을 미친다. 영아들의 감각 통합은 다양한 놀잇감과 환경, 또래 및 교사와의 상호작용을 통해 촉진될 수 있다.

2) 감각·탐색 놀이 지원을 위한 교사의 역할

감각을 활용한 놀이 시 교사의 역할을 살펴보면 다음과 같다.

첫째, 감각을 활용한 놀이를 격려한다. 영아가 감각을 활용한 탐색 놀이를 할 때 교사가 감각적인 특성과 영아의 행동을 연합하여 상호작용을 해 주면 영아는 자신이 느끼는 감각과 자신의 움직임, 그것과의 관계에 대해 알아갈 수 있다. 후각적 탐색 놀이로 교사의 익숙한 냄새, 먹는 것의 냄새, 환경의 변화에 따른 냄새 탐색 등을 경험할 수 있도록 지원하며, 시각적 탐색 놀이로는 교사 얼굴 보기, 거울로 자신의 모습 보기, 다양한 모양과 색깔 보기, 본 것으로 손을 뻗기 등의 놀이 경험을 제공할 수 있다. 청각적 탐색 놀이로는 양육자의 목소리 탐색이나 다양한 소리 등을 탐색해 보고, 교사가 만져 주는 느낌이나 다양한 촉감을 가진 놀잇감 만져 보기, 신체의 다양한 부위를 이용하여 감촉을 느껴 보는 촉각적 탐색을 경험할 수 있다. 여러 가지 재료를 이용한 이유식은 영아가 다양한 미각적 경험을 하는데 도움이 된다.

둘째, 모방을 통한 감각 놀이를 지원한다. 영아는 일상생활과 놀이를 하면서 모방을 통해 학습한다. 교사는 자료나 도구의 사용 방법을 영아가 탐색할 수 있도록 지원하며, 문제 해결력을 길러 영아 스스로 문제를 해결하는 방법을 터득할 수 있도록 도울 수 있다. 교사는 영아가 교사를 모방할 수 있도록 다양한 상황에서 요구되는 행동을 하며, 영아가 그 행동을 모방하여 따라해 볼 수 있는 기회를 준다. 이때 교사는 영아의 행동을 언어화해 줌으로써 영아가 행동과 말을 연관짓도록 도울 수 있다.

셋째, 영아의 반복적인 탐색을 격려한다. 영아는 놀이를 통해 감각적인 자극과 사물의 관계를 알게 되고, 사물과 공간의 관계를 이해하게 되면 새로운 행동이 출현한다. 영아가 사물의 특성과 관계성을 이해하기 위해서는 적절한 환경 마련과 교사의 상호작용이 중요하다. 교사는 상호작용을 통해 영아의 탐색 놀이에 흥미와 관심을 보이고, 수용하는 태도를 통하여 영아의 탐색 놀이를 촉진할 수 있다. 또한 교사는 영아가 원하는 만큼 시도해 볼 수 있는 기회를 주고, 실패보다는 성공에 초점을 두고 상호작용해 줌으로써 영아가 실패했을 때 좌절을 극복할 수 있도록 격려해 준다.

3) 감각·탐색 놀이 활동의 실제

감각·탐색 영역에서 영아와 함께하는 감각·탐색 놀이를 소개하면 다음과 같다.

❶ 촉감 공이 굴러가요

● **놀이의 교육적 가치**

촉감 공을 탐색하고 구르는 공을 따라 기어가 보는 활동으로 이 시기의 영아는 놀잇감을 떨어뜨리거나 공이 굴러갈 때 어디로 갔는지를 유심히 쳐다본다. 영아가 촉감 공을 감각적으로 탐색해 보고 구르는 공을 따라 기어 봄으로써 대소근육 발달을 도모할 수 있다.

● **대상 연령:** 7개월

● **놀이 교구:** 촉감 공

● **교사의 역할과 지원**

1. 촉감 공을 영아 주변에 두고 자유롭게 탐색할 수 있도록 한다.
   - 다양한 질감의 촉감 공은 쥘 수 있을 정도의 크기로 준비한다.
2. 영아가 충분히 탐색할 수 있도록 기다려 주며 관찰한다.
   - 영아가 탐색할 수 있도록 관찰하며 기다린다.
   - 영아가 자유롭게 촉감 공을 탐색하도록 충분한 시간을 제공한다.
3. 영아가 촉감 공을 이용해 다양한 방법으로 놀이할 수 있도록 지원해 준다.
   - 손을 뻗어서 잡고 눌러 보기
   - 촉감 공 굴려 보기
   - 촉감 공을 향해 기어가 보기
4. 영아를 관찰하며 촉감 공에 보이는 반응을 언어로 표현해 준다.
   - 촉감 공을 만져 보고 싶구나.
   - 촉감 공이 보들보들하네.
   - 촉감 공이 데굴데굴 굴러가네.
   - ㅇㅇ이가 촉감 공을 따라 기어가는구나.

● **놀이 지원 Tip**

1. 교사는 영아의 손이 닿을 수 있는 곳에 촉감 공을 두어 공을 만지기도 하고 굴러가기도 할 수 있도록 한다.

출처: 서울특별시육아종합지원센터(2016a). 서울시 보육전문성 향상을 위한 월령별 영아보육로그램(4~12개월). p. 78.

❷ 주머니 속 놀잇감을 찾아요

● **놀이의 교육적 가치**

주머니 속에 들어 있는 놀잇감을 찾아보는 놀이로 주머니 속 놀잇감을 손으로 만져 보며 다양한 촉감을 경험하고, 대상 영속성 개념을 발달시킨다.

● **대상 연령:** 14개월

● **놀이 교구:** 주머니, 다양한 놀잇감

● **교사의 역할과 지원**

1. 영아가 볼 수 있는 곳에 놀잇감이 들어 있는 주머니를 놓아둔다.
   - 영아가 평소에 좋아하는 놀잇감 중 몇 가지를 선정하여, 놀잇감과 주머니를 바구니에 넣어 둔다.
   - 영아가 바구니 속 물건에 관심을 보이면 영아가 보는 앞에서 주머니에 놀잇감 1개를 넣는다.
   - 계속해서 관심을 보이면 다른 놀잇감도 위와 같은 방법으로 주머니에 넣는다.
2. 영아가 주머니를 탐색하는 모습을 관찰한다.
   - 영아가 자유롭게 탐색하는 시간을 갖도록 한다.
   - 탐색 중 영아가 교사에게 도움을 청하거나 함께 놀이하기를 원하면 적극적으로 지원한다.
3. 영아가 놀이 교구로 시도하는 다양한 놀이를 관찰하고, 놀이에 필요한 지원을 해 준다.
   - 교사가 숨긴 놀잇감을 주머니 속에서 꺼내 찾아보고, 영아가 직접 주머니에 놀잇감을 넣었다 빼는 놀이를 할 수 있으며, 주머니 속에 손을 넣어 놀잇감의 촉감을 느껴 볼 수 있다.
   - 영아가 좋아하는 놀잇감들을 주머니에 넣어 보도록 촉감이 다양한 놀잇감을 준비해 준다.
   - 놀잇감 찾기를 충분히 한 영아의 경우, 영아가 보지 않는 곳에서 새로운 놀잇감을 주머니에 넣어 놀잇감의 촉감을 느껴 보고 주머니에 손을 넣어 보며 호기심을 갖도록 할 수 있다.
4. 영아의 놀이를 관찰하며 기분이나 느낌을 공감하고 표현해 준다.
   - ㅇㅇ가 좋아하는 놀잇감이 이 주머니에 들어 있었구나.
   - ㅇㅇ가 찾았구나.
   - 이 놀잇감이 들어 있는 주머니를 만져 보니 울퉁불퉁하구나.
   - 주머니에 손을 넣어 만져 보았구나.
   - 손을 넣어 만져 보니 부드러운 느낌이 났구나.

● 놀이 지원 Tip

1. 주머니 속에 놀잇감을 넣어도 찾지 못하는 영아의 경우, 교사가 주머니에 놀잇감을 넣었다 빼며 까꿍 놀이를 해 준다.
2. 주머니 속에 손을 넣고 싶어하지 않는 영아의 경우, 교사가 먼저 주머니에 손을 넣어 놀잇감을 만져 보고 느낌을 말해 준다.
3. 놀이에 흥미를 갖지 않는 영아의 경우 당장 반응을 보이지 않더라도 기다려 주고, 지속적으로 반응을 보이지 않는 경우에는 영아가 선호하는 놀잇감을 가지고 놀이하도록 지원한다.

출처: 서울특별시육아종합지원센터(2016b). 서울시 보육전문성 향상을 위한 월령별 영아보육로그램(13~24개월). pp. 58.

❸ 숟가락으로 옮겨요

● 놀이의 교육적 가치

일상생활에서 쉽게 접하는 숟가락을 사용하는 놀이로 소근육을 조절하여 안정감 있게 솜 공을 옮기며 집중력을 향상시키고, 솜 공의 수량을 비교하며 수 개념 발달을 도모한다.

● **대상 연령:** 26개월

● **놀이 교구:** 숟가락, 양모 솜 또는 솜 공 10개(지름 3.5cm 이상), 바구니 2개

● **교사의 역할과 지원**

1. 영아가 볼 수 있는 곳에 숟가락으로 옮기기 교구를 놓아둔다.
   - 숟가락과 솜 공을 담은 바구니를 준비하여 교구장에 놓아둔다.
   - 영아가 교구에 관심을 보이면 솜 공이 담긴 바구니를 영아가 만져 볼 수 있도록 앞에 놓아 준다.
   - 영아가 숟가락으로 옮기기 교구를 자유롭게 탐색해 볼 수 있도록 한다.
2. 영아가 놀이 교구를 탐색하는 모습을 관찰한다.
   - 영아가 숟가락과 솜 공의 모양과 촉감을 충분히 탐색할 수 있도록 관찰하며 기다려 준다.
   - 숟가락을 손에 쥘 수 있는지, 사용법을 알고 있는지 관찰한다.
   - 탐색 중에 영아가 교사에게 질문을 하거나 도움을 요청하면 적극적으로 지원한다.

3. 영아가 숟가락 옮기기 교구로 시도하는 다양한 놀이를 관찰하고, 놀이에 필요한 지원을 한다.
   - 숟가락을 잡고 박스 안의 솜 공을 숟가락에 담아 다른 바구니에 옮기며 놀이를 하거나 손을 사용하여 솜 공을 담고 쏟는 놀이를 할 수 있다.
   - 바구니에 담은 솜 공을 숟가락으로 떠먹는 흉내를 내거나 요리하는 흉내를 내며 상상 놀이를 할 수 있다.
   - 영아가 솜 공을 옮기는 과정에서 떨어뜨려 좌절할 경우, 감정을 공감해 주고 다시 시도해 볼 수 있도록 한다.
   - 영아들이 숟가락과 솜 공으로 역할 놀이를 시도하는 경우 원하는 물건(요리 도구, 그릇 등)을 추가적으로 제공해 주거나 역할 영역으로 이동하여 놀이할 수 있도록 지원한다.
4. 영아의 놀이를 관찰하며 영아의 행동이나 느낌을 공감하고 표현해 준다.
   - ㅇㅇ가 밥을 먹을 때 숟가락을 사용해 봤구나.
   - ㅇㅇ가 손으로 솜 공을 바구니에 담고 있구나.
   - ㅇㅇ가 숟가락으로 솜 공을 옮기는구나.
   - 숟가락에 솜 공을 2개 담고 싶었구나.
   - 솜 공이 숟가락에서 떨어져서 슬펐구나.

● 놀이 지원 Tip

1. 숟가락 사용을 어려워하는 영아는 숟가락 대신에 손을 이용하여 옮기는 놀이를 할 수 있다.
2. 영아가 성취감을 느낄 수 있도록 제공하는 솜 공의 개수를 줄여 준다.
3. 놀이에 흥미를 갖지 않는 영아의 경우는 당장 반응을 보이지 않더라도 기다려 주고, 지속적으로 반응을 보이지 않는 경우에는 영아가 선호하는 놀잇감을 가지고 놀이하도록 한다.

출처: 서울특별시육아종합지원센터(2016c). 서울시 보육전문성 향상을 위한 월령별 영아보육프로그램(25~36개월). p. 58.

❹ 찾아라 찾아라

● **놀이의 교육적 가치**

영아가 놀잇감을 숨기고 찾는 놀이를 통해 수학적 탐구하는 능력이 발달하며, 솜 공과 다른 놀잇감을 구분해 보는 놀이를 통해 감각 및 신체를 인식하는 능력이 발달한다.

● **대상 연령:** 13~24개월

● **놀이 교구:** 여러 가지 색깔의 솜 공, 한 손에 잡히는 작은 놀잇감, 큰 바구니

● **교사의 역할과 지원**

1. 바구니 안에 작은 놀잇감을 담고 그 위에 솜 공을 부어 놀잇감을 숨겨 준비한다.
   - 영아가 잘 볼 수 있는 곳에 교구를 놓아둔다.
   - 영아가 교구를 자유롭게 탐색할 수 있는 충분한 시간을 제공한다.
2. 영아가 바구니와 바구니 안을 다양하게 탐색하는 모습을 관찰한다.
   - 영아가 바구니 및 바구니 안을 충분히 탐색할 수 있도록 관찰하며 기다린다.
   - 영아가 바구니 안에 있는 놀잇감을 가지고 어떻게 놀이하는지 관찰한다.
   - 탐색 중 영아가 교사에게 도움을 청하거나 함께 놀이하기를 원한다면 적극적으로 지원한다.
3. 영아가 시도하는 다양한 놀이를 관찰하고, 놀이에 필요한 지원을 해 준다.
   - 바구니 안에 무엇이 들어 있니?
   - 동글동글 작은 공이 가득 있네요.
   - (솜 공에 손을 넣으며) 색깔 솜 공 속에 무엇이 숨어 있나 봐요.
   - (놀잇감을 꺼내며) 와! 빨간색 자동차가 있었네요.
   - 이번에는 ㅇㅇ가 무엇이 있나 찾아볼까요?
   - 쏘옥~ 손을 넣어 볼까요?
4. 영아의 놀이를 관찰하며 기분이나 느낌을 공감하고 표현해 준다.
   - 와! 토끼 인형이 있었구나!
   - 이번에는 또 무엇이 숨어 있을까요?
   - ㅇㅇ가 숨긴 놀잇감을 ㅁㅁ가 찾아보고 싶구나!

● **놀이 지원 Tip**

1. 영아에게 친숙한 놀잇감부터 찾을 수 있도록 활동한다.
2. 솜 공은 입속에 넣거나 삼킬 우려가 있으므로 지름 3.5cm 크기 이상의 솜 공을 사용한다.
3. 놀이에 흥미를 갖지 않는 영아의 경우 당장 반응을 보이지 않더라도 기다려 주고, 지속적으로 반응을 보이지 않을 때는 영아가 선호하는 놀잇감을 가지고 놀이하도록 한다.

출처: 보건복지부(2013c). 어린이집 표준보육과정에 기초한 영아보육프로그램 1세. pp. 128-129.

⑤ 색과 크기가 달라요

● **놀이의 교육적 가치**

모음판을 원하는 모양으로 구성한 후 모음판 위에 원기둥을 꽂아 볼 수 있는 놀이로, 색과 크기에 따라 꽂으며 변별력과 소근육 발달을 도모한다.

● **대상 연령:** 31개월

● **놀이 교구:** 원기둥 블록 놀이 자료(모음판 5개, 원기둥 블록 15개)

● **교사의 역할과 지원**

1. 영아가 놀 수 있는 원기둥 블록 퍼즐을 준비한다.
   - 퍼즐의 모양이 완성된 형태로 책상 위에 놓아둔다.
   - 영아가 관심을 보이면 자유롭게 탐색해 볼 수 있게 한다.
2. 영아가 원기둥 블록 퍼즐을 탐색하는 모습을 관찰한다.
   - 원기둥 블록의 색과 크기를 충분히 탐색할 수 있도록 관찰하며 기다린다.
   - 영아가 관심을 보이는 색이 있는지 원기둥 블록을 모음판에 꽂으려고 시도하는지 등을 관찰한다.
   - 탐색 중에 영아가 교사에게 질문하거나 도움을 요청하면 적극적으로 지원한다.
3. 영아가 원기둥 블록 퍼즐로 시도하는 다양한 놀이를 관찰하고, 놀이에 필요한 지원을 해 준다.
   - 영아는 원기둥 블록을 쌓거나 길게 연결하며 놀이할 수 있고, 자신이 좋아하는 색을 모아 쌓으며 놀이할 수도 있다.
   - 모음판을 원하는 모양으로 맞추어 그 위에 원기둥 블록을 꽂아 보는 놀이를 할 수 있으며 원기둥 블록을 꽂을 때 모음판의 색깔과 같은 색을 꽂거나 크기대로 나열하며 꽂는 영아의 모습이 관찰될 수 있다. 색과 크기 등의 기준 없이 꽂는 놀이 자체를 즐기는 모습이 나타날 수도 있다.
4. 영아의 놀이를 관찰하며 기분이나 느낌을 공감하고 표현해 준다.
   - 원기둥 블록을 높게 쌓았구나.
   - 색깔이 같은 것을 모았네.
   - 모음판과 다른 색을 끼워 보고 싶었구나.
   - ㅇㅇ색을 제일 좋아하는구나.

● **놀이 지원 Tip**

1. 원기둥 블록만 제공해 주고 원기둥 블록 중에서 영아가 좋아하는 색 찾아보기, 원기둥 쌓기 등을 하며 블록과 친숙해질 수 있게 한다.
2. 활동을 어려워하면 단순화시켜서 제공해 준다. 예를 들어, 모음판 1개와 원기둥 블록 3개만 주고 친숙해지면 개수를 늘려 줄 수 있다.
3. 놀이에 흥미를 갖지 않는 영아의 경우 당장 반응을 보이지 않더라도 기다려 주고, 지속적으로 반응을 보이지 않을 때는 영아가 선호하는 놀잇감을 가지고 놀이 한다.

출처: 서울특별시육아종합지원센터(2016c). 서울시 보육전문성 향상을 위한 월령별 영아보육프로그램(25~36개월). p. 114.

4. 미술 영역

1) 미술 놀이의 교육적 가치

미술 놀이는 영아에게 사고와 생각 표현의 틀을 제공하며, 영아로 하여금 자신을 둘러싼 세상을 실험할 수 있는 기회를 제공한다. 영아에게 미술은 학습과 표현을 위해 자신의 모든 감각을 이용하는 수단이 되고, 자아 개념과 창의성 등 인성 발달과도 밀접한 관련을 갖게 된다. 영아의 미술 놀이는 오감을 통한 환경과의 상호작용을 통해 시작되는데, 이러한 영아의 놀이는 자연스럽게 창의적이며 상상적인 놀이가 된다. 붓이나 크레용을 사용하는데 익숙해지며 끼적거리기 단계의 표현들이 점차 선을 그리거나, 모양이나 그림을 그리는 단계로 발달하게 된다.

2) 미술 놀이 지원을 위한 교사의 역할

미술 영역에서 놀이 지원을 하는 교사의 역할을 살펴보면 다음과 같다.

첫째, 탐색할 수 있도록 지원한다. 영아가 주변에서 보는 자연이나 사물의 조형적 형태에 관심을 갖고 탐색해 볼 수 있도록 지속적으로 안내하고 격려해 준다. 또한 영아들은 오감을 이용하여 탐색하는 시기이므로 다양한 재료와 도구를 통해 탐색할 수 있는 충분한 시간을 주어야 한다. 영아들은 감각적인 탐색을 통하여 재료의 특성과 주제에 접근할 수 있다. 영아가 탐색을 하는 경우 교사는 시각을 자극하는 질문(예: '어떤 모양이니?', '어떤 색이 가장 마음에 드니?')과 촉각을 자극하는 질문(예: '종이를 만져 볼까? 어떤 느낌이 드니?', '어떤 모양인지 만져 볼까?') 그리고 청각을 자극하는 질문(예: '흔들어 볼까? 어떤 소리가 나지?', '구슬을 굴리면 어떤 소리가 나지?')을 할 수 있다.

둘째, 표현하기를 격려한다. 영아들이 여러 가지 재료나 도구를 이용하여 탐색한 것을 바탕으로 자신의 생각이나 느낌을 표현할 수 있도록 격려한다. 교사는 활동에 대한 호기심과 흥미를 유발하고(예: '롤러를 굴려 볼까?', '다른 색을 찍어서 묻혀 볼까?'), 상상적 세계에 대한 호기심이나 흥미를 자극할 수 있으며(예: '토끼가 사는 숲속을 칠해 볼까?', '음악을 들으면서 크레파스로 그려 보자.'), 주제에 대한 호기심을 갖도록 하고(예: '낙엽 주운 것을 가지고 왔어. 이 낙엽을 도화지에 붙여 보자.', '장난감 자동차를 도화지 위에 올려놓고 굴려 볼까?'), 재료에 대한 호기심을 갖도록 하여(예: '어떤 종이가 있지?', '접시 위에 그림을 그릴 수 있을까?', 매직으로 그림을 그리니까 어떤 느낌이 드니?') 상호작용을 한다.

3) 미술 놀이 활동의 실제

미술 영역에서 영아와 함께하는 미술 놀이를 소개하면 다음과 같다.

❶ 싹둑싹둑 점토를 잘라요

● **놀이의 교육적 가치**

소근육이 발달하면서 가위질을 시도하는 시기로 자유롭게 점토를 자르며 안전 가위와 플라스틱 칼의 사용을 경험하고 소근육은 물론 눈과 손의 협응력을 발달시킨다.

● **대상 연령:** 27개월

● **놀이 교구:** 점토, 안전 가위, 플라스틱 칼

● **교사의 역할과 지원**

1. 영아가 놀이할 수 있는 점토와 안전 가위, 칼을 준비한다.
   - 점토와 영아에게 위험하지 않은 안전 가위, 플라스틱 칼을 준비하여 책상 위에 놓아둔다.
   - 교사가 점토를 손바닥으로 밀어 길게 만든 후, 가위나 칼을 사용하여 자르는 모습을 보여준다.
   - 영아가 점토와 가위를 자유롭게 탐색하도록 한다.
2. 영아가 종이와 가위를 탐색하는 모습을 관찰한다.
   - 점토의 질감을 충분히 탐색할 수 있도록 관찰하며 기다린다.
   - 준비된 가위와 칼로 점토를 자르려고 시도하는지 관찰한다.
   - 탐색 중에 영아가 교사에게 질문을 하거나 도움을 요청하면 적극적으로 지원한다. 단, 가위질을 할 때 점토를 잡은 손에 너무 가까이 대고 자르려고 하는 경우 잡은 위치를 옮길 수 있도록 지원해 준다.
3. 영아가 가위로 시도하는 다양한 놀이를 관찰하고, 놀이에 필요한 지원을 해 준다.
   - 제공된 점토를 주무르거나 손으로 밀어 보며 탐색해 볼 수 있고, 안전 가위와 플라스틱 칼로 점토를 잘라 보며 놀이를 한다.
   - 자른 점토를 다시 뭉쳤다가 잘라 보는 놀이를 반복할 수 있으며, 자른 점토를 모아 역할놀이를 시도하는 영아가 관찰될 수도 있다.
   - 영아가 자른 점토를 이용하여 역할 놀이를 시도하는 경우, 필요한 놀이 교구를 추가적으로 제공해 주거나 역할 영역으로 이동하여 놀이를 할 수 있도록 지원한다.

4. 영아의 놀이를 관찰하며 영아의 행동이나 느낌을 공감하고 표현해 준다.
   - ㅇㅇ가 가위로 점토를 자르고 있구나.
   - 가위를 세워서 잡으니까 잘라지는구나.
   - 칼로 점토를 자르니까 크기가 작아졌네.
   - 가위질이 잘 안 돼서 속상했구나.
   - ㅇㅇ가 더 길게 잘라 보고 싶었구나.

● **놀이 지원 Tip**

1. 가위질이 서툴지만 시도해 보려고 하는 영아의 경우 가위 사용하는 법을 보여 주고 모방해 볼 수 있게 한다.
2. 성공감을 느껴 볼 수 있도록 교사가 점토를 양손으로 잡아 주고 영아가 가운데 부분을 잘라 볼 수 있게 한다.
3. 놀이에 흥미를 갖지 않는 영아의 경우는 당장 반응을 보이지 않더라도 기다려 주고, 지속적으로 반응을 보이지 않는 경우에는 영아가 선호하는 놀잇감을 가지고 놀이하도록 한다.

출처: 서울특별시육아종합지원센터(2016c). 서울시 보육전문성 향상을 위한 월령별 영아보육프로그램(25~36개월). p. 68.

❷ 로션 그림을 그려요

● **놀이의 교육적 가치**

정형화되지 않은 사물을 마음대로 만져 보고 변화시키는 것을 즐기는 영아에게 흥미 있는 놀이로 소근육 운동 능력과 창의적인 표현 능력 및 자신이 그린 그림에 대해 말로 표현해 보는 능력을 발달시킬 수 있다.

● **대상 연령 :** 29개월

● **놀이 교구:** 베이비 로션, 큰 비닐, 영아용 앞치마

● **교사의 역할과 지원**

1. 영아가 로션 그림을 그려 볼 수 있도록 준비한다.
   - 바닥에 비닐을 깔고 움직이지 않도록 고정시킨다.
   - 비닐 위에 로션을 덜어 놓고, 영아가 관심을 보이면 손등이나 바닥에 짜 주면서 탐색해 보게 한다.
   - 로션이 묻은 손을 입에 넣지 않도록 유의한다.
   - 교사가 비닐 위의 로션을 문지르는 모습을 보여 주고, 영아가 관심을 보이면 로션을 자유롭게 탐색해 볼 수 있도록 한다.
2. 영아가 로션을 탐색하는 모습을 관찰한다.
   - 로션의 촉감을 충분히 탐색할 수 있도록 관찰하며 기다린다.
   - 영아가 관심을 보이는 특성이 무엇인지 관찰한다.
   - 탐색 중에 영아가 교사에게 질문을 하거나 도움을 요청하면 적극적으로 지원한다.
3. 영아가 로션으로 시도하는 다양한 놀이를 관찰하고, 놀이에 필요한 지원을 해 준다.
   - 영아는 로션을 손에 바르거나 비닐 위의 로션을 문지르며 촉감을 느껴 볼 수 있고, 비닐 위를 손가락으로 문지르며 선을 표현해 보거나, 손바닥으로 문질러서 면을 표현하며 놀이를 할 수 있다.
   - 손의 움직임에 따라 나타나는 로션 그림을 자유롭게 표현해 보고, 원하는 모양 그리기를 시도하며 놀이를 할 수 있다. 자신이 그린 그림을 말로 표현해 보기를 원하거나 로션 그림 그리기와 지우기를 반복하며 놀이하는 모습이 관찰될 수 있다.
   - 자신이 그린 그림을 남겨 놓고 싶어 할 경우, 사진을 찍어 원하는 곳에 게시해 준다.

4. 영아의 놀이를 관찰하며 영아의 행동이나 느낌을 공감하고 표현해 준다.
   - 로션이 미끌미끌하구나.
   - 로션에 손가락을 대고 움직이니까 길이 생겼네.
   - ㅇㅇ야 구불구불한 길이 생겼구나.
   - 손바닥을 펴고 문지르니까 그림이 커졌구나.
   - ㅇㅇ는 둥글게 손가락을 움직이고 있구나.
   - ㅇㅇ는 말한 대로 ㅇㅇ을 그린 것 같구나

● 놀이 지원 Tip

1. 손에 묻는 것을 싫어하는 영아는 교사나 친구의 손에 적은 양의 로션을 발라 주는 활동을 하며 로션과 익숙해질 수 있도록 한다.
2. 영아가 평소에 사용하는 로션으로 시도해 본다.
3. 놀이에 흥미를 갖지 않는 영아의 경우는 당장 반응을 보이지 않더라도 기다려 주고, 지속적으로 반응을 보이지 않는 경우에는 영아가 선호하는 놀잇감을 가지고 놀이하도록 한다.

출처: 서울특별시육아종합지원센터(2016c). 서울시 보육전문성 향상을 위한 월령별 영아보육프로그램(25~36개월). p. 94.

❸ 알록달록 우산을 꾸며요

● **놀이의 교육적 가치**

비가 내리는 날 사용하는 우산을 탐색하며 투명 우산 꾸미기 놀이를 할 수 있다. 이 놀이를 통하여 생활 속에서 사용하는 도구에 대하여 관심을 갖고 다양한 미술 재료로 꾸미기 활동을 경험함으로써 소근육 및 긍정적인 정서 발달을 도모한다.

● **대상 연령:** 34개월

● **놀이 교구:** 영아용 투명 우산, 우산 모양 종이, 우산 사진, 도트 물감, 여러 가지 스티커, 테이프, 풀, 가위, 쓰기 도구

● **교사의 역할과 지원**

1. 영아가 투명 우산을 꾸며 볼 수 있도록 준비한다.
   - 영아가 볼 수 있는 위치에 투명 우산과 다양한 미술 재료들을 놓아둔다.
   - 교사가 꾸며 놓은 투명 우산을 영아들이 보이는 곳에 걸어 둔다.
   - 영아가 우산에 관심을 보이면 자유롭게 탐색해 볼 수 있도록 한다.
2. 영아가 투명 우산을 탐색하는 모습을 관찰한다.
   - 영아가 투명 우산과 다양한 미술 재료들을 충분히 탐색할 수 있도록 관찰하며 기다린다.
   - 영아가 어떤 꾸미기 도구에 관심을 보이는지 관찰한다.
   - 탐색 중에 영아가 교사에게 질문을 하거나 도움을 요청하면 적극적으로 지원한다.
3. 영아가 투명 우산으로 시도하는 다양한 놀이를 관찰하고, 놀이에 필요한 지원을 해 준다.
   - 영아는 도트 물감이나 다양한 스티커, 쓰기 도구 등을 투명 우산 위에 붙여 보거나 그려 볼 수 있다. 영아마다 선호하는 표현 도구는 다양하게 나타날 수 있다.
   - 영아는 비 오는 날의 경험을 이야기하며 다양하게 꾸미기 활동을 할 수 있다. 교사는 영아들의 다양한 경험들에 대해 상호작용을 한다.
   - 꾸미기 활동을 마친 영아들은 역할 놀이 영역과 연계하여 확장된 놀이가 이루어질 수 있으므로 교사는 영아의 이러한 행동을 격려하고 투명 우산이 역할 놀이와 연계되어 놀이가 이루어질 수 있도록 한다.

4. 영아의 놀이를 관찰하며 영아의 행동이나 느낌을 공감하고 표현해 준다.
   - ㅇㅇ이는 어떤 색으로 꾸며 주고 싶니?
   - ㅇㅇ색으로 찍고 있구나. 우산 위로 비가 내리는 것 같아.
   - ㅇㅇ는 빨주노초파남보 다양한 색을 사용해서 무지개처럼 만들어 보았구나.
   - 오늘 쓰고 온 우산하고 같은 색의 우산으로 꾸며 보았구나.
   - ㅇㅇ이가 꾸며 준 우산을 한번 펼쳐 볼까?

● 놀이 지원 Tip

1. 영아들이 스티커를 스스로 뗄 수 있는지 사전에 관찰한 후 떼어 내기 어려워하는 영아의 경우 1/4 정도 미리 떼어 제공하거나 교사, 또래 모델링을 활용한다.
2. 비, 우산과 관련된 음악을 들으며 비 오는 날 자신이 꾸민 우산을 들고 산책하는 놀이로 연계해 볼 수 있다.
3. 실제 우산이기 때문에 영아들이 펼쳤을 때의 공간을 확보할 수 있도록 사전에 영역을 넓힌다.
4. 우산을 펼친 상태로 꾸밀 때 우산 안쪽도 자유롭게 꾸며볼 수 있도록 격려한다.

❹ 사각 크레용으로 그려요

● **놀이의 교육적 가치**

그리기 도구의 아랫부분을 잡을 수 있게 된 영아들이 자유롭게 그림을 그려 보는 놀이로 사각 크레용으로 그렸을 때 나타나는 면을 탐색하고, 손의 움직임에 따라 나타나는 그림의 변화를 경험하며 창의적인 표현력이 발달한다.

● **대상 연령:** 25~36개월

● **놀이 교구:** 사각 크레용, 종이

● **교사의 역할과 지원**

1. 영아가 놀이할 수 있는 사각 크레용과 종이를 준비한다.
   - 종이는 책상에 고정해 주고, 사각 크레용을 종이 옆에 놓아둔다.
   - 영아가 관심을 보이면 자유롭게 탐색해 볼 수 있도록 한다.
2. 영아가 사각 크레용과 종이를 탐색하는 모습을 관찰한다.
   - 영아가 사각 크레용과 종이를 충분히 탐색할 수 있도록 관찰하며 기다린다.
   - 사각 크레용을 어떻게 사용하는지 관찰한다.
   - 탐색 중에 영아가 교사에게 질문하거나 도움을 요청하면 적극적으로 지원한다.
3. 영아가 시도하는 다양한 놀이를 관찰하고, 놀이에 필요한 지원을 해 준다.
   - 사각 크레용을 종이에 대고 움직이며 면을 표현해 보고, 크레용을 잡는 방법에 따라 다르게 그리는지 그림을 탐색할 수 있다.
   - 좋아하는 색을 선택하여 칠해 볼 수 있고, 여러 가지 색을 번갈아 사용하여 알록달록한 색을 칠하며 놀이하는 모습도 나타날 수 있다.
   - 자신이 표현한 그림에 대해 무엇인지 말로 표현해 보기도 한다.
4. 영아의 놀이를 관찰하며 기분이나 느낌을 공감하고 표현해 준다.
   - 크레파스를 종이에 대고 움직이니까 그림이 그려졌네.
   - 크레파스의 넓은 부분으로 그리니까 그림이 크게 그려지네.
   - ㅇㅇ는ㅇㅇ색으로 그림을 그렸구나.

● **놀이 지원 Tip**

1. 영아의 그림에 나타난 색이나 그리는 내용을 보며, 영아의 행동을 구체적으로 표현해 준다.
2. 놀이에 흥미를 갖지 않는 영아의 경우 당장 반응을 보이지 않더라도 기다려 주고, 지속적으로 반응을 보이지 않는 경우에는 영아가 선호하는 놀잇감을 가지고 놀이하도록 한다.

출처: 서울특별시육아종합지원센터(2016c). 서울시 보육전문성 향상을 위한 월령별 영아보육프로그램(25~36개월). p. 56.

❺ 색깔 공을 굴려 그림 그리기

● **놀이의 교육적 가치**

영아가 다양한 재료를 사용하여 미술 활동을 시도하고, 팔의 움직임에 따라 나타난 공의 그림을 탐색해 보는 놀이를 통해 긍정적인 정서 및 예술적 표현 능력이 발달한다.

● **대상 연령:** 25~36개월

● **놀이 교구:** 바구니, 종이, 구슬 또는 탁구공, 물감

● **교사의 역할과 지원**

1. 영아의 주변에 바구니, 종이, 구슬 또는 탁구공, 물감 등을 제공한다.
   - 영아가 잘 볼 수 있는 곳에 바구니, 종이, 구슬 또는 탁구공, 물감 등을 놓아둔다.
   - 영아가 여러 가지 재료들을 자유롭게 탐색할 수 있는 충분한 시간을 제공한다.
2. 영아가 여러 가지 미술 재료들을 다양하게 탐색하는 모습을 관찰한다.
   - 영아가 재료들을 충분히 탐색할 수 있도록 관찰하며 기다린다.
   - 영아가 여러 가지 재료들을 가지고 어떻게 놀이하는지 관찰한다.
   - 탐색 중 영아가 교사에게 도움을 청하거나 함께 놀이하기를 원한다면 적극적으로 지원한다.
3. 영아가 시도하는 다양한 놀이를 관찰하고, 놀이에 필요한 지원을 해 준다.
   - 여기 작은 공이 있구나. 만져 보니 어떤 느낌이 나니?
   - 작은 공을 굴리니 공이 굴러가는구나.
   - 공을 바구니에 넣고 굴려 보는구나.
   - 종이가 들어 있는 바구니도 있네.
4. 영아의 놀이를 관찰하며 기분이나 느낌을 공감하고 표현해 준다.
   - 바구니를 움직이니 공이 빠르게 움직이는구나.
   - 작은 공이 움직이니 그림이 그려지네.
   - 기다란 길이 만들어졌네.

● **놀이 지원 Tip**

1. 미술 활동 시 사용하는 바구니의 경우 공이 굴러떨어지지 않을 정도의 높이가 있는 바구니를 사용한다.
2. 바구니가 없으면 두꺼운 종이로 여러 가지 모양의 바구니를 만들어 활동을 진행할 수 있다.
3. 놀이에 흥미를 갖지 않는 영아의 경우 당장 반응을 보이지 않더라도 기다려 주고, 지속적으로 반응을 보이지 않는 경우에는 영아가 선호하는 놀잇감을 가지고 놀이하도록 한다.

출처: 보건복지부(2013d). 어린이집 표준보육과정에 기초한 영아보육프로그램 2세. pp. 94-95.

5. 음률 영역

1) 음률 놀이의 교육적 가치

음악적 표현이란 음악을 접할 때 제공하는 음악의 모든 현상과 특정한 느낌에 대해 자기 나름의 방법으로 음악에 대한 개념을 탐색하고 반응하는 것을 의미한다. 영아기의 음악적 표현은 영아가 갖게 되는 생각이나 감정을 노래나 악기 혹은 신체 움직임 등을 통해 다양하게 표현함을 말한다. 따라서 영아기의 음악적 표현은 신체 움직임과 결합되어 다양한 놀이로 표현될 수 있으므로 음악과 신체 움직임은 결코 분리될 수 없다. 영아는 들리는 음악을 통해 신체를 움직이고, 음색을 탐색하고, 노래를 부르고, 악기를 연주하고, 창의적으로 소리를 표현해 봄으로써 음악을 느끼고 이해하게 되며, 직접적인 체험의 폭과 질에 따라 음악에 대한 느낌과 이해의 범위를 확장해 나가게 된다.

2) 음률 놀이 지원을 위한 교사의 역할

음률 영역에서의 놀이를 지원하기 위한 교사의 역할을 살펴보면 다음과 같다.

첫째, 의성어와 의태어, 짧으면서 반복되는 부분이 많은 노래나 리듬 있는 운율을 자주 들려준다. 교사는 일상생활의 다양한 상황에서 노래를 자주 불러 주면서 영아가 따라 부를 수 있는 부분에서는 천천히 불러 주어, 영아가 함께 따라 부를 수 있도록 지원한다.

둘째, 영아가 직접 다양한 소리를 만들 수 있는 기회를 제공한다. 영아는 주변에서 들려오는 다양한 소리들을 듣고 직접 흉내 내고, 리듬 악기 등을 통해 간단한 리듬을 만들어 내는 놀이를 즐긴다. 따라서 교사는 영아가 다양한 소리를 낼 수 있는 놀잇감이나 간단한 리듬 악기를 제공해 주어 영아가 다양한 소리를 만들어 볼 수 있도록 격려한다.

셋째, 친근한 노래를 자주 들려주고, 함께 즐겨 부르다가 비슷한 상황이 되었을 때 노래로 표현해 준다. 영아들은 발달 특성상 노래의 음높이를 정확히 표현할 수는 없지만 노랫말 중 몇 구절을 익혀서 자발적으로 노래를 부르는 것을 즐긴다. 교사는 영아가 알고 있는 친근한 노래를 반복적으로 불러 볼 수 있도록 함으로써 영아의 노래 부르기를 지원한다.

넷째, 여러 가지 소리를 탐색해 볼 수 있는 기회를 제공한다. 영아들의 소리를 만들어 보고, 소리의 차이를 구별해 보고, 소리를 모방하는 놀이는 영아의 청각 발달을 도울 수 있다. 영아가 친숙해 하는 집안의 물건이나(예: 냄비) 놀잇감, 주변에서 들리는 다양한 소리들을 들을 수 있는 CD 등을 탐색해 볼 수 있도록 놀잇감을 제공한다.

다섯째, 느낌과 생각을 신체, 사물, 악기, 도구 등을 통하여 다양하게 표현해 볼 수 있는 기회를 제공한다. 영아들은 음악을 들으면서 몸을 움직이고, 음색을 탐색하고, 노래를 부르고, 악기를 연주하고, 창의적으로 소리를 만들어 내는 등의 다양한 음악적 경험을 통해 음악을 느끼고 심미감을 경험한다.

3) 음률 놀이 활동의 실제

음률 영역에서 영아와 함께하는 음률 놀이를 소개하면 다음과 같다.

❶ 어떤 소리가 날까요?

● **놀이의 교육적 가치**

소리통 악기를 건드려 보며 소리통에서 나는 다양한 소리를 경험할 수 있고, 손의 힘을 조절하여 소리통을 쳐 봄으로써 눈과 손의 협응력 발달을 도모한다.

● **대상 연령:** 12개월

● **놀이 교구:** 길이가 다른 소리통 악기(휴지, 랩, 쿠킹 포일, 속대, 한지, 목공 풀, 종이 끈, 노끈, 나무 막대, 낚싯줄, 방울, 옷걸이)

● **교사의 역할과 지원**

1. 길이가 다른 소리통 악기를 영아가 볼 수 있는 곳에 달아 놓는다.
   - 영아가 악기에 관심을 보이면 소리통을 쳐 준다.
   - 영아가 소리통을 자유롭게 탐색해 볼 수 있도록 한다.
2. 영아가 소리통을 탐색하는 모습을 관찰한다.
   - 악기의 모양과 소리를 충분히 탐색할 수 있도록 관찰하며 기다린다.
   - 악기 소리 내는 방법을 탐색을 통해 찾아볼 수 있도록 한다.
   - 탐색 중에 영아가 교사에게 도움을 요청하면 적극적으로 지원한다.
3. 영아가 소리통으로 시도하는 다양한 놀이를 관찰하고, 놀이에 필요한 지원을 해 준다.
   - 영아는 악기를 두드리거나 흔들어 보고, 부딪쳐 소리를 내는 등 다양한 방법으로 탐색하며 스스로 소리 내는 방법을 찾을 수 있다.
   - 영아가 관심을 보일 때 악기통을 한 번씩 쳐 보며 각기 다른 소리를 들려준다.
   - 영아가 충분히 탐색한 후 음악을 틀어 주어 음악에 맞추어 소리통을 건드려 볼 수 있게 한다.
4. 영아의 놀이를 관찰하며 영아의 행동이나 느낌을 공감하고 표현해 준다.
   - 무슨 소리가 나니? ㅇㅇ가 치고 싶은 악기통을 쳐 볼까?
   - 손으로 치니까 통이 흔들리네.
   - 옆으로 막 흔들흔들 흔들리네.
   - 음악에 맞춰 연주를 해 볼까?

● **놀이 지원 Tip**

1. 영아가 줄을 잡아당겨 끊어지지 않도록 주의한다.
2. 실외놀이 시 놀이 기구나 나뭇가지 등에 매달아 놓고 막대 등을 이용해서 두드려 볼 수 있다.
3. 악기통 속을 방울 말고 다양한 다른 것으로도 활용해 볼 수 있다.

출처: 박찬옥 외(2014). 영아-교사 상호작용의 이론과 실제. p. 240. 수정.

❷ 악기를 연주해요

● **놀이의 교육적 가치**

악기를 이용하여 리듬과 소리를 만들어 보며 자신이 아는 노래를 불러 볼 수 있는 놀이로, 악기를 연주하며 청각과 소근육을 발달시키고 원인과 결과에 대해 경험한다.

● **대상 연령:** 25개월

● **놀이 교구:** 조용한 악기(웨이브 드럼, 레인 스틱 등)

● **교사의 역할과 지원**

1. 영아가 놀이할 수 있는 악기를 놓아둔다.
   - 악기를 바구니에 담아 준비한다.
   - 영아가 악기에 관심을 보이면 악기를 흔들어 소리를 들려준다.
   - 영아가 자유롭게 탐색해 볼 수 있도록 한다.
2. 영아가 악기를 탐색하는 모습을 관찰한다.
   - 악기의 모양과 소리를 충분히 탐색할 수 있도록 관찰하며 기다린다.
   - 악기 소리 내는 방법을 탐색하여 찾아볼 수 있도록 한다.
   - 탐색 중에 영아가 교사에게 질문을 하거나 도움을 요청하면 적극적으로 지원한다.
3. 영아가 악기로 시도하는 다양한 놀이를 관찰하고, 놀이에 필요한 지원을 해 준다.
   - 영아는 악기를 두드리거나 흔들어 보고, 부딪쳐 소리를 내 보는 등 다양한 방법으로 탐색하며 스스로 소리 내는 방법을 찾을 수 있다.
   - 영아는 좋아하는 노래를 부르며 악기 소리를 내 볼 수 있고, 악기 소리를 입으로 따라 표현하며 놀이할 수 있다.
   - 악기마다 연주하는 방법이 있지만, 영아들이 새롭게 소리 내는 방법을 찾을 수 있으므로 악기 연주하는 방법을 제한하지 않는다.
4. 영아의 놀이를 관찰하며 영아의 행동이나 느낌을 공감하고 표현해 준다.
   - 악기를 흔드니까 소리가 나는구나.
   - 악기를 세게 두드리니까 소리가 커졌구나.
   - 악기의 소리가 달랐구나.
   - 악기를 두드리며 소리 내는 게 재미있었구나.
   - 노래를 부르며 연주하는 게 좋았구나.

● **놀이 지원 Tip**

1. 악기를 움직여 소리 내는 모습을 보여 준다.
2. 영아가 좋아하는 동요를 불러 주며 자유롭게 악기를 움직여 볼 수 있도록 한다.
3. 악기에 흥미를 갖지 않는 영아의 경우 당장 반응을 보이지 않더라고 기다려 주고, 지속적으로 반응을 보이지 않는 영아는 선호하는 놀잇감을 관찰하여 놀이할 수 있게 한다.

출처: 서울특별시육아종합지원센터(2016c). 서울시 보육전문성 향상을 위한 월령별 영아보육프로그램(25~36개월). p. 44.

❸ 코끼리와 거미줄

● **놀이의 교육적 가치**

간단한 동요를 따라 부를 수 있는 시기이므로 가사가 반복되는 노래를 부르며 언어 발달을 도모하고, 동물을 붙였다 떼며 소근육 발달을 도모한다.

● **대상 연령:** 25개월

● **놀이 교구:** 거미줄 천 1개, 동물(코끼리, 돼지, 강아지, 오리)

● **교사의 역할과 지원**

1. 영아가 볼 수 있는 곳에 거미줄 천을 걸어 놓는다.
   - 영아의 손이 닿는 위치의 벽면에 거미줄 천을 걸어 놓는다.
   - 동물을 바구니에 담아 거미줄 천 아래에 놓아둔다.
   - 영아가 관심을 보이면 교사가 '코끼리와 거미줄' 노래를 불러 준다.
   - 영아가 자유롭게 탐색해 볼 수 있도록 한다.
2. 영아가 거미줄과 동물을 탐색하는 모습을 관찰한다.
   - 영아가 거미줄 천과 동물의 촉감과 모양, 붙는 특성을 충분히 탐색할 수 있도록 관찰하며 기다린다.
   - 탐색 중에 영아가 교사에게 질문을 하거나 도움을 요청하면 적극적으로 지원한다.
3. 영아가 시도하는 다양한 놀이를 관찰하고, 놀이에 필요한 지원을 해 준다.
   - 교사가 들려주는 '코끼리와 거미줄' 노래를 듣고 따라 부르며 춤을 출 수 있고, 노래 가사에 나오는 동물을 바꿔 볼 수 있다.
   - 노래 가사에 맞게 동물을 거미줄 천에 붙였다 떼었다 하며 놀이하고, 거미줄 천을 그네처럼 흔들며 놀이하는 모습이 관찰될 수 있다.
   - 영아가 놀이하며 붙이는 동물의 이름을 말해 줄 수 있다.
4. 영아의 놀이를 관찰하며 영아의 기분이나 느낌을 공감하고 표현해 준다.
   - 노래를 따라 부르고 싶었구나.
   - 거미줄에 ㅇㅇ가 걸렸구나.
   - 노래에 맞춰 춤을 추고 싶었구나.
   - 동물이 그네 타는 것처럼 흔들어 주고 있네.

● **놀이 지원 Tip**

1. 영아가 노래에 익숙해질 수 있도록 반복하여 들려주고, 영아가 좋아하는 동물을 가사에 넣어 불러 준다.
2. 교사가 노래 가사에 맞는 동물을 붙이는 모습을 보여 준다.
3. 놀이에 흥미를 갖지 않는 영아의 경우 당장 반응을 보이지 않더라고 기다려 주고, 지속적으로 반응을 보이지 않는 영아는 선호하는 놀잇감을 관찰하여 놀이할 수 있게 한다.

출처: 서울특별시육아종합지원센터(2016c). 서울시 보육전문성 향상을 위한 월령별 영아보육로그램(25~36개월). p. 40.

❹ 기차 놀이 하며 '장난감 기차' 노래 불러요

● **놀이의 교육적 가치**

영아가 친숙한 노래를 즐겁게 불러 보며 놀이함으로써 긍정적인 정서가 발달하고, 또래와 함께 즐겁게 놀이하는 경험을 통해 사회성이 발달한다.

● **대상 연령:** 25~36개월

● **놀이 교구:** '장난감 기차' 노래 그림 가사판, 스카프

● **교사의 역할과 지원**

1. 영아가 잘 볼 수 있는 곳에 '장난감 기차' 그림 악보와 스카프를 제공한다.
   - 영아 주변에 그림 악보를 붙여 놓고, 스카프를 놓아둔다.
   - 영아가 놓아둔 스카프를 자유롭게 탐색할 수 있는 충분한 시간을 제공한다.
2. 영아가 스카프 기차를 타고 '장난감 기차' 노래를 부르면, 관심 있는 영아들이 자연스럽게 모인다.
   - '장난감 기차가 칙칙 떠나간다. 과자와 사탕을 싣고서. 엄마 방에 있는 우리 아기한테 갖다주러 갑니다.' 노래를 부른다.
   - 교사가 앞장을 서고 참여를 원하는 영아는 기차 대형에 자연스럽게 들어온다.
   - 뿌뿌~ ㅇㅇ반 기차가 친구들을 기다리고 있어요. 타고 싶은 친구들은 탈 수 있어요.
   - 칙칙 폭폭~ 천천히 타세요. 기차에 탄 친구들은 스카프를 잡으세요.
   - 자, 이제 출발합니다. 출발!
3. 영아가 시도하는 다양한 놀이를 관찰하고, 놀이에 필요한 지원을 해 준다.
   - '장난감 기차' 노래를 부르며 기차 대형으로 보육실을 이동한다. 이동하는 중에 타거나 내리고 싶은 영아가 있으면 기차를 멈추고 타고 내리기를 반복한다.
   - 자, 여기는 소꿉 나라입니다. 소꿉 나라에 가실 분들은 이곳에서 내릴 수 있어요.
   - 자, 이제는 동물 나라로 출발합니다. 블록 나라에 가실 손님은 지금 타세요.
4. 영아의 놀이를 관찰하며 기분이나 느낌을 공감하고 표현해 준다.
   - ㅇㅇ반 기차가 출발합니다. ㅇㅇ이도 타고, ㅁㅁ이도 탔네요. 출발!
   - 기차가 달려가니 모두 즐거워하는구나.

● **놀이 지원 Tip**

1. 스카프 굵기는 가늘지 않은 것으로 하고, 잡기에 아주 미끄럽지 않은 재질이 적절하다.
2. 스카프를 보육실에 비치해 두어, 영아끼리도 기차 놀이하며 노래 부를 수 있도록 한다.
3. 공간이 넓은 곳에서 실시할 때는 훌라후프를 이용할 수도 있다.
4. 놀이에 흥미를 갖지 않는 영아는 당장 반응을 보이지 않더라도 기다려 주고, 지속적으로 반응을 보이지 않는 경우에는 영아가 선호하는 놀잇감을 가지고 놀이하도록 한다.

출처: 보건복지부(2013d). 어린이집 표준보육과정에 기초한 영아보육프로그램 2세. pp. 114-115.

❺ 나무 악기로 연주하기

● **놀이의 교육적 가치**

영아가 여러 가지 나무 악기에 관심을 가지고 두드려 보고, 들어 보는 놀이를 통해 정서가 발달하고, 나아가 악기의 형태에 따른 소리의 차이에 관심을 가짐으로써 다양한 감각의 차이에 반응하는 능력이 발달한다.

● **대상 연령:** 25~36개월

● **놀이 교구:** 나무 재질로 된 여러 가지 악기

● **교사의 역할과 지원**

1. 영아의 주변에 나무 재질로 된 여러 가지 악기를 제공한다.
   - 영아가 잘 볼 수 있는 곳에 나무 재질로 된 여러 가지 악기를 놓아둔다.
   - 영아가 여러 가지 악기를 자유롭게 탐색할 수 있는 충분한 시간을 제공한다.
2. 영아가 나무 재질로 된 여러 가지 악기를 다양하게 탐색하는 모습을 관찰한다.
   - 영아가 악기들을 충분히 탐색할 수 있도록 관찰하며 기다린다.
   - 영아가 여러 가지 악기들로 어떻게 놀이하는지 관찰한다.
   - 탐색 중 영아가 교사에게 도움을 청하거나 함께 놀이하기를 원한다면 적극적으로 지원하다.
3. 영아가 시도하는 다양한 놀이를 관찰하고, 놀이에 필요한 지원을 해 준다.
   - 악기 모양이 여러 가지구나. 어떤 모양이 있을까?
   - 이 악기들은 나무로 만들어진 악기구나.
   - 악기를 만져 보니 어떠니? 어떤 느낌이 날까?
   - 탁탁탁, 틱틱, 툭툭툭 소리가 나는구나.
   - ㅇㅇ 악기에서는 어떤 소리가 날까?
4. 영아의 놀이를 관찰하며 기분이나 느낌을 공감하고 표현해 준다.
   - 노래를 부르며 악기를 연주하고 있구나.
   - 어떤 노래를 불러 볼까?
   - 노래를 빠르게(느리게) 불러 보면서 연주하는구나.
   - 노래를 부르며 악기를 연주하니 즐겁구나.

● **놀이 지원 Tip**

1. 영아에게 친숙한 노래를 부르며 악기를 연주한다.
2. 놀이에 흥미를 갖지 않는 영아는 당장 반응을 보이지 않더라도 기다려 주고, 지속적으로 반응을 보이지 않는 경우에는 영아가 선호하는 놀잇감을 가지고 놀이하도록 한다.

출처: 보건복지부(2013d). 어린이집 표준보육과정에 기초한 영아보육프로그램 2세. pp. 60-61.

6. 역할·쌓기 영역

1) 역할·쌓기 놀이의 교육적 가치

영아는 태어나는 순간부터 다양한 사회 장면에서 여러 가지 형태의 상호작용을 하며 발달해 가고 성장해 간다. 생애 초기의 영아는 자기를 돌보아 주는 사람과의 관계를 통해 세상에 대한 기본적인 신뢰감을 형성하게 되는데, 주 양육자와의 긍정적인 관계에서 시작한 영아의 사회관계 능력은 다른 사람에 대한 관심으로 발전하고 나아가 다른 사람과 더불어 살아갈 수 있는 기초를 형성하게 된다. 즉, 영아는 양육자와의 신뢰로운 관계를 바탕으로 자기를 존중하며 가족, 또래와 잘 어울릴 수 있는 사회적 지식과 기술, 태도를 배우고 익혀나간다. 역할·쌓기 놀이는 영아의 사회성 발달을 돕는 영역으로, 영아는 놀이하는 동안 교사와 또래와 함께 다양한 역할을 경험하고 놀잇감을 나누어 쓰면서 자기 중심적 사고에서 탈피하여 타인의 입장에서 사건이나 상황을 조망해 볼 수 있는 조망수용 능력이 발달해 간다. 따라서 교사는 역할·쌓기 영역에서 영아가 양육자와의 긍정적인 관계를 바탕으로 자신에 대한 존중감을 발달시키고, 정서를 조절하는 연습을 통하여 가족이나 또래와 긍정적인 관계를 형성할 수 있도록 지원해야 한다.

2) 역할·쌓기 놀이 지원을 위한 교사의 역할

역할·쌓기 놀이를 하는 영아를 지원하기 위한 교사의 역할은 다음과 같다.

첫째, 격려를 통해 자존감을 높인다. 영아는 태어날 때부터 자신에 대한 감정이 있다. 무언가를 성취하거나, 새로운 일을 시도해서 성공하거나, 어려운 문제를 해결했을 때 영아는 긍정적인 자아 개념이 형성된다. 따라서 교사는 영아를 향한 손길, 표정, 행동, 언어 등으로 영아의 놀이를 격려한다(예: '블록을 모두 사용해서 만들었구나', '두 개를 다 붙였구나.')

둘째, 사회적 기술을 가르친다. 영아는 성인의 직접적인 가르침을 통해 사회적 기술을 배워 나간다. 교사는 영아가 바람직한 사회적 기술을 배워 나갈 수 있도록 먼저 영아에게 적절한 사회적 기술을 확인하고 발달에 적합한 방법으로 사회적 기술을 지도해야 한다. 사회적 문제를 해결하기 위한 방법은 도움 요청하기, 협상하기, 차례 지키기, 사회적 언어 사용하기, 물러서 있기, 계획하기 등을 단계에 따라 지도할 수 있다.

셋째, 놀이 중 나타날 수 있는 영아의 불끈하는 성격 특성을 이해한다. 자율성이 출현하는 2세를 전후한 영아는 불끈하는 등의 정서적 폭발이 일어날 수 있는데 이때 교사가 자주 강한 반응을 하면 이러한 바람직하지 않은 행동은 잘 소멸되지 않으며, 이후의 발달에 부정적인 영향을 미치게 된다. 따라서 교사는 역할·쌓기 놀이 중에 나타날 수 있는 영아의 공격적 행동과 불끈하는 성격 특성을 이해하고 영아가 바람직한 사회적 기술들을 배워 나갈 수 있도록 지원한다.

3) 역할 · 쌓기 놀이 활동의 실제

역할·쌓기 영역에서 영아와 함께하는 역할·쌓기 놀이를 소개하면 다음과 같다.

❶ 종이 벽돌 블록으로 집을 지어요

● **놀이의 교육적 가치**

또래가 만드는 집을 관찰하고 모방함으로써 모방 놀이를 즐기고, 교사와 함께 집을 만들어 보는 경험을 통하여 사회성을 발달시킨다.

● **대상 연령:** 15개월

● **놀이 교구:** 종이 벽돌 블록, 건물 모형, 주변 건물 사진 혹은 유명한 건물 사진

● **교사의 역할과 지원**

1. 종이 벽돌 블록, 건물 모형, 건물 사진 등을 준비한다.
   - 영아가 볼 수 있는 곳에 종이 벽돌 블록, 건물 모형, 건물 사진 등을 놓아둔다.
   - 영아가 자유롭게 종이 벽돌 블록과 건물 모형 등을 탐색할 수 있도록 한다.
2. 영아가 제시해 놓은 놀잇감을 탐색하는 모습을 관찰한다.
   - 영아가 제시해 놓은 놀잇감을 다양한 방법으로 놀이하는 모습을 관찰한다.
   - 탐색 중에 영아가 교사에게 질문을 하거나 도움을 요청하면 적극적으로 지원한다.
3. 영아가 시도하는 다양한 놀이를 관찰하고, 놀이에 필요한 지원을 해 준다.
   - 영아가 종이 벽돌을 활용하여 어떻게 놀이하는지 관찰한다.
   - 종이 벽돌로 무엇을 만들어 볼 수 있는지 이야기를 나눈다.
   - ○○이는 종이 벽돌 블록으로 무엇을 만들어 보았니?
   - 영아가 건물 모형에 관심을 보이면 종이 벽돌로 집을 지을 수 있다고 말해 준다.
   - 선생님이랑 종이 벽돌 블록을 이용해 우리가 들어갈 수 있는 집을 지어 볼까?
   - 영아가 집 만들기를 시도할 때 교사는 영아의 놀이에 참여하여 함께 집을 만든다.
4. 영아의 놀이를 관찰하며 영아의 기분이나 느낌을 공감하고 표현해 준다.
   - ○○이는 블록을 많이 쌓아서 높게 집을 지었네.
   - ○○이는 옆에 방도 만들었네.
   - 이제 집에 들어가서 앉아 볼까?
   - 이 집에서 무엇을 하고 싶니?
   - 책을 가져와서 읽을 수도 있고, 차를 마셔도 좋겠구나.

● **놀이 지원 Tip**

1. 영아들이 서로 부딪쳐서 구성물이 무너지지 않도록 공간을 충분히 확보한다.
2. 다른 영아가 놀이 참여를 원할 경우 또래와 함께 상호작용할 수 있도록 돕는다.
3. 놀이에 흥미를 갖지 않는 영아의 경우 당장 반응을 보이지 않더라고 기다려 주고, 지속적으로 반응을 보이지 않는 영아는 선호하는 놀잇감을 관찰하여 놀이할 수 있게 한다.

출처: 박찬옥 외(2014). 영아-교사 상호작용의 이론과 실제. p. 272. 수정.

❷ 높이 쌓아요

● **놀이의 교육적 가치**

블록을 4개 이상 쌓아 보는 시기로 크기가 다른 블록을 쌓으며 집중력 및 눈과 손의 협응력을 기르고 쌓고 무너뜨리기를 반복하는 놀이를 통해 즐거움을 경험한다.

● **대상 연령:** 22개월

● **놀이 교구:** 겹겹이 상자(네모 상자 5개, 오각형 상자 5개)

● **교사의 역할과 지원**

1. 영아의 주변에 교구를 놓아둔다.
   - 바구니에 네모 상자와 오각형 상자를 각각 넣어 준비한다.
   - 상자를 쌓고 무너뜨릴 수 있는 충분한 공간을 마련하고 바닥에 매트를 깔아 준비한다.
   - 영아가 교구를 만져 보고 자유롭게 탐색할 수 있는 충분한 시간을 제공한다.
2. 영아가 교구를 탐색하는 모습을 관찰한다.
   - 영아가 교구를 충분히 탐색할 수 있도록 관찰하며 기다린다.
   - 영아가 상자를 활용하여 어떻게 놀이하는지 관찰한다.
   - 탐색 중 영아가 교사에게 도움을 요청하거나 함께 놀이하기를 원한다면 적극적으로 지원한다.
3. 영아가 시도하는 다양한 놀이를 관찰하고, 놀이에 필요한 지원을 해 준다.
   - 네모 상자와 오각형 상자를 각각 또는 함께 합쳐 높이 쌓고 무너뜨리는 놀이를 할 수 있고, 크기가 다른 상자를 겹겹이 넣거나 옆으로 나열하며 놀이할 수 있다.
   - 상자를 쌓고 무너뜨리는 놀이뿐만 아니라 각각의 상자를 활용하여 소꿉놀이 등 영아가 원하는 다양한 놀이로 확장해서 놀이하도록 한다.
4. 영아의 놀이를 관찰하며 영아의 기분이나 느낌을 공감하고 표현해 준다.
   - ㅇㅇ이는 네모 상자를 높이높이 쌓았구나.
   - 손으로 치니 와르르 무너지네.
   - 상자를 모두 합쳐서 더 높이 쌓을 수도 있겠구나.
   - 상자 안에 과일을 넣어 주었구나.
   - 네모 상자를 칙칙폭폭 기차처럼 길게 만들어 주었네.

● **놀이 지원 Tip**

1. 교사가 네모 상자, 오각형 상자를 각각 높이 쌓아 보여 줄 수 있다.
2. 교사가 하나, 영아가 하나씩 번갈아 가며 쌓아 볼 수 있다.
3. 놀이에 흥미를 갖지 않는 영아의 경우 당장 반응을 보이지 않더라고 기다려 주고, 지속적으로 반응을 보이지 않는 영아는 선호하는 놀잇감을 관찰하여 놀이하도록 한다.

출처: 서울특별시육아종합지원센터(2016b). 서울시 보육전문성 향상을 위한 월령별 영아보육프로그램(13~24개월). p. 150.

❸ 큰 블록으로 놀이해요

- **놀이의 교육적 가치**

큰 블록을 이용하여 다양하게 신체를 움직여 보는 놀이를 통해 영아의 대근육이 발달하고, 블록의 다양한 크기를 비교해 봄으로써 인지 능력이 발달한다.

- **대상 연령:** 13~24개월
- **놀이 교구:** 여러 가지 모양의 큰 블록(우레탄 또는 스펀지 블록)
- **교사의 역할과 지원**

1. 영아의 주변에 여러 가지 모양의 큰 블록을 제공한다.
   - 영아가 잘 볼 수 있는 곳에 여러 가지 모양의 큰 블록을 놓아둔다.
   - 영아가 여러 모양의 큰 블록을 자유롭게 탐색할 수 있는 충분한 시간을 제공한다.
2. 영아가 여러 가지 모양의 큰 블록을 다양하게 탐색하는 모습을 관찰한다.
   - 영아가 블록들을 충분히 탐색할 수 있도록 관찰하며 기다린다.
   - 영아가 다양한 모양의 큰 블록을 가지고 어떻게 놀이하는지 관찰한다.
   - 탐색 중 영아가 교사에게 도움을 청하거나 함께 놀이하기를 원한다면 적극적으로 지원한다.
3. 영아가 시도하는 다양한 놀이를 관찰하고, 놀이에 필요한 지원을 해 준다.
   - ㅇㅇ이가 큰 블록을 들었구나. 영차영차!
   - 블록 위에 앉아 볼 거예요?
   - 블록을 두 개나 들고 옮길 수 있어요?
   - 큰 블록 위에 올라갔네요. 떨어지지 않게 조심조심!
   - 여기에 하나 더 올려 볼 거예요? 또 한 개 올려요?
4. 영아의 놀이를 관찰하며 기분이나 느낌을 공감하고 표현해 준다.
   - 큰 블록으로 올리니까 점점 높아지네.
   - 동그란 블록도 올리고, 그리고 또?
   - 맨 위에 세모 블록을 올려 볼 거예요?
   - 우와! 정말 높은데요.
   - 블록 키가 ㅇㅇ이 키보다 더 크네요.

- **놀이 지원 Tip**

1. 큰 블록 외에 놀이방에 있는 다른 블록도 함께 이용하여 쌓아 볼 수 있다.
2. 블록을 높이 쌓을 때는 옆에 가까이 앉아 있지 않도록 영아가 있는 공간을 재배치한다.
3. 놀이에 흥미를 갖지 않는 영아는 당장 반응을 보이지 않더라도 기다려 주고, 지속적으로 반응을 보이지 않는 경우에는 영아가 선호하는 놀잇감을 가지고 놀이하도록 한다.

출처: 보건복지부(2013c). 어린이집 표준보육과정에 기초한 영아보육프로그램 1세. pp. 282-283.

❹ 무지개 블록으로 놀아요

● **놀이의 교육적 가치**

블록을 다양한 방법으로 쌓고 무너뜨리는 모양을 만들어 볼 수 있는 놀이로 소근육과 집중력, 창의적 구성 능력이 발달하고 블록 크기를 비교하며 비교 개념이 발달한다.

● **대상 연령:** 13~24개월

● **놀이 교구:** 무지개 블록(무지개 블록 7조각, 나무 블록 7조각)

● **교사의 역할과 지원**

1. 영아가 놀이할 수 있는 무지개 블록과 나무 블록을 준비한다.
   - 영아가 잘 볼 수 있는 곳에 무지개 블록과 나무 블록을 매트 위에 놓아둔다.
   - 두 블록 모두 크기대로 포개진 상태로 놓아둔다.
   - 영아가 관심을 보이면 자유롭게 탐색해 볼 수 있도록 한다.
2. 영아가 여러 가지 모양의 큰 블록을 다양하게 탐색하는 모습을 관찰한다.
   - 블록의 색과 모양, 촉감을 충분히 탐색할 수 있도록 관찰하며 기다린다.
   - 두 블록 모두 크기대로 포개진 상태로 놓아둔다.
   - 탐색 중 영아가 교사에게 도움을 청하거나 함께 놀이하기를 원한다면 적극적으로 지원한다.
3. 영아가 시도하는 다양한 놀이를 관찰하고, 놀이에 필요한 지원을 해 준다.
   - 영아는 무지개 블록을 크기대로 포개어 모양을 맞추기도 하고, 한 방향으로 길게 줄지어 연결해 볼 수 있다.
   - 블록을 위로 쌓고 무너뜨리며 놀이를 할 수 있고, 다양한 모양과 형태로 쌓기를 시도하는 영아도 있을 수 있다. 모든 블록을 쌓아 올리고 자신이 만든 구성물에 관해 설명하며 성취감을 표현하는 영아의 모습도 관찰될 수 있다.
4. 영아의 놀이를 관찰하며 기분이나 느낌을 공감하고 표현해 준다.
   - 블록을 길게 연결했구나.
   - 블록을 높이 쌓았구나.
   - 블록을 건드리니까 와르르 무너졌구나.
   - 블록이 무너져서 속상했구나.
   - 블록으로 터널을 만들었구나.

● **놀이 지원 Tip**

1. 영아가 좋아하는 색이 있다면 블록 중에서 찾아보게 한다.
2. 블록을 쌓는 모습을 행동으로 보여 주고, 교사와 함께 쌓아 보기, 스스로 쌓아 보기를 순서대로 시도해 본다.
3. 놀이에 흥미를 갖지 않는 영아는 당장 반응을 보이지 않더라도 기다려 주고, 지속적으로 반응을 보이지 않는 경우에는 영아가 선호하는 놀잇감을 가지고 놀이하도록 한다.

출처: 서울특별시육아종합지원센터(2016c). 서울시 보육 전문성 향상을 위한 월령별 영아보육프로그램(25~36개월). p. 174.

❺ 인형 목욕을 시켜요

● **놀이의 교육적 가치**

자신의 목욕 경험을 떠올리며 인형을 목욕시키는 놀이로, 옷을 벗기기 위해 단추를 풀거나 몸을 닦아 주며 소근육이 발달하고, 놀이에 몰입하는 경험을 통해 상상력과 집중력이 발달한다.

● **대상 연령:** 31개월

● **놀이 교구:** 옷을 벗길 수 있는 아기 인형, 수건, 대야, 스펀지

● **교사의 역할과 지원**

1. 영아가 놀이할 수 있는 아기 인형과 목욕 도구를 준비한다.
   - 옷을 입혀 놓은 아기 인형과 목욕 도구를 놓아둔다.
   - 영아가 관심을 보이면 아기 인형과 목욕 도구를 자유롭게 탐색할 수 있도록 한다.
2. 영아가 아기 인형과 목욕 도구를 탐색하는 모습을 관찰한다.
   - 영아가 아기 인형과 목욕 도구를 충분히 탐색할 수 있도록 관찰하며 기다린다.
   - 영아가 인형의 옷을 벗겨 보려고 하거나 목욕 도구를 사용하려 하는지 관찰한다.
   - 탐색 중에 영아가 교사에게 질문을 하거나 도움을 요청하면 적극적으로 지원한다.
3. 영아가 아기 인형과 목욕 도구로 시도하는 다양한 놀이를 관찰하고, 놀이에 필요한 지원을 해 준다.
   - 영아는 목욕 도구를 보며 자신이 목욕했던 경험을 떠올릴 수 있고, 아기 인형에게 자신의 목욕 경험을 재현하며 놀이할 수 있다. 인형을 목욕시키기 위해 옷을 벗기고 대야에 놓고 몸을 닦아 주며 목욕시키는 흉내를 내며 놀이하는 모습이 관찰될 수 있다.
   - 목욕을 끝낸 후에 수건으로 닦아 주거나 옷을 입혀 주려고 시도하는 모습이 나타날 수도 있으며, 인형을 안아 주거나 재우는 흉내를 내며 상상 놀이를 하는 영아의 모습이 관찰될 수도 있다.
   - 영아가 아기 인형의 옷을 벗기고 입힐 때 스스로 시도해 볼 수 있도록 기다려 준다.
4. 영아의 놀이를 관찰하며 영아의 기분이나 느낌을 공감하고 표현해 준다.
   - 아기 인형의 옷을 벗겨 주고 있구나.
   - ㅇㅇ가 단추를 풀었네.
   - 아기 인형의 얼굴을 닦아 주고 있구나.

● **놀이 지원 Tip**

1. 영아에게 인형 목욕시키는 모습을 보여 준다.
2. 놀이에 흥미를 갖지 않는 영아의 경우 당장 반응을 보이지 않더라고 기다려 주고, 지속적으로 반응을 보이지 않는 영아는 선호하는 놀잇감을 관찰하여 놀이할 수 있게 한다.

출처: 서울특별시육아종합지원센터(2016c). 서울시 보육 전문성 향상을 위한 월령별 영아보육프로그램(25~36개월). p. 116.

❻ 아이스크림 가게 놀이를 해요

● **놀이의 교육적 가치**

영아들의 흥미를 자극하는 아이스크림을 소재로 한 가게 놀이로, 자신의 경험을 놀이로 재현하고 친구와 함께 역할 놀이를 하며 사회성 발달을 도모한다.

● **대상 연령:** 34개월

● **놀이 교구:** 아이스크림 가게 소품(아이스크림 14개, 아이스크림 가게 2개)

● **교사의 역할과 지원**

1. 영아가 놀이할 수 있는 아이스크림 가게 놀이를 준비한다.
   - 영아가 볼 수 있는 곳에 아이스크림 가게 놀이 소품을 놓아둔다
   - 아이스크림 몇 개는 가게에 진열하고, 나머지는 바구니에 담아 옆에 놓아둔다.
   - 영아가 관심을 보이면 자유롭게 탐색해 볼 수 있도록 한다.
2. 영아가 아이스크림 가게 놀이를 탐색하는 모습을 관찰한다.
   - 아이스크림의 색과 모양 등을 충분히 탐색할 수 있도록 관찰하며 기다린다.
   - 영아가 아이스크림으로 무엇을 시도하는지 관찰한다.
   - 탐색 중에 영아가 교사에게 질문을 하거나 도움을 요청하면 적극적으로 지원한다.
3. 영아가 시도하는 다양한 놀이를 관찰하고, 놀이에 필요한 지원을 해 준다.
   - 영아는 좋아하는 아이스크림을 선택해서 먹는 흉내를 내 보거나 아이스크림 진열대에 꽂아 보며 놀이할 수 있다. 진열한 아이스크림 수를 세어 보는 영아가 있을 수 있고, 진열대에 꽂을 때 빈 곳 없이 진열하는 것에 흥미를 보이는 영아가 있을 수도 있다.
   - 또래와 함께 가게 주인과 손님 역할을 정해 아이스크림을 사고파는 역할 놀이를 하는 모습이 관찰될 수도 있다.
   - 우레탄 블록, 종이 벽돌 블록, 와플 블록 등 다양한 종류의 블록으로 가게를 구성하여 놀이를 확장할 수 있다.
4. 영아의 놀이를 관찰하며 영아의 행동이나 느낌을 공감하고 표현해 준다.
   - ㅇㅇ색 아이스크림을 만들었구나. – ㅇㅇ는 ㅇㅇ색 아이스크림을 먹고 있구나.
   - 진열대에 아이스크림을 꽂았네. – ㅇㅇ는 ㅇㅇ색 아이스크림을 좋아하는구나.

● **놀이 지원 Tip**

1. 반응이 적은 영아는 친구들이 하는 가게 놀이에 손님으로 참여해 보고, 원하는 역할을 해 볼 수 있게 한다.
2. 놀이에 흥미를 갖지 않는 영아의 경우 당장 반응을 보이지 않더라고 기다려 주고, 지속적으로 반응을 보이지 않는 영아는 선호하는 놀잇감을 관찰하여 놀이할 수 있게 한다.

출처: 서울특별시육아종합지원센터(2016c). 서울시 보육전문성 향상을 위한 월령별 영아보육프로그램(25~36개월). p. 150.

❼ 전화하는 흉내 내요

● **놀이의 교육적 가치**

영아는 전화기로 전화하는 흉내를 내는 놀이를 통해 단순한 모방 행동을 즐기며, 다양한 말소리를 반복하는 경험을 통해 언어가 발달한다.

● **대상 연령:** 13~24개월

● **놀이 교구:** 모형 전화기(놀잇감 전화기 또는 실물 전화기)

● **교사의 역할과 지원**

1. 영아가 놀이할 수 있는 모형 전화기나 실물 전화기를 준비한다.
   - 영아가 잘 볼 수 있는 곳에 전화기를 놓아둔다.
   - 영아가 전화기를 자유롭게 탐색할 수 있는 충분한 시간을 제공한다.
2. 영아가 모형 전화기나 실물 전화기를 다양하게 탐색하는 모습을 관찰한다.
   - 영아가 전화기를 충분히 탐색할 수 있도록 관찰하며 기다린다.
   - 영아가 전화기로 어떤 놀이를 하는지를 관찰한다.
   - 탐색 중 영아가 교사에게 도움을 청하거나 함께 놀이하기를 원한다면 적극적으로 지원한다.
3. 영아가 시도하는 다양한 놀이를 관찰하고, 놀이에 필요한 지원을 해 준다.
   - (전화기 버튼을 눌러 보며) 띠띠띠.
   - (귀에 대 보며) 여보세요? ㅇㅇ이 있나요?
   - ㅇㅇ야, 안녕? 지금 뭐 하고 있어? 밥 먹었어?
   - ㅁㅁ는 엄마한테 전화할 거예요?
   - ㅇㅇ는 아빠한테 전화하는 거예요?
4. 영아의 놀이를 관찰하며 기분이나 느낌을 공감하고 표현해 준다.
   - ㅇㅇ이가 엄마랑 통화해서 기분이 좋구나.
   - 엄마가 보고 싶어요? 사랑한다고 말해 주었구나.
   - 또 누구한테 전화해 볼까요? 할머니한테도 전화해 볼까요?

● **놀이 지원 Tip**

1. 영아가 엄마, 아빠를 보고 싶어 할 때 전화기로 전화하는 놀이를 하면서 영아의 마음을 위로해 줄 수 있다.
2. 같은 모양의 전화기를 여러 개 준비해 주고 놀이를 해 본다. 실물 전화기와 유사하게 만들어서 제공해 줄 수 있다.
3. 놀이에 흥미를 갖지 않는 영아는 당장 반응을 보이지 않더라도 기다려 주고, 지속적으로 반응을 보이지 않는 경우에는 영아가 선호하는 놀잇감을 가지고 놀이하도록 한다.

출처: 보건복지부(2013c). 어린이집 표준보육과정에 기초한 영아보육프로그램 1세. pp. 110-111.

9장

유아 놀이지도의 실제

영아기를 지나 유아기에 들어서면서 점차 유아들은 자신의 흥미, 욕구 및 발달 수준에 따라 스스로 선택한 놀이 활동에 참여하게 된다. 따라서 유아의 놀이 시간은 능동적 학습이 이루어지는 시간, 개별 학습이 이루어지는 시간, 각 영역에서의 놀이 경험을 반복·통합하여 개념을 습득할 수 있는 통합 교육의 시간이 되기도 한다. 나아가 유아–유아, 유아–교사 간의 상호작용이 긴밀하게 이루어지는 시간으로 인간관계를 배우기도 하고, 유아 개개인의 자유와 흥미가 존중되는 가운데 풍부하고 다양한 놀이를 할 수 있으므로 유아에게 기쁨의 시간이 되기도 한다. 이 장에서는 교실의 흥미 영역을 중심으로 자유선택활동 시간에 이루어지는 유아 놀이 활동의 실제를 살펴보고자 한다.

1. 언어 영역

1) 언어 놀이의 교육적 가치

유아기는 구어의 사용 능력이 급격히 확장되고, 문어 사용에 대한 흥미와 이에 대한 기초 능력이 발달하는 시기이다. 영아기에 주로 많이 사용했던 몸짓, 표정 등의 비언어적 표현이 감소하면서, 유아기에는 주변 생활에서 경험한 다양한 사물이나 사건들에 대한 이야기를 이해하고 또 이를 적합한 어휘로 표현할 수 있게 된다. 유아는 일상생활에서 말과 글의 의미 있는 경험을 통해 자신의 느낌과 생각, 경험을 타인에게 표현하는 것을 즐기며, 타인이 말과 글로 전달하는 의미를 바르게 이해하는 능력과 태도를 기를 수 있다. 따라서 교사는 언어 영역에서 듣기, 말하기, 읽기, 쓰기 등의 다양한 놀이를 유아가 경험할 수 있도록 지원하여 유아가 상황에 맞는 언어를 익히고 바른 언어 생활을 하는 것과 동시에 일상생활에 필요한 의사소통 능력과 기초적인 문해 능력을 기르도록 지원할 필요가 있다.

2) 언어 놀이 지원을 위한 교사의 역할

언어 영역에서 유아의 놀이를 지원할 때 교사의 역할을 제시하면 다음과 같다.

첫째, 자발적 동기를 부여한다. 유아의 언어 학습은 유아가 언어 활동에 능동적으로 참여할 수 있도록 자발적인 동기를 부여할 때 의미 있는 학습이 이루어진다. 교사는 유아가 자발적 동기를 가지고 놀이에 임할 수 있도록 호기심과 흥미를 유발시키는 언어적 환경을 제공해 준다.

둘째, 듣기, 말하기, 읽기, 쓰기를 통합한다. 유아가 듣기, 말하기, 읽기, 쓰기를 분절된 형태로 경험하면 의미 있는 학습이 이루어지지 않는다. 따라서 교사는 이 같은 언어 활동들을 유아가 통합적으로 함께 경험할 수 있도록 지원한다.

셋째, 개인차를 고려한다. 개인차를 고려한다는 의미는 유아가 자신의 언어 발달 수준, 능력, 흥미에 따라 스스로 활동을 선택할 수 있음을 의미한다. 따라서 각 유아의 현재 언어 능력을 기초로 수준별 또는 도전적 환경을 제공해 준다.

넷째, 유아의 실생활과 관련된 활동을 제공한다. 유아가 생활에서 직접 경험한 것을 근거로 한 언어 활동은 유아의 의미 있는 언어 학습을 도울 수 있으므로 일상생활 속 친숙한 표현에서부터 출발하여 경험의 확장을 돕는다.

다섯째, 유아의 실수와 실험을 수용한다. 유아는 시행착오를 경험하면서 자연스럽게 말과 글을 습득해 나가므로, 유아의 실수와 실험을 수용해 주어야 한다. 유아가 편안한 마음으로 의사소통을 할 수 있는 수용적인 교실 분위기는 유아의 언어 발달을 돕는 환경이 될 수 있다.

3) 언어 놀이 활동의 실제

언어 영역에서 이루어지는 유아의 다양한 언어 놀이 활동의 예를 소개하면 다음과 같다.

❶ 어디에서 타야 할까요?

● **놀이의 교육적 가치**

유아가 교통 기관 이용 장소에 대해 관심을 갖고 언어로 표현해 봄으로써 낱말과 문장에 대한 말하기 능력 발달을 도모한다.

● **대상 연령:** 만 3세

● **놀이 교구:** 교통 기관을 이용하는 장소(버스 정류장, 택시 승강장, 도시 철도역, 기차역, 공항, 선착장)가 그려진 원판 1개, 교통 기관(버스, 택시, 도시 철도, 기차, 비행기, 배)이 그려진 원판 1개, 원판을 꽂을 수 있는 보드판, 할핀

● **교사의 역할과 지원**

1. 교통 기관을 타 본 경험에 대해 이야기를 나눈다.
   - 버스, 택시, 배 등을 타 본 경험이 있니? 어디에서 탔니?
2. 보드판에 끼운 원판을 하나씩 돌리며 교통 기관의 이름, 이용 장소에 대해 이야기한다.
   - (보드판의 교통 기관 중 하나를 가리키며) 이것은 무엇이니?
   - (보드판의 교통 기관 이용 장소 중 하나를 가리키며) 여기는 어디일까?
3. 두 개의 원판을 돌려 교통 기관과 이용 장소의 짝을 맞춘다.
4. 보드판을 돌려 짝을 맞추며 교통 기관과 이용 장소 이름을 알아보고 말로 표현해 본다.
   - 기차(버스, 택시, 배)는 기차역(버스 정류장, 택시 승강장, 선착장)에서 탑니다.

● **놀이 지원 Tip**

1. 유아가 교통 기관과 교통 기관을 이용하는 장소의 짝을 맞추면서 이름을 알아보고 말로 표현해 보도록 격려한다.
2. 유아들이 맞았는지 확인해 볼 수 있도록 활동판 뒤에 교통 기관과 교통 기관 이용 장소의 짝이 맞춰진 그림을 제시한다.

● **놀이 평가**

1. 교통 기관을 이용하는 장소가 있다는 것에 관심을 갖는지 평가한다.
   - 교통 기관에 따라 각각 이용하는 장소가 다르다는 점을 알고 관심을 갖는가?
2. 교통 기관을 이용하는 장소에 대해 알고 짝을 맞추는데 적극 참여하는지 평가한다.
   - 교통 기관 이용 장소에 대해 아는가?
   - 교통 기관과 교통 기관 장소 짝을 맞추는데 적극적으로 참여하는가?

● **확장 활동**

1. 두 명의 유아가 짝이 되어 한 유아가 원판을 돌린 후 교통 기관의 이름을 말하면, 다른 유아가 교통 기관 이용 장소가 그려진 원판을 돌리며 짝을 맞추고 장소 이름을 말한다.
2. 교통 기관과 교통 기관 이용 장소의 이름을 적어 보거나 이름이 적힌 카드를 활용하여 활동을 한다.

출처: 보건복지부·교육과학기술부(2013c). 3세 누리과정 교사용 지도서 5권. pp. 144-146.

❷ 내 마음이 들리니?

● 놀이의 교육적 가치

유아가 그림을 보고 상상하며 이야기를 지어 말할 수 있고, 친구의 이야기를 듣고 이어서 이야기를 꾸며 말해 봄으로써 말하기, 듣기 능력이 발달한다.

- **대상 연령:** 만 4세
- **놀이 교구:** '내 마음이 들리니?' 그림책(일랑 브레만 저·레나토 모리코니 그림), 그림책 내용 복사본, 말풍선 종이, 필기도구

● 교사의 역할과 지원

1. 책 표지를 보며 어떤 이야기가 담겨 있을지 생각해 본다.
   - 책 속에 어떤 내용이 담겨져 있을까?
2. 귓속말을 하고 있는 듯한 등장인물들이 어떤 말을 하고 있을지 추측하여 말해 본다.
   - 머리에 두건을 쓰고 눈을 가리고 있는 아저씨는 무슨 이야기를 하고 있는 걸까?
   - 삐에로 분장을 한 사람은 누구에게 이야기하고 있는 것 같니?
   - 앵무새는 인디언에게 뭐라고 이야기하고 있을까? 표정이 어떤 것 같니?
3. 자유롭게 이야기 꾸며 보기가 이루어지면 말풍선 모양의 종이에 유아들의 생각을 적어 책 복사본에 붙여 이야기를 만들어 본다.

● 놀이 지원 Tip

1. 개별 활동으로 이루어져도 무관하나 대소집단활동으로 유아들의 이야기의 꼬리를 무는 식으로 진행하면 보다 흥미롭다.

● 놀이 평가

1. 그림을 보고 상상하여 이야기를 지어 말할 수 있는지 평가한다.
   - 책 속에 있는 그림에 관심을 갖는가?
   - 책 속에 있는 그림을 상상하여 말할 수 있는가?
2. 친구의 이야기를 듣고 이어서 이야기를 꾸밀 수 있는지 평가한다.
   - 친구가 하는 이야기를 주의 깊게 듣고 있는가?
   - 친구의 이야기를 들은 후 이어서 이야기를 꾸며 말할 수 있는가?

● 확장 활동

1. 유아들이 상상하여 이야기한 내용을 미술 영역에서 그림으로 표현해 볼 수 있다.
2. 유아들이 그린 그림을 전시하여 함께 이야기를 하며 회상해 볼 수 있고, 다른 친구의 그림을 감상해 보는 경험을 할 수 있다.

출처: 보건복지부·교육과학기술부(2013d). 4세 누리과정 교사용 지도서 1권. p. 173. 수정.

❸ 흙 속에 사는 생물 카드 보며 끼적이기

● 놀이의 교육적 가치

유아가 흙 속에 사는 다양한 생물에 관심을 갖고, 쓰기 도구를 활용하여 흙 속 생물의 이름을 써 보는 경험을 통해 쓰기 능력 발달을 도모한다.

● 대상 연령: 만 4세

● 놀이 교구: 흙 속에 사는 생물의 그림·언어 카드, 종이, 쓰기 도구(연필, 색연필)

● 교사의 역할과 지원

1. 흙 속에는 어떤 생물들이 살고 있는지 이야기를 나눈다.
   - 흙이 있는 곳은 어디일까?
   - 흙 속에는 어떤 것들이 살고 있을 것 같니?
   - 흙 속에 사는 생물들을 본 적이 있니?
2. 카드를 보며 다양한 흙 속 생물의 생김새와 이름을 알아본다.
   - 선생님이 흙 속에 사는 친구들의 모습을 사진으로 준비했어.
   - 이 사진 속 생물은 어떤 생김새를 가지고 있니?
   - 이 생물의 이름이 무엇인지 알고 있니?
   - 이 생물을 언제, 어디에서 본 적이 있니?
3. 쓰기 도구를 사용하여 흙 속 생물의 이름 글자를 끼적여 본다.
   - 우리가 알아보았던 흙 속 생물들의 이름 글자를 적어 볼 수 있겠니?
   - 어떤 생물의 이름을 적어 보고 싶니?
4. 끼적인 글자를 함께 읽어 본다.
   - ㅇㅇ이는 지렁이를 적어 보고 싶었구나.
   - ㅇㅇ이가 쓴 글자를 함께 읽어 볼까?

● 놀이 지원 Tip

1. 유아들의 흥미를 반영하여 흙 속 생물의 그림·언어 카드를 추가적으로 제시한다.
2. 활동 후 유아들이 완성한 쓰기 자료는 게시하여 다른 유아들과 함께 읽으며 감상한다.

● 놀이 평가

1. 흙 속에 사는 생물들에 관심을 갖는지 평가한다.
   - 흙 속에 사는 생물과 생물별 특성이 다르다는 점에 관심을 갖는가?
2. 흙 속에 사는 생물들의 이름을 알고 쓰기 활동에 적극적으로 참여하는지 평가한다.
   - 흙 속 생물의 이름에 대해 아는가?
   - 생물의 이름 쓰기 활동에 적극적으로 참여하는가?

● 확장 활동

1. 유아가 생물의 이름을 적어 카드로 만들어 수수께끼 활동으로 확장하여 진행한다.

❹ 내가 만약 동물이라면

● **놀이의 교육적 가치**

유아가 동물 사진을 관찰해 봄으로써 동물의 불편한 상황과 편한 상황을 구분하는 경험을 할 수 있다. 동물이 살기에 적절한 환경을 말로 표현해 보는 경험을 통해 의사소통 능력 및 생명체와 자연환경에 대한 과학적 탐구 능력이 발달한다.

● **대상 연령:** 만 3세

● **놀이 교구:** 동물이 불편해 하는 사진 3장(우리에 갇혀 있는 동물, 먹을 수 없는 것을 먹는 동물, 사슬에 묶여 있는 동물 등), 동물이 편안해 하는 사진 3장(따뜻한 집의 동물, 좋아하는 먹이를 먹는 동물, 달릴 수 있는 뜰에 있는 동물 등), 동물 그림 인형 3종(개, 고양이 등)

● **교사의 역할과 지원**

1. 불편한 상황의 동물 사진을 보며 그 동물이 사람들에게 하고 싶은 말을 생각해 본다.
   - 어떤 사진일까?
   - 이 사진에서 동물들은 어떻게 하고 있니?
   - 누가 그런 걸까?
   - 동물들은 어떤 마음일까?
   - 사진 속 동물들이 사람들에게 무슨 말을 하고 싶을까?
   - 우리가 사진 속에 들어간다면 어떤 기분일까?
2. 동물이 편안하게 생활할 수 있는 그림에 동물 그림 인형을 붙인다.
   - 여기 강아지가 있네. 이 강아지는 어디에 있고 싶을까?
3. 동물들의 기분은 어떻게 바뀌었을지 이야기를 나눈다.
   - 동물들은 어떤 마음일까?
   - (동물이 편안할 수 있는 곳 그림을 보며) 동물들 모습을 보니 너희의 마음은 어떠니?

● **놀이 지원 Tip**

1. 동물들도 살아가면서 편안함과 즐거움, 불편함과 아픔 등의 감정을 느낄 수 있다는 것을 알려 준다.

● **놀이 평가**

1. 동물이 불편한 상황과 편한 상황을 구분하는지 평가한다.
   - 동물 인형을 적절한 상황 그림에 붙이는가?
2. 동물이 살기에 적절한 환경과 동물의 기분을 말로 표현하는지 평가한다.
   - 동물이 살기 적절한 생활 환경에 대해 이야기하고, 동물의 기분을 이해하는가?

● **확장 활동**

1. 말풍선 스티커를 준비하여 동물들의 생각을 그림이나 글로 적어 본다.

출처: 보건복지부·교육과학기술부(2013b). 3세 누리과정 교사용 지도서 1권. pp. 91-92.

❺ 발바닥 이름 카드

● **놀이의 교육적 가치**

유아가 발바닥 이름 카드에 관심을 갖고 자신의 이름과 친구의 이름을 구별하고 써 보는 경험을 통해 의사소통 능력이 발달하고, 나아가 나의 신체적 성장에 관심을 가짐으로써 자긍심이 발달한다.

● **대상 연령:** 만 4세

● **놀이 교구:** 두꺼운 도화지, 필기도구, 가위

● **교사의 역할과 지원**

1. 나이가 많아지면서 점차 성장하는 신체에 대해 이야기를 나눈다.
   - ㅇㅇ반에 처음 왔을 때보다 여러분의 몸이 어떻게 변했나요?
2. 친구와 발을 마주 대고 발의 크기를 비교해 본다.
3. 종이에 자신의 발을 대고 테두리를 그린다.
   - 종이 위에 발을 올려 자신의 발 모양을 그려 볼 수 있나요?
   - 그려진 발 모양을 오려 볼까요?
   - 오른발과 왼발을 구별할 수 있나요?
4. 친구들의 발 모양과 구별하기 위해 자신의 발 모양에 이름을 쓰고 가위로 오린다.
   - 친구의 발 모양과 구별하려면 어떻게 해야 할까요?
   - 자신의 발 모양에 이름을 써 볼까요?
   - 가위로 오린 발 모양이 어떤가요?
5. 자신과 친구들의 이름이 적힌 발 모양 2개를 뒤집어 놓고 하나씩 뒤집어 가며 이름 찾기 게임을 한다.
6. 활동을 평가한다.

● **놀이 지원 Tip**

1. 활동에 흥미를 가질 수 있도록 여러 명의 친구들이 함께 참여하도록 한다.
2. 짝이 맞지 않는 이름은 다시 놓아 위치를 잘 기억한 뒤 다시 맞추어 보도록 한다.
3. 짝이 맞는 이름을 찾으면 발바닥 카드를 가져간다.
4. 내 이름을 찾은 경우 한 번의 기회를 더 준다.

● **놀이 평가**

1. 나의 이름과 친구의 이름을 구별할 수 있는지 평가한다.
2. 각자의 발 크기가 다르다는 것을 알고 자기 발을 찾을 수 있는지 평가한다.

● **확장 활동**

1. 모든 친구들의 이름을 보이도록 펼쳐 놓고, 같은 글자가 들어간 친구의 발 모양 밟기 신체 활동을 해 본다.

출처: 보건복지부·교육과학기술부(2013f). 4세 누리과정 교사용 지도서 8권. pp. 241-242.

2. 수·조작 영역

1) 수·조작 놀이의 교육적 가치

유아는 수·조작 영역에서 수학의 기초가 되는 수, 양, 공간, 비교 개념을 학습할 수 있고, 일상생활에서의 문제를 수학적 방법을 이용하여 해결할 수 있으며, 여러 가지 퍼즐, 판 게임, 감각 교구, 일상생활과 관련된 놀잇감을 통하여 다양한 조작 경험을 할 수 있다. 수 세기, 짝짓기, 비교하기, 분류하기 놀이를 경험하는 과정에서 수학적 개념을 습득하게 되는데 이러한 경험은 유아의 논리·수학적 사고의 토대가 될 수 있다. 퍼즐이나 단추 끼우기와 같은 조작 놀잇감을 통해 유아는 소근육 조절 능력 및 눈과 손의 협응력을 기를 수 있고 자조 기술, 감각 기능의 발달을 도모할 수 있다. 또한 판 게임을 하는 과정에서 전략과 규칙을 학습하고 또래 혹은 교사와의 상호작용을 통해 다른 사람과의 의사소통 기술이 발달함으로써 사회관계 형성에도 도움이 된다.

2) 수·조작 놀이 지원을 위한 교사의 역할

수·조작 영역에서 유아의 놀이를 지원할 때 교사의 역할은 다음과 같다.

첫째, 답을 찾기보다는 해결 과정을 강조한다. 유아를 위한 수·조작 활동은 수학적 답을 찾기보다는 수학적 해결 과정을 강조함으로써 유아 스스로 문제 해결 능력을 기를 수 있도록 지원한다.

둘째, 직접적인 탐색과 구체적인 조작 활동을 격려한다. 유아기의 놀이는 직접 탐색하고 구체적 조작 활동을 통해 지식을 구성하고 구체적인 해결 방법을 찾을 수 있으므로 교사는 유아의 놀이 과정을 칭찬하고 격려한다.

셋째, 놀이 중에 있는 유아에게 적절한 도움을 제공한다. 유아가 놀이 도중 다양한 시도를 할 때 좌절감을 느끼지 않도록 적절한 기회에 개입하여 도움을 제공한다. 이를 위해서는 교사의 세심한 관찰이 필요하다.

넷째, 통합적으로 접근한다. 일상생활에서 다양한 수 활동을 경험할 수 있도록 하고, 교실 전 영역에서 수학적 사고력을 사용할 수 있도록 통합적으로 접근한다.

다섯째, 안전 수칙을 유아들과 함께 공유한다. 수·조작 활동 놀잇감은 작은 조각으로 구성되어 있는 놀잇감이 많기 때문에 유아들의 안전에 항상 주의해야 하며 안전 수칙을 유아들과 함께 공유하도록 한다.

3) 수·조작 놀이 활동의 실제

수·조작 영역에서 이루어지는 유아의 다양한 수·조작 놀이 활동의 예를 소개하면 다음과 같다.

❶ 초록불에 건너가요

● **놀이의 교육적 가치**

놀이를 통해 신호등의 의미를 알게 되며, 게임의 규칙을 지키면서 게임에 참여함으로써 유아의 안전한 생활 및 사회관계 능력을 발달시킨다.

● **대상 연령:** 만 3세

● **놀이 교구:** 초록불·빨간불 게임판, 유아 모습의 말 2개, 주사위(3면은 빨간색, 3면은 초록색 동그라미가 하나씩 그려진 것)

● **교사의 역할과 지원**

1. 신호등에 대해 이야기를 나눈다.
   - 신호등이 빨간불(초록불)일 때 어떻게 해야 할까?
2. 초록불·빨간불 게임판, 주사위, 말을 제시한다.
3. 게임하는 방법에 대해 알아본다.

〈게임 방법〉

① 두 유아가 말을 한 개씩 나누어 가지고 순서를 정한다.
② 게임판 아래쪽에 있는 파란색 네모 위에 말을 올려놓는다.
③ 주사위를 던져 초록색 동그라미가 나오면 한 칸씩 움직인다.
④ 주사위를 던져 빨간색 동그라미가 나오면 한 번 쉰다.
⑤ 게임판 위쪽에 있는 유치원(어린이집) 건물 앞에 있는 파란색 네모에 먼저 도착한 유아가 이긴다.

4. 게임을 한 후, 게임 규칙을 잘 지키면서 게임을 했는지 이야기를 나눈다.

● **놀이 지원 Tip**

1. 주사위를 던져 초록색 동그라미가 나왔을 때 유아들이 한 칸씩만 움직이는지 확인한다.

● **놀이 평가**

1. 신호등의 의미를 아는지 평가한다.
   - 초록불일 때는 길을 건너는 것인지를 아는가?
   - 빨간불일 때는 멈춰 서야 한다는 것을 아는가?
2. 자신의 순서와 규칙을 지키며 게임에 잘 참여하는지 평가한다.
   - 주사위가 초록색일 때는 말을 한 칸씩만 움직이는가?
   - 주사위가 빨간색일 때는 말을 움직이지 않고 그 자리에 서 있는가?

● **확장 활동**

1. 신호등뿐만 아니라 교통 표지판의 내용도 포함시켜 게임판과 주사위의 내용을 다양하게 하여 게임을 한다.

출처: 보건복지부·교육과학기술부(2013c). 3세 누리과정 교사용 지도서 5권. pp. 150-151.

❷ 아름다운 우리 모자 도미노

● **놀이의 교육적 가치**

유아가 우리나라 옛날 모자의 종류와 이름에 관심을 갖고 놀이함으로써 순서와 규칙성 등의 수학적 개념과 사회성을 발달시킨다.

● **대상 연령:** 만 3세

● **놀이 교구:** '아름다운 우리 모자 도미노' 카드

● **교사의 역할과 지원**

1. 우리나라 모자 그림이 그려진 도미노 카드를 보면서 이야기를 나눈다.
   - 카드에 어떤 그림이 있니?
   - 이 모자를 본 적이 있니?
   - 이 모자의 이름은 무엇일까?
2. 그림 카드의 규칙을 찾아본다.
   - 이 카드를 가지고 어떤 놀이를 할 수 있을까?
   - 같은 모자 그림을 찾아 나란히 놓아 볼 수 있겠니?
3. 도미노 놀이에 대해 알아본다.
   - 계속 연결될 수 있도록 카드를 놓으려면 어떻게 놓으면 좋을까?
   - 같은 그림끼리 카드를 연결해 놓으면 어떻게 될까?
4. 친구와 함께 도미노 카드 놀이를 한다.
   - 카드 그림을 보면서 이름을 말하거나 읽어 본다.

● **놀이 지원 Tip**

1. 여러 가지 모자를 쓴 그림이나 사진을 활용하여 우리나라 옛날 모자에 대해 알아본다.
2. 유아들이 직접 사용해 보았거나 경험해 본 모자를 중심으로 선정한다.
3. 역할 놀이에서 사용해 보면서 명칭과 쓰임에 관심을 가지도록 한다.

● **놀이 평가**

1. 옛날 모자의 종류와 이름에 관심을 갖는지 평가한다.
2. 순서와 규칙성을 이해하고 게임을 하는지 평가한다.

● **확장 활동**

1. 도미노 카드의 모자 그림을 활용하여 내 모습 꾸미기를 해 볼 수 있다.
2. 도미노 카드의 모자를 보면서 이름 짓기 활동을 해 볼 수 있다.

출처: 보건복지부·교육과학기술부(2013c). 3세 누리과정 교사용 지도서 5권. pp. 226-227.

❸ 세균을 잡아라

● **놀이의 교육적 가치**

유아가 손을 바르게 씻는 것의 중요성을 인식하고, 손 씻기에 대한 규칙 있는 게임 활동을 경험함으로써 건강한 생활 습관을 기르고 사회적 규칙을 이해한다.

● **대상 연령:** 만 4세

● **놀이 교구:** 깨끗한 손이 그려진 퍼즐판 2개, 더러운 손이 그려진 퍼즐 조각 각 9개(퍼즐 조각 뒷면에 손 씻는 순서 그림 - 물 틀기, 물 묻히기, 물 잠그기, 비누칠하기, 골고루 비비기, 물 틀기, 물에 헹구기, 물 잠그기, 수건에 손 닦기), 깨끗한 손과 더러운 손이 그려진 주사위 1개, 손 씻기 순서판 2개

● **교사의 역할과 지원**

1. 활동 자료를 살펴본다.
   - (더러운 손 퍼즐 그림을 보며) 손이 어떤 것 같니?
   - 이렇게 손이 더러우면 어떻게 해야 할까?
   - 만약 손이 더러운데 씻지 않으면 어떻게 될까?
   - 손을 씻을 때는 어떻게 해야 깨끗하게 씻을 수 있을까?
   - (손 씻는 순서 그림을 보며) 손을 씻기 위해서 제일 먼저 해야 할 일은 무엇일까?
   - 그 다음 순서는 무엇일까?
2. 활동 방법을 소개한다.
   - 여기에 있는 자료들을 가지고 어떤 게임을 할 수 있는지 살펴볼까?

〈게임 방법〉

① 더러운 손 그림이 맞춰진 퍼즐판과 손 씻기 순서판을 각각 하나씩 나누어 갖는다.
② 게임 순서를 정한다.
③ 주사위를 던져서 깨끗한 손 그림이 나오면 더러운 손 그림 퍼즐 조각 한 개를 뒤집어 뒷면의 그림을 보고 손 씻기 순서판에 순서대로 놓는다.
④ 내가 가진 손 씻기 순서판에 순서대로 그림을 모두 놓아 퍼즐판에 있는 깨끗한 손 그림이 나오면 게임이 끝난다.

3. 활동한 자료를 정리하는 방법에 대해 이야기한다.
   - 게임이 끝난 후 자료를 어떻게 정리하면 좋을까?
   - 손 씻기 순서판에 놓인 퍼즐 조각을 퍼즐판에 더러운 손 그림이 나오도록 다시 맞춰 보자.
   - 손 씻기 순서판, 주사위도 쟁반에 담아 정리해 보자.

● **놀이 지원 Tip**

1. 게임에서 이기고 지는 경쟁보다 손을 바르게 씻는 순서를 알려 주는 데 중점을 둔다.

● **놀이 평가**

1. 손을 바르게 씻는 순서를 알고 있는지 평가한다.
2. 규칙을 지키며 즐겁게 게임에 참여하는지 평가한다.

● **확장 활동**

1. 대소집단활동으로 '세균을 잡아라' 편 게임을 해 볼 수 있다.

출처: 보건복지부·교육과학기술부(2013e). 4세 누리과정 교사용 지도서 4권. pp. 300-302.

④ 동물을 사랑해요

● **놀이의 교육적 가치**

– 유아가 동물의 불편한 상황과 편한 상황을 구분해 보는 경험을 통해 생명체와 자연환경에 대한 과학적 탐구 능력을 발달시킨다.

– 또래와 규칙을 지키며 퍼즐 조각을 맞추는 놀이를 함으로써 사회관계 능력 및 수학적 탐구하기 능력이 발달한다.

● **대상 연령:** 만 3세

● **놀이 교구:** 동물을 사랑하는 상황의 그림 카드 3장, 동물을 괴롭히는 상황의 그림 카드 3장, 동물 퍼즐판 2개, 동물 퍼즐 조각(2세트)

● **교사의 역할과 지원**

1. 게임 자료를 보면서 게임 방법에 대해 이야기한다.
   - 어떤 게임 자료가 있니?
   - 이 퍼즐과 카드는 어떻게 함께 사용하면 좋을까?

〈게임 방법〉

① 순서를 정하고 동물 퍼즐판을 나누어 갖는다.

② 카드를 뒤집어 동물을 사랑하는 상황의 그림이면 동물 퍼즐 조각 하나를 가져와서 퍼즐판에 맞춘다. 동물을 괴롭히는 그림이면 카드를 제자리에 놓는다.

③ 뽑은 카드를 다시 뒤집어 섞어 놓는다.

④ 동물 퍼즐을 먼저 완성한 사람이 이긴다.

2. 게임 방법에 맞게 게임을 시작한다.
   - 어떤 그림이 나왔니?
   - 이 사진 속의 동물들은 어떤 기분일까?
3. 게임을 마친 후 자료를 정리한다.

● **놀이 지원 Tip**

1. 동물 퍼즐용 삽화는 유아가 좋아하는 동물이나, 가정에서 키우는 반려동물 사진을 활용하여 제작한다.
2. 유아의 수준에 따라 6~8개 정도로 퍼즐 조각의 수를 정하거나, 퍼즐 밑판에 완성된 그림을 붙여 난이도를 조절할 수 있다.
3. 동물을 사랑하는 상황의 그림 카드와 동물을 괴롭히는 상황의 그림 카드를 보면서, 적절한 행동과 동물이 느낄 느낌에 대해 게임 전후에 충분히 이야기를 나눈다.

● **놀이 평가**

1. 동물이 불편한 상황과 편한 상황을 구분할 수 있는지 평가한다.
   - 상황 그림을 이해하고 적절한 상황의 퍼즐 조각을 가져가는가?
2. 규칙을 지키며 퍼즐 조각 맞추기에 참여하는지 평가한다.
   - 제시된 규칙을 이해하는가?
   - 퍼즐 조각을 적절하게 맞추는가?

● **확장 활동**

1. 동물의 마음을 이해하고 바르게 다루기 위해서 우리가 할 수 있는 일은 무엇이 있는지 토의한다.
2. 협동 작품으로 동물과 즐겁게 지내는 그림을 다양한 미술 도구를 이용해서 완성한 후 게시한다.

출처: 보건복지부·교육과학기술부(2013b). 3세 누리과정 교사용 지도서 3권. pp. 93-94.

❺ 어떤 도구로 재어 볼까요?

● **놀이의 교육적 가치**

임의 측정 도구에 관심을 갖고 여러 가지 도구들을 사용하여 길이를 재어 보는 놀이를 통해 유아의 과학적·수학적 탐구 능력이 증진된다.

● **대상 연령:** 만 4세

● **놀이 교구:** 임의 측정 도구(클립, 지우개, 벽돌 블록, 끈, 네임 펜 등), 결과 기록지, 필기도구

● **교사의 역할과 지원**

1. 새 책상이 필요한 사진이나 그림 자료를 보며 이야기를 나눈다.
   - 이 친구에게 필요한 것이 무엇이니?
2. 책상의 길이를 잴 수 있는 방법에 대해 이야기를 나눈다.
   - 이 책상의 길이를 어떻게 잴 수 있을까?
   - 만약 자가 없다면 어떻게 하면 좋을까?
3. 책상의 길이를 잴 수 있는 도구를 찾아본다.
   - 교실에 있는 도구 중 무엇을 이용해서 길이를 잴 수 있을까?
4. 여러 가지 도구를 이용하여 책상의 길이를 재어 본다.
   - 지우개로 책상을 재어 보니 몇 개가 나왔니?
   - 네임 펜으로 책상을 재어 보니 몇 개가 나왔니?
   - 책상을 지우개로 재어 봤을 때와 네임 펜으로 재어 봤을 때는 어떻게 다르니?
   - ㅇㅇ와 △△가 모두 클립으로 재었는데 왜 개수가 다르게 나왔을까?
5. 책상의 길이를 재어 본 후 활동지에 기록한다.
6. 책상의 길이를 재어 본 결과를 친구의 것과 비교해 본다.
   - 친구가 재어 본 것과 어떻게 다르니?
7. 활동 결과에 대해 이야기를 나눈다.
   - 길이를 재어 보기에 편리한 물건이 있었니?

● **놀이 지원 Tip**

1. 측정의 시작점을 동일하게 하도록 한다.
2. 임의 측정 단위를 사용해 보는 경험에 그치지 않고, 표준 측정 단위의 필요성을 인식하도록 상호작용한다.
3. 길이를 측정할 수 있는 여러 가지 도구를 찾을 수 있는지 평가한다.
4. 큰 물건의 길이를 측정할 경우 보폭으로 재어 볼 수도 있다.

● **놀이 평가**

1. 임의 측정 도구에 관심을 갖는지 평가한다.
2. 길이를 잴 수 있는 여러 가지 도구를 찾을 수 있는지 평가한다.
3. 여러 가지 도구를 활용하여 길이를 측정하는지 평가한다.

● **확장 활동**

1. 리본 테이프를 이용하여 교실 안 여러 가지 물건의 길이를 재어 보고 그래프에 붙인 후 순서 짓기를 해 본다.
2. 측정 활동에 사용한 여러 가지 도구의 길이를 서로 비교하고 순서 짓기를 해 본다.
3. 측정 활동에 사용한 도구를 이용하여 패턴 놀이를 해 본다.
4. 여러 가지 도구를 이용하여 친구의 키를 재어 본다.

출처: 보건복지부·교육과학기술부(2013f). 4세 누리과정 교사용 지도서 8권. pp. 45-46.

3. 과학 영역

1) 과학 놀이의 교육적 가치

유아들은 사물에 대하여 끊임없이 호기심을 가지고 질문하며 탐구하는 경향이 있다. 이러한 호기심을 바탕으로 여러 가지 자료를 탐색하고 실험해 보면서 유아들은 사물의 같은 점과 다른 점 등 사물의 특징에 대해 알게 되고 그것에 기초하여 분류하는 방법을 학습해 간다. 과학 영역에서의 놀이는 인과 관계를 추측해 보고 원인과 결과를 알아보면서 다양한 방법으로 해결해 가는 과정을 통해 유아의 문제 해결 능력을 기를 수 있다. 이 과정에서 유아는 탐구적 태도를 기르고, 탐구하는 활동을 즐기며 성취감과 정서적 안정감을 갖게 된다. 과학 영역에서의 놀이를 통해 유아는 새로운 단어를 익히고 그 과정에서 문제를 이해하고 해결하면서 교사 및 또래와의 의사소통 능력도 증진된다.

2) 과학 놀이 지원을 위한 교사의 역할

과학 영역에서 유아의 놀이를 지원하기 위한 교사의 역할은 다음과 같다.

첫째, 답을 찾기보다는 과학적 해결 과정을 강조한다. 과학 영역에서 유아들은 다양한 방법으로 자신의 궁금증을 해결하는 모습을 보인다. 교사는 과학 활동의 답을 찾기보다는 유아 스스로 과학적으로 해결하는 과정을 지원하고 적절한 발문을 통해 유아의 과학적 사고를 돕는다.

둘째, 직접적인 탐색과 구체적 활동을 지원한다. 유아의 과학 활동은 직접적인 탐색과 구체적 조작 활동을 통해 지식을 구성하고 다른 유아와 토론하는 과정 등을 통해 문제의 해결 방법을 찾을 수 있으므로 탐색은 물론 구체적 활동까지 지원한다.

셋째, 좌절감을 느끼지 않도록 적절한 도움을 제공한다. 유아는 호기심을 가지고 다양한 탐구를 즐긴다. 이러한 과정 속에서 유아가 좌절감을 느끼지 않도록 적절한 교사의 비계 설정이 필요하다. 유아의 놀이를 세심히 관찰하다가 교사의 도움이 필요한 순간에 도움을 줌으로써 유아가 좌절감을 경험하지 않도록 지원한다.

넷째, 유아의 호기심이 유지될 수 있도록 지원한다. 과학 영역에서 놀이하는 유아를 관찰하다가 흥미를 잃어 가는 모습이 관찰될 경우 교사는 놀이 개입을 통하여 유아의 호기심이 지속될 수 있도록 지원한다.

다섯째, 안전하게 놀이할 수 있도록 지원한다. 안전한 놀이를 위해 유아들이 교사의 시야를 벗어나지 않도록 교사는 항상 제공된 놀잇감이나 교구에 세심한 신경을 써야 한다. 특히 깨진 도구나 위험한 약품은 없는지 세심히 살피는 노력이 필요하다.

3) 과학 놀이 활동의 실제

과학 영역에서 이루어지는 유아의 다양한 과학 놀이 활동의 예를 소개하면 다음과 같다.

❶ 데굴데굴 바퀴를 굴려라

● **놀이의 교육적 가치**

유아가 다양한 모양들의 움직임을 탐색하는 놀이를 통해 굴러가는 물체의 특성에 관심을 갖고 탐구함으로써 공간과 도형의 기초 개념 및 간단한 도구의 활용 능력을 발달시킨다.

● **대상 연령:** 만 3세

● **놀이 교구:** 경사진 공간 블록 외 단위 블록, 다양한 모양의 블록들

● **교사의 역할과 지원**

1. 준비한 다양한 모양의 블록을 탐색한다.
   - 이 블록은 어떤 모양 같아? 이러한 모양을 어디서 볼 수 있을까?
2. 경사로에서 다양한 모양의 블록을 굴리면 어떻게 될지 예측하며 이야기를 나눈다.
   - 어떤 블록이 잘 굴러갈까? 왜 그렇게 생각하니?
3. 경사로에 다양한 모양의 블록을 굴려 보며 움직임을 관찰한다.
   - 동그란 블록(세모 블록, 네모 블록)을 굴려 볼까? 어떻게 될까?
   - 어떤 블록이 제일 잘 굴러가니?
   - 이번에는 동그라미, 세모, 네모 블록을 동시에 굴려 보면 어떻게 될까?
   - 어떤 블록이 제일 멀리까지 굴러갈 것 같니?
   - 어떤 블록이 제일 멀리 굴러갔어?
   - 블록을 더 멀리 굴려 보려면 어떻게 하면 좋을까?
   - 경사로가 더 길어진다면 어떻게 될까?
4. 유아가 굴려 보고 싶은 물건을 찾아와 자유롭게 굴려 볼 수 있도록 한다.
   - 우리 반에 있는 놀잇감 중에서 굴려 보고 싶은 물건을 한번 찾아와 볼래?
   - 친구들이 찾아온 놀잇감을 한번 굴려 보자. 어떻게 될까?

● **놀이 지원 Tip**

1. 유아의 수준과 관심에 따라 굴리는 방법을 다양하게 하여 놀이가 활성화되도록 한다.
2. 자유롭게 탐색할 수 있는 분위기를 만들어 준다.
3. 넓은 공간에서 활동할 수 있도록 한다.

● **놀이 평가**

1. 다양한 모양들의 움직임을 자유롭게 탐색했는지 평가한다.
2. 굴러가는 물체의 특성에 관심을 갖게 되었는지 평가한다.

● **확장 활동**

1. 블록으로 자동차를 구성하여 경사로에서 굴려 본다.
2. 쌓기 놀이 영역에서 자동차 경주 놀이를 진행한다.
3. 언어 영역에서 '돌돌이와 바퀴' 입체 동화를 조작한다.

출처: 보건복지부·교육과학기술부(2013c). 3세 누리과정 교사용 지도서 5권. pp. 51-52.

❷ 여러 가지의 공 무게 비교하기

● **놀이의 교육적 가치**

다양한 공의 무게를 비교하는 방법을 탐색해 보고, 양팔 저울을 이용하여 공의 무게를 비교하는 놀이를 통해 유아의 기초적인 측정 능력 및 간단한 도구 활용 능력의 발달을 도모한다.

● **대상 연령:** 만 4세

● **놀이 교구:** 양팔 저울, 여러 가지 공(골프공, 테니스공, 탁구공, 야구공, 탱탱볼 등), 기록표, 필기도구

● **교사의 역할과 지원**

1. 준비된 자료를 다양한 방법으로 탐색한다.
   - 여기 어떤 공들이 있는지 살펴볼까?
   - 이 공의 이름은 무엇일까?
   - 테니스공은 어떤 색깔이니?
   - 야구공을 만졌을 때의 느낌은 어떠니?
   - 골프공과 탁구공 중에서 어떤 공이 더 크니?
   - 골프공과 탁구공 중에서 어떤 것이 더 무거울 것 같니?
   - 왜 그렇게 생각하니?
   - 팔을 이용해서 무게를 재 볼 수 있을까?
   - 팔을 이용해서 무게를 재어 보니 어떤 공이 더 무거운 것 같니?
   - 정확한 무게를 잴 수 있는 또 다른 방법은 어떤 것이 있을까?
2. 양팔 저울에 대해 이야기를 나누고, 공의 무게를 측정한다.
   - 여기 있는 도구를 본 적이 있니?
   - 양팔 저울은 어떻게 사용하는 것일까?
   - 어떤 공을 먼저 양팔 저울에 올려 볼까?
   - 양팔 저울이 어떻게 되었니?
   - 어느 쪽의 공이 더 무겁다고 생각하니?
   - 무거운 공이 있는 접시가 어떻게 되었니?
3. 기록표에 무거운 공과 가벼운 공의 모양을 그려 넣거나 단어를 써 본다.
4. 가장 무거운 공과 가장 가벼운 공을 찾아본다.
   - 가장 무거운 공을 찾으려면 어떻게 해야 할까?
   - (공의 무게를 여러 번 비교하여) 무게가 무거웠던 순서대로 공을 놓아 볼까?
   - 기록표에 무게가 무거웠던 순서대로 공 모양을 그려 보고 공의 이름을 써 볼까?
   - (기록표를 확인하며) 어떤 공이 가장 무거웠니?
   - (기록표를 확인하며) 어떤 공이 가장 가벼웠니?
   - 공의 무게를 비교해 보기 위해 우린 어떤 방법을 사용했니?

● **놀이 지원 Tip**

1. 유아가 팔을 이용하여 무게를 비교하고 기록표에 기록한 후 결과를 예측해 보도록 격려한다.
2. 양팔 저울이 수평을 이룬 상태에서 비교를 시작할 수 있도록 한다.
3. 글을 쓰거나 그림 그리기를 어려워하는 유아들을 위해 공의 사진과 이름이 있는 그림카드를 준비해 준다.

● **놀이 평가**

1. 다양한 방법으로 공의 무게를 비교하는 방법을 알아보았는지 평가한다.
2. 양팔 저울을 이용하여 공의 무게를 비교하였는지 평가한다.
   - 양팔 저울의 사용법을 알고 있는가?
   - 양팔 저울을 이용하여 공의 무게를 비교할 수 있는가?

● **확장 활동**

1. 공 이외의 다른 도구도 양팔 저울로 재어 보고 무게를 비교해 볼 수 있다.
2. 무게를 잴 수 있는 다양한 도구를 가정에서 찾고 비교해 볼 수 있다.

출처: 보건복지부·교육과학기술부(2013e). 4세 누리과정 교사용 지도서 4권. pp. 270-271.

❸ 새싹 채소 키우기

● **놀이의 교육적 가치**

- 유아가 새싹 채소 키우기를 하며 식물과 함께하는 즐거움을 느낄 수 있어 긍정적인 정서가 발달한다.
- 생명체와 자연환경에 대해 인식함으로써 탐구하는 태도를 갖는다.

● **대상 연령:** 만 3세

● **놀이 교구:** 다양한 새싹 채소의 씨앗, 투명 플라스틱 그릇

● **교사의 역할과 지원**

1. 새싹 채소의 씨앗을 탐색해 본다.
   - 씨앗이 어떻게 생겼니?
   - 씨앗을 만져 본 느낌이 어떠니?
2. 씨앗 심기를 한다.
   - 씨앗을 어떤 방법으로 심어 기를 수 있을까?
3. 씨앗 심은 것을 놓고 관찰할 장소를 찾아본다.
   - 씨앗 심은 것을 어디에 두면 좋을까?
4. 새싹 채소의 씨앗을 키우기 위해 할 수 있는 일을 알아본다.
   - 우리가 심은 씨앗을 잘 기르려면 어떻게 해야 할까?
   - 물을 주고, 고여 있는 물을 잘 갈아 주면 되겠지?
5. 자신이 새싹 키우기를 위해 해야 하는 일을 실천한다.

〈새싹 채소 기르는 방법〉

① 물이 빠질 수 있는 채반 형태의 통을 준비한다.
② 통 위에 천을 깔고 씨앗을 뿌린다.
③ 씨앗 위로 물을 충분히 준다.
④ 2~3일 정도 씨앗이 뿌리를 내릴 때까지 빛을 차단한다.
⑤ 싹이 트면 차단막을 제거하고 밝은 곳으로 옮긴다.
⑥ 물은 싹이 마르지 않도록 자주 뿌려 준다.
⑦ 고인 물은 하루에 1~2회 갈아 준다.
⑧ 5~7일 후 다 자란 새싹은 맛있게 먹는다.

● 놀이 지원 Tip

1. 새싹 씨앗을 충분히 탐색할 수 있는 시간을 갖도록 한다. 단, 삼킬 위험이 있는 작은 씨앗은 유아의 손이 닿지 않는 곳에 둔다.
2. 물의 양이 적당하지 않으면 싹이 자라지 않고 마르거나 썩게 되므로 적당한 양의 물을 유지하도록 한다. 이를 위해 그릇에 물의 적당량을 나타내는 선을 그어 두거나, 유아들과 함께 알아볼 수 있는 표시를 해 둔다.
3. 채반에 키우는 대신 일회용 플라스틱 컵이나 샬레 위에 솜을 깔고 스프레이로 물을 주어 유아별로 새싹 채소를 길러 볼 수 있다.

● 놀이 평가

1. 식물 기르기를 통해 식물과 함께하는 즐거움을 느꼈는지 평가한다.
   – 싹 기르기 활동에 흥미를 보이며 즐겁게 참여하는가?
2. 식물을 소중히 대하는 태도를 가지게 되었는지 평가한다.
   – 새싹을 잘 기르기 위해 지켜야 할 약속을 정하는가?

● 확장 활동

1. 물로 재배할 수 있는 다양한 식물을 알아본다.
2. 새싹이 자라면 수확하여 새싹 비빔밥, 새싹 초밥, 새싹 샐러드와 같이 새싹이 들어간 음식을 만들어 먹어 본다.
3. 새싹이 자라나는 동안 그날의 새싹 길이를 재고, 그 다음날 전날의 길이에 비해 자랐는지를 비교해 볼 수 있다.

출처: 보건복지부·교육과학기술부(2013b). 3세 누리과정 교사용 지도서 3권. pp. 133-135.

❹ 다양한 미디어 기기를 탐색해요

● **놀이의 교육적 가치**

유아가 다양한 미디어 기기를 탐색하는 놀이를 통해 생활 속의 미디어에 관심을 갖는다. 나아가 물체의 특성을 알아보고 관찰하는 경험을 통해 탐구하는 태도 및 과학적 탐구 능력 발달을 도모한다.

● **대상 연령:** 만 4세

● **놀이 교구:** 편지, 신문, 전단지, 팩스, 잡지, 동화책, 컴퓨터, 노트북, 휴대 전화, 라디오 실물 자료, 카메라, 관찰 기록지

● **교사의 역할과 지원**

1. 미디어 그림 자료를 먼저 제시하고 이야기를 나눈 후 실물 자료를 탐색해 본다.
   - ㅇㅇㅇ는 어디에 있을까? – 어떤 모양이니?
   - 만져 보니 어떤 느낌이니? – 이름은 무엇일까?
   - 무엇으로 만들었을까?
2. 여러 가지 미디어의 쓰임새에 대해 이야기를 나눈다.
   - ㅇㅇㅇ을 사용해 본 경험이 있니?
   - ㅇㅇㅇ은 어떻게 사용할까?
   - ㅇㅇㅇ을 사용할 때 주의해야 할 점들은 무엇일까?
3. 여러 가지 미디어를 관찰할 때 주의해야 할 점에 대해 이야기를 나눈다.
   - 관찰할 때 어떤 점을 조심해야 할까?
   - 관찰을 다하고 나서는 어떻게 해야 할까?
4. 그림이나 글로 관찰한 내용을 기록한다.
5. 관찰해 기록한 내용을 보고 여러 가지 미디어의 생김새에 대해 이야기를 나눈다.
   - 어떤 미디어를 관찰했니?
   - ㅇㅇㅇ은 어떤 부분으로 이루어졌니?
   - ㅇㅇㅇ은 무엇으로 만들어졌니?

● **놀이 지원 Tip**

1. 실물 미디어의 전시 및 관찰 시 유아의 안전에 유의한다.

● **놀이 평가**

1. 생활 속의 미디어에 관심을 갖는지 평가한다.
2. 물체의 특성을 알아보고 관찰하는지 평가한다.

● **확장 활동**

1. 미디어의 그림과 명칭을 프린트하여 책 만들기를 해 본다.
2. 미디어센터나 전자 상가로 현장 체험을 가 본다.

출처: 보건복지부·교육과학기술부(2013f). 4세 누리과정 교사용 지도서 8권. pp. 151-153.

4. 미술 영역

1) 미술 놀이의 교육적 가치

유아는 자신의 생각을 표현하는 것을 즐긴다. 이러한 유아의 표현 방법 중 하나가 미술 활동이다. 다양한 재료로 자신의 생각과 감정 그리고 느낌을 표현할 수 있는 미술 활동을 통해 유아들은 자신을 표현함과 동시에 정서적 안정감과 성취감을 경험하기도 한다. 재료를 탐색하면서 색, 크기, 질감, 길이, 균형, 무게 등을 인식하며 활동함으로써 유아들은 자신만의 창의적인 방법으로 표현하고, 문제 해결력을 기르게 된다. 재료를 탐색하는 과정에서 유아들은 대소근육 및 눈과 손의 협응력이 발달하고, 감각 발달을 도모할 수 있다. 자신의 생각을 표현한 후 자긍심을 느끼고 또래의 작품을 감상하는 과정을 통해 감상 능력 및 언어 발달과 사회성 발달이 촉진된다.

2) 미술 놀이 지원을 위한 교사의 역할

미술 영역에서 놀이하는 유아를 지원하기 위한 교사의 역할은 다음과 같다.

첫째, 미술적 요소를 일상에서 자연스럽게 경험할 수 있도록 한다. 유아가 일상생활 속에서 자연스럽게 주변 사물과 자연, 환경 등의 미술적 요소를 탐색하고 감상할 수 있도록 지원한다.

둘째, 창의적 표현과 자발적 시도를 격려한다. 유아들이 다양한 미술 재료를 활용하여 자신만의 세계를 창의적으로 표현할 때 교사는 이를 격려한다. 이 과정에서 교사는 유아가 자신에 대한 믿음과 자신감을 가질 수 있도록 도움을 주어 긍정적인 자아 개념을 형성하도록 지원한다.

셋째, 결과보다는 과정에 초점을 맞추어 지도한다. 교사는 유아의 미술 표현을 결과보다는 과정에 초점을 맞추어 격려해야 한다. 완성된 작품을 요구한다거나, 완성하기를 바라는 교사의 요구는 유아의 창의적 표현에 걸림돌이 될 수 있으므로 교사는 유아가 표현하는 미술 활동의 과정 자체를 격려한다.

넷째, 다양한 미술 재료를 경험해 볼 수 있도록 충분한 양을 제공하고 자유롭게 창의적으로 표현할 수 있도록 지원한다.

다섯째, 유아가 참여한 활동을 끝까지 마무리할 수 있도록 격려하고, 만약 완성이 되지 못한 상황에서 유아의 완성에 대한 욕구가 있을 때는 다음날도 이어서 활동을 할 수 있도록 안내한다.

여섯째, 유아들이 스스로 해 볼 수 있도록 순서도를 제시하거나 익숙한 유아들의 도움을 받을 수 있는 편안한 분위기를 조성한다.

3) 미술 놀이 활동의 실제

미술 영역에서 이루어지는 유아의 다양한 미술 놀이 활동의 예를 소개하면 다음과 같다.

❶ 한복에 문양을 넣어요

● 놀이의 교육적 가치

한복의 문양에 관심을 갖고 다양한 문양을 활용하여 한복을 구성하는 놀이를 통해 우리나라에 대해 관심을 갖게 되며, 미술적 표현을 통해 심미감 및 정서 발달을 도모한다.

● 대상 연령: 만 3세

● 놀이 교구: 여러 모양의 문양 조각, 문양으로 꾸며 볼 다양한 한복 그림

● 교사의 역할과 지원

1. 다양한 형태의 한복을 입고 있는 여러 사람의 모습을 코팅한 그림을 준비한다.
2. 문양을 살펴보고 이야기를 나눈다.
   – 어떤 문양이 보이니?
   – 이런 문양이 들어간 한복을 본 적이 있니?
   – 왜 한복에 이 문양을 넣었을까?
3. 한복을 입고 있는 여러 사람의 모습을 보여 주면서 이야기한다.
   – 이 사람은 어떤 옷을 입고 있니?
   – 이 사람이 입고 있는 한복을 어떤 문양으로 꾸며 주면 좋을까?
4. 문양을 가지고 여러 한복을 꾸며 본다.
   – 용 문양은 누구에게 어울릴까?
   – 국화꽃 문양으로 누구 옷을 꾸며 줄까?
5. 문양으로 꾸며 놓은 한복을 보면서 이야기해 본다.
   – 여러 문양으로 옷을 꾸며 주니 어떤 느낌이 드니?
   – 문양이 바뀌니 어떤 느낌이 드니?

● 놀이 지원 Tip

1. 한복에 있는 문양을 보여 주어 실제 한복에 문양이 사용됨을 알도록 한다.
2. 한복 또는 한복 사진을 이용하여 문양을 감상하도록 한다.

● 놀이 평가

1. 한복의 문양에 관심을 갖는지 평가한다.
2. 여러 가지 모양의 문양을 감상하고 느낌을 표현할 수 있는지 평가한다.
3. 다양한 문양을 활용하여 한복을 아름답게 구성하는지 평가한다.

● 확장 활동

1. 내가 그리고 싶은 한복의 문양을 디자인해 보도록 한다.
2. 그림 그리기 활동으로 한복에 무늬를 넣어 볼 수 있다.

출처: 보건복지부·교육과학기술부(2013c). 3세 누리과정 교사용 지도서 5권. pp. 223-226.

❷ 그림 속 우리 동네

● **놀이의 교육적 가치**

우리 동네에 관심을 갖고 살고 있는 동네의 모습을 다양한 방법으로 표현해 봄으로써 지역 사회에 대한 이해를 넓히고, 감상 능력을 발달시킨다.

● **대상 연령:** 만 4세

● **놀이 교구:** 사진(홍찬석의 '꿈의 마을Ⅱ', 우리 동네 미술관 내부 모습), 동영상 자료(홍찬석의 '꿈의 마을Ⅱ', 그림 속 우리 동네)

● **교사의 역할과 지원**

1. 우리 동네 미술관 내부 모습 사진을 보며 이야기를 나눈다.
   - 여기가 어디인 것 같니?
   - 그림이 왜 있을까?
   - 이런 곳에서 그림을 보면 어떤 느낌이 드니?
   - 이런 곳을 무엇이라고 할까? 미술 작품을 감상할 수 있는 곳을 미술관이라고 한단다.
   - 미술관에서는 그림을 볼 수 있고 조각이나 조형물도 전시되어 있단다.
2. 미술관 동영상을 보며 우리 동네 미술관에 가 본 경험을 이야기한다.
   - 너희들도 이곳에 가본 적이 있니?
   - 미술관에 가서 무엇을 보았니?
   - 미술관에서는 그림도 볼 수 있고 조각이나 조형물도 감상할 수 있단다.
3. 미술관에 전시되었던 '꿈의 마을Ⅱ' 그림을 보며 이야기를 나눈다.
   - 그림을 자세히 보자. 무엇이 보이니?
   - 무엇을 그림으로 그린 것일까? 동네를 그린 거란다.
   - 그림 속의 동네에서 무엇이 보이니?
   - 무엇으로 그림을 그렸을까?
   - 우리 동네에서도 이런 모습을 본 적이 있니?
   - 그림을 그릴 때 가장 먼저 무엇을 했을 것 같니?
   - 그 다음엔 무엇을 했을 것 같니?
   - 누가 이 그림을 그렸을까?
4. 그림을 그린 작가에 대해 이야기를 나눈다.
   - 이런 그림을 그린 사람을 무엇이라고 부를까? 그림 그리기를 좋아하고 그림 그리는 연습을 많이 해서 그림 그리는 것을 직업으로 하는 사람을 '화가'라고 한단다.
   - 우리가 감상할 이 그림은 '홍찬석'이라는 화가의 작품이야. 이 화가는 대학교에서 대학생들에게 미술을 가르치는 교수님이란다.
5. '꿈의 마을Ⅱ' 작품을 음악이 있는 그림 동영상으로 보며 감상해 본다.
   - 화가가 무슨 생각을 하며 그림을 그렸을지 움직이는 그림을 감상하면서 생각해 보자.

- (푸른 언덕과 하늘에 벽과 지붕이 그려지는 모습을 보고) 무엇을 그리기 시작했니?
- 우리 동네에 무엇이 그려졌니?
- 우리 동네에 무엇이 찾아오고 있니?
- 새와 강아지가 있던 우리 동네에 나무가 그려지니 어떤 생각이 드니?
- 멀리 조그맣게 보이는 것은 무엇일까?
- 언덕만 있을 때와 새, 나무, 꽃, 먼 곳의 집, 구름이 함께 있는 그림은 어떻게 다르니?

6. '꿈의 마을 II' 작품을 보며 작품의 제목에 대해 생각해 본다.
   - 너희들은 이 그림의 제목을 무엇이라고 정하고 싶니?
   - 왜 그렇게 생각했니?
   - 이 화가는 작품 제목을 무엇이라고 생각했을까?
   - 왜 그렇게 생각했을 것 같니?
   - 이 화가는 그림을 보는 사람들이 '시골 전원 마을에서 한가로이 노니는 새들과 강아지 그리고 마을을 아름답게 수놓은 꽃들의 여유'를 느끼게 해 주고 싶었다는구나.
7. '꿈의 마을 II' 그림을 감상한 느낌을 이야기해 본다.
   - 움직이는 그림을 감상해 보니 어떠니?
   - 너희가 화가가 되어 우리 동네를 그린다면 무엇을 더 그리고 싶니? 무엇을 빼고 싶니?

● 놀이 지원 Tip

1. 그림을 감상할 때는 옆 사람의 그림 감상에 방해되지 않도록 하는 것이 기본 예절이지만 요즘은 작가의 의도에 따라 다양한 방법으로 전시하고 감상할 수 있음을 알려 준다.
2. 미술 감상은 꼭 미술관에서만 할 수 있는 것이 아니므로 동네에 미술관이 없는 지역에서는 그림을 주변 생활 공간에 전시하여 미술 감상 활동을 하도록 하며, 동영상을 통해 미술 감상을 할 수 있도록 한다.
3. 동네에 벽화가 있다면 그림 감상의 소재로 활용하도록 한다.

● 놀이 평가

1. 우리 동네의 모습에 관심을 갖고 다양한 방법으로 표현할 수 있는지 평가한다.
   - 우리 동네의 모습에 관심을 가지는가?
   - 우리 동네의 모습을 다양한 방법으로 표현할 수 있는가?
2. 다양한 방법으로 그림을 감상하는지 평가한다.
   - 미술관에 전시된 그림을 감상하는가?
   - 동영상을 통해 그림을 감상하는가?

● 확장 활동

1. '나도 화가가 되고 싶어요' 미술 놀이로 내가 생각한 우리 동네 모습을 다양한 재료를 활용하여 표현하는 놀이로 확장해 볼 수 있다.
2. '큐레이터가 하는 일' 역할 놀이로 확장하여 움직이는 그림에 대해 안내하고 그림을 효과적으로 감상하기 위한 전시를 해 볼 수 있다.
3. 유아들의 작품을 교실이나 유치원(어린이집) 복도에 전시해 미술관 놀이를 할 수 있다.

출처: 보건복지부.교육과학기술부(2013e). 4세 누리과정 교사용 지도서 4권. pp. 118-120.

❸ 나뭇잎 도장 찍기

● **놀이의 교육적 가치**

- 유아가 나뭇잎을 물감으로 찍어 보는 과정에 관심을 갖고 놀이함으로써 예술적 표현 능력이 발달한다.
- 나뭇잎의 색을 다양하게 표현함과 동시에 찍혀 나온 나뭇잎의 특징을 관찰해 봄으로써 탐구하는 태도가 발달한다.

● **대상 연령:** 만 3세

● **놀이 교구:** 여러 종류의 나뭇잎(은행잎, 단풍잎, 목련 잎, 무궁화 잎, 소나무 잎 등), 찍기 자료(물감, 접시, 스펀지), 도화지, 미술 가운

● **교사의 역할과 지원**

1. 다양한 나뭇잎을 탐색하고, 활동을 소개한다.
   - 나뭇잎에 물감을 묻혀 찍으면 어떤 무늬가 나올까?
   - 어떻게 하면 나뭇잎에 물감이 잘 묻을 수 있을까?
   - 스펀지로 물감을 골고루 묻혀 주자.
2. 다양한 나뭇잎을 찍어 본다.
   - 무슨 색 나뭇잎을 찍어 볼까?
   - 물감을 묻히니 빨간색 나뭇잎이 초록색 나뭇잎이 되었구나.
3. 물감에 찍혀 나온 나뭇잎에 대해 이야기를 나눈다.
   - 종이에 찍힌 나뭇잎의 모양은 무엇처럼 보이니?
   - 나뭇잎을 찍고 나니 어떤 무늬가 생겼니?

● **놀이 지원 Tip**

1. 사전에 산책을 나가 바닥에 떨어진 나뭇잎을 주워 본다. 단, 바닥에 떨어진 나뭇잎을 수집하도록 하며 나무에서 나뭇잎을 떼지 않도록 한다.
2. 너무 마른 나뭇잎을 사용할 경우 찍는 도중 나뭇잎이 부서질 수 있으므로 마르지 않은 나뭇잎을 사용하도록 한다.
3. 무늬가 잘 찍혀 나올 수 있도록 나뭇잎에 물감을 고르게 묻히도록 안내한다. 단, 물감을 너무 많이 묻히는 경우 잎맥 등의 표현이 어려울 수 있으므로, 스펀지를 이용하여 적당량의 물감을 사용하도록 격려한다.
4. 옷에 물감이 묻을 수 있으므로 미술 가운을 입고 활동하도록 한다.

● **놀이 평가**

1. 나뭇잎을 이용한 물감 찍기 활동에 관심을 보이고, 자발적으로 참여하는지 평가한다.
   - 나뭇잎 찍기 활동에 즐겁게 참여하는가?
2. 나뭇잎의 색을 다양하게 표현하는지 평가한다.
   - 나뭇잎이 가진 색에 관심을 보이고 새로운 색의 나뭇잎으로 표현하는가?
3. 찍어 낸 나뭇잎의 특징에 관심을 가지는지 평가한다.
   - 나뭇잎이 가진 모양과 무늬에 관심을 보이는가?

● **확장 활동**

1. 찍어 낸 나뭇잎을 오려서 다양한 모양을 만들어 본다.
2. 라이트 테이블을 이용하여 수집해 온 나뭇잎의 잎맥 등을 관찰하고, 물감으로 찍어 낸 잎맥 등과 비교해 관찰한다.
3. 모루를 이용하여 나뭇잎 모양의 찍기 자료를 만들어 물감 찍기를 해 본다.

출처: 보건복지부·교육과학기술부(2013b). 3세 누리과정 교사용 지도서 3권. pp. 137-139.

❹ 동생들에게 물려줄 교실 지도 그리기

● **놀이의 교육적 가치**

- 유아가 동생들에게 물려줄 교실 지도 그리기 놀이를 통해 교실 공간을 글과 그림으로 표현해 봄으로써 위치와 방향에 대한 수학적 탐구 능력 발달을 도모한다.
- 교실을 구체적으로 관찰함으로써 주변 사물과 자연 세계에 대한 탐구 능력이 발달한다.

● **대상 연령:** 만 4세

● **놀이 교구:** 전지, 연필, 지우개, 막대자, 지도

● **교사의 역할과 지원**

1. 동생 반에게 교실을 물려줄 때 동생들에게 교실에 대해 알려 줄 수 있는 방법들에 대해 이야기를 나눈다.
2. 지도에 대해 이야기를 나눈다.
   - 지도를 본 적 있나요?
   - (준비된 지도를 보여 주며) 이것은 어디를 나타내는 지도일까요?
   - 지도가 있다면 어떤 점이 좋을까요?
3. 교실 지도를 그리는 방법에 대해 이야기를 나눈다.
   - 교실의 문은 어디로 하면 좋을까요?
   - 쌓기 놀이는 어디 위치에 그리면 좋을까요?
   - 무엇으로 그리면 좋을까요?
4. 유아의 생각을 도화지에 글과 그림으로 표현해 본다.
5. 다양한 그리기 도구를 사용하여 지도를 꾸민다.
6. 전지에 지도를 그린 후 평가한다.
   - 동생들에게 알려 줄 교실을 지도로 그려 보니 기분이 어땠나요?
   - 어려운 점은 없었나요? 어떤 점이 재미있었나요?

● **놀이 지원 Tip**

1. 친구와 협력하여 지도를 구성하도록 한다.
2. 유아들의 관심에 따라 교실의 영역과 공간을 충분히 탐색하도록 시간을 제공한다.

● **놀이 평가**

1. 지도 그리는 과정을 통해 자신의 생각과 느낌을 정확하게 표현하였는지 평가한다.
   - 관찰한 교실의 위치를 정확히 표현하는가?
   - 생각과 느낌을 그림으로 잘 표현할 수 있는가?
2. 한 해 동안 지내 온 교실을 주의 깊게 관찰하는지 평가한다.

● **확장 활동**

1. 직접 그린 교실 지도를 동생 반에 가져가서 소개해 줄 수 있다.

출처: 보건복지부·교육과학기술부(2013f). 4세 누리과정 교사용 지도서 8권. pp. 271-272.

5. 음률 영역

1) 음률 놀이의 교육적 가치

유아 음률 활동은 노래 부르기, 음악 듣기, 악기 다루기 및 다양한 매체를 활용한 신체 표현하기 등의 활동을 포함한다. 유아들은 음악을 즐기면서 정서적 만족감을 느끼고 부정적 감정을 해소할 수 있으므로 음률 활동은 유아의 정서 발달에 도움이 된다. 이러한 즐거움의 과정에서 자신의 감정을 창의적으로 표현할 뿐만 아니라, 타인의 감정을 민감하게 알아차리는 능력이 발달한다. 악기를 다루고 동작으로 표현하고 노래를 부르면서 대소근육을 사용하는 조절 능력, 눈과 손의 협응력 등 감각 발달이 향상된다. 나아가 다양한 음색의 소리 탐색, 악기 다루기 등은 유아의 사고력 및 문제 해결력 발달에도 도움이 된다.

2) 음률 놀이 지원을 위한 교사의 역할

음률 영역에서 놀이하는 유아를 지원하는 교사의 역할은 다음과 같다.

첫째, 유아들에게 감상의 기회를 준다. 유아들에게 음악 감상의 기회를 제공해 줌으로써 유아의 음악 듣기 활동이 즐겁게 이루어질 수 있도록 한다. 유아 스스로 감상할 수 있도록 조작이 단순한 음악 기자재를 제공하고 감상 자료를 주제에 맞게 제공해 주는 것은 유아의 흥미를 더욱 유발할 수 있다.

둘째, 유아의 창의적인 표현을 격려한다. 교사가 음악을 즐기는 일은 유아의 음악 활동에 긍정적인 역할 모델이 될 수 있다. 유아가 음악을 즐기고 유아의 창의적인 표현을 격려하는 것은 유아의 음악 활동을 촉진하고 독창적인 태도를 기르는데 도움이 된다.

셋째, 유아에게 악기 연주법을 안내한다. 음률 영역에 제시된 악기 탐색이 충분히 이루어진 유아를 발견할 경우 좋은 소리를 낼 수 있도록 악기의 바른 연주법을 안내해 줄 수 있다. 이러한 과정을 통해 점차 유아는 음악에 대해 관심과 흥미를 갖게 된다.

넷째, 생활 속에서 음률 활동을 경험할 수 있도록 지원한다. 일상생활 속에서 유아가 여러 가지 소리를 듣고 움직임에 대한 탐색을 음률 활동과 연결하여 경험할 수 있도록 지원한다. 주변에서 들려오는 바람소리, 자동차 지나가는 소리, 기계 돌아가는 소리, 시계 소리 등 다양한 소리들이 유아의 음악적 재료로 활용될 수 있다.

3) 음률 놀이 활동의 실제

음률 영역에서 이루어지는 유아의 다양한 음률 놀이 활동의 예를 소개하면 다음과 같다.

❶ 크시코스의 우편 마차

● **놀이의 교육적 가치**

– 유아가 옛날 교통수단인 마차에 관심을 갖고, '크시코스의 우편 마차'를 감상함으로써 감상 능력을 발달시킨다.

– 음악을 들으며 자신의 생각과 느낌을 손가락으로 표현하는 놀이를 통해 음악 능력 발달을 도모한다.

● **대상 연령:** 만 3세

● **놀이 교구:** '크시코스의 우편 마차(헤르만 네케 작곡)' 음악 테이프, 손가락 마차 인형

● **교사의 역할과 지원**

1. '크시코스의 우편 마차' 이야기를 들려주며 손가락 마차 인형을 소개한다.

〈크시코스의 우편 마차 이야기〉

옛날 옛날에 편지를 배달해 주는 마차가 살고 있었어요.
그런데 어떤 누구도 이 마차를 끌지 못했어요.
빨리 편지를 배달해 주어야 하는데 마차가 꼼짝도 하지 않으니 큰일이지요?
그런데 사실 이 마차에게는 비밀이 하나 있었어요.
그건 바로 마차가 좋아하는 음악을 들려주어야 달릴 수 있다는 거였어요.
여기에 담겨 있는 음악을 들으면 마차는 신이 나서 따그닥 따그닥 달릴 수 있어요.
우리 친구들이 한번 마차를 신나게 끌어 보지 않겠어요?

2. 손가락 마차 인형을 끼고 '크시코스의 우편 마차' 음악을 들려주며 느낀 대로 손가락을 움직여 보도록 한다.
   – 음악을 들으면서 손가락 마차를 움직여 볼까?
   – 마차가 아주 빠르게 달리는 구나, 어떻게 마차를 움직여 볼 수 있을까?
   – 다리 위도 달려 볼 수 있겠니?
   – 마차가 진흙탕 속에서도 달리는구나.

● **놀이 지원 Tip**

1. 손가락 마차가 달릴 수 있는 다양한 재질(까끌한 느낌, 매끄러운 느낌 등)의 바닥(언덕, 다리 등)을 만들어 주어도 좋다.

● **놀이 평가**

1. 옛날 교통수단인 마차에 관심을 가졌는지 평가한다.
2. 음악을 감상하며 느낌을 자유롭게 손가락으로 표현하는지 평가한다.

● **확장 활동**

1. 손가락 마차 인형을 조작하며 다양한 다른 음악(국악 등)을 감상할 수 있다.

출처: 보건복지부·교육과학기술부(2013c). 3세 누리과정 교사용 지도서 5권. pp. 59-60.

❷ 봄비가 되어 보아요

● 놀이의 교육적 가치

봄비가 내리는 모습에 관심을 갖고, 음악의 느낌에 따라 비의 움직임을 창의적으로 표현하는 놀이를 통해 과학적 사고 및 음악적 능력을 발달시킨다.

● 대상 연령: 만 4세

● 놀이 교구: 빗소리 효과 음악, 쇼팽의 '빗방울 전주곡'과 피아노곡 '빗방울(이은화·김순세 공편)' 음원, 리본 막대, 스카프

● 교사의 역할과 지원

1. 음원을 이용하여 빗소리 혹은 음악을 들려주고 어떤 느낌이 드는지 이야기해 본다.
   - 선생님이 어떤 소리를 이 안에 담아 왔어요. 어떤 소리일까요?
   - 빗소리 효과 음악, '빗방울' 피아노곡을 들려준다.
   - 들어보니 어떤 소리인 것 같아요? 이 음악은 피아노라는 악기로 하늘에서 내리는 비의 모습을 표현한 거예요. 어떤 느낌이 들었나요?
2. 봄비와 관련하여 경험한 것(비가 내리는 날 장화 신고 걸어 보기, 손바닥에 봄비를 받아 보기, 뺨에 빗방울이 닿았을 때의 경험 등)에 대해 이야기를 나눈다.
3. 음악에 맞추어 비가 땅에 떨어지는 모습을 손가락 혹은 몸짓으로 나타내 본다.
4. 음악을 들으며 리본 막대, 스카프 등의 도구를 활용하여 비가 오는 다양한 모습을 표현해 본다.
   - 리본 막대와 스카프를 가지고 봄비가 내리는 모습을 만들어 볼까요?
   - 바람이 살랑살랑 불어오는 길을 걷고 있는데, 앗! 차가워. 하늘에서 빗방울이 조금씩 떨어지네요. 점점 더 빗줄기가 굵어지면서 많은 비가 내려요.
   - ㅇㅇ가 표현한 봄비는 굉장히 빠른 속도로 내리는군요?
5. 봄비가 내리는 모습을 표현해 본 느낌에 대해 이야기를 나눈다.

● 놀이 지원 Tip

1. 비가 오지 않는 날이나 한참 동안 비가 온 적이 없다면 비 오는 풍경의 동영상, 사진을 함께 보는 것이 효과적이다.

● 놀이 평가

1. 봄비가 내리는 모습에 관심을 갖는지 평가한다.
2. 음악의 느낌에 따라 비의 움직임을 창의적으로 표현하는지 평가한다.

● 확장 활동

1. 유아들의 창의적인 표현을 동영상으로 촬영하여 또래들과 함께 감상할 수 있다.
2. 또래들의 창의적인 표현 방법에 대해 이야기를 나눌 수 있다.

출처: 보건복지부·교육과학기술부(2013d). 4세 누리과정 교사용 지도서 1권. p. 68. 수정.

❸ 내 몸은 신기한 악기예요

● **놀이의 교육적 가치**

유아가 몸으로 내는 소리에 관심을 갖고, 몸의 각 부분을 활용하여 소리를 만들어 보는 놀이를 통해 신체를 인식하는 능력 및 예술적 표현 능력이 발달한다.

● **대상 연령:** 만 3세

● **놀이 교구:** 몸동작(손뼉 치기, 무릎 치기, 발 구르기, 입으로 소리 내기) 그림 카드

● **교사의 역할과 지원**

1. 신체 부위를 활용하여 소리를 내어 본다.
   - 손으로 어떻게 소리를 낼 수 있을까?
   - 손으로 또 어떤 다른 소리를 낼 수 있을까?
   - 우리 몸으로 어떻게 소리를 낼 수 있을까?
   - 우리 몸으로 또 어떤 다른 소리를 낼 수 있을까?
2. 신체 부위로 소리를 내는 그림 카드를 보며 우리 몸을 이용하여 소리를 내어 본다.
   - 어떻게 소리를 내는 그림이니?
   - 그림처럼 우리도 몸으로 소리를 내어 볼까?
3. 노래에 맞춰 신체 부위로 소리를 내면서 연주해 본다.
   - 내 몸으로 마음대로 소리를 내며 노래에 맞춰 연주를 해 볼까?
   - 그림 카드처럼 몸으로 소리 내면서 노래에 맞춰 연주해 볼까?
4. 그림 카드에 있는 방법 외에 다른 방법으로 소리를 내어 본다.
   - 또 다른 방법으로 소리를 만들어 볼까?
   - 우리 몸의 어떤 부분으로 소리를 낼 수 있을까?
5. 활동을 평가한다.
   - 우리 몸으로 소리를 내니 무슨 생각이 들었니?
   - 활동하면서 무엇이 재미있었니?
   - 어떻게 소리를 만들 때 재미있었니?

● **놀이 지원 Tip**

1. 신체 부위로 소리를 내어 연주할 때에는 유아들에게 익숙한 노래를 활용한다.

● **놀이 평가**

1. 몸으로 내는 소리에 관심을 가지는지 활동 과정을 통해 평가한다.
2. 몸의 각 부분을 활용하여 소리를 만드는지 관찰을 통해 평가한다.

● **확장 활동**

1. 친구와 함께 소리를 만들어 보는 활동을 할 수 있다.
2. 노래에 맞춰 몸으로 만든 소리로 연주 놀이를 할 수 있다.

출처: 보건복지부·교육과학기술부(2013b). 3세 누리과정 교사용 지도서 3권. pp. 262-263.

❹ '아껴요 아껴' 악기 연주하기

● **놀이의 교육적 가치**

리듬 악기 연주에 즐겁게 참여함으로써 예술적 표현 능력이 발달한다.

● **대상 연령:** 만 4세

● **놀이 교구:** '아껴요 아껴(최신애 작사·서광선 작곡)' 음악, 그림 악보, 리듬 악기(리듬 스틱, 마라카스)

● **교사의 역할과 지원**

1. 리듬 악기를 보며 이야기를 나눈다.
   - 이 악기를 본 적이 있니?
   - 모양(색깔)이 어떻게 생겼니?
   - 이 악기는 어떤 소리가 날까?
   - 이 악기의 이름은 무엇일까?
2. '아껴요 아껴' 음악에 맞추어 악기를 자유롭게 연주해 본다.
   - 마라카스로 어떤 부분을 연주하면 좋을까?
   - 어떻게 악기를 소리 내면 좋을까?
   - 다른 방법으로 소리를 내 볼까?
3. 그림 악보를 보면서 악기로 연주해 본다.
   - 이 부분은 어떤 악기로 연주하면 좋을까?
   - 이 부분은 어떤 방법으로 연주하면 좋을까?
   - ㅇㅇ처럼 연주하는 것은 어떻게 그림으로 표현하면 좋을까?
4. 연주를 해 본 느낌에 대해서 이야기를 나눈다.
   - 리듬 악기(리듬 스틱, 마라카스)를 연주하고 나니 어떤 느낌이 드니?
   - 가장 재미있었던 부분은 무엇이니?
   - 어떤 리듬 악기로 더 연주해 보고 싶니?

● **놀이 지원 Tip**

1. 손, 발, 몸 등 신체를 이용한 리듬 치기를 한 후 리듬 악기를 이용하여 연주를 해 본다.
2. 그림 악보는 유아들의 의견을 수용해서 정하도록 한다.
3. 유아들이 노래에 친숙해질 수 있도록 자유선택활동 시간에 음악을 미리 듣게 한다.

● **놀이 평가**

1. 리듬 악기 연주에 즐겁게 참여하는지 평가한다.

● **확장 활동**

1. 모둠별로 그림 악보를 만들고 연주해 본다.
2. 제목이나 가사를 바꾸는 활동을 해 본다.
3. 연주 모습을 동영상으로 찍어서 방송하거나 다른 반들과 함께 감상해 본다.

출처: 보건복지부·교육과학기술부(2013f). 4세 누리과정 교사용 지도서 8권. pp. 111-113.

6. 역할 영역

1) 역할 놀이의 교육적 가치

유아들은 주변에서 경험한 역할을 해 보는 활동을 즐긴다. 이러한 'ㅇㅇ가 되어 보기'를 하면서 실제와 유사한 상황에서 대화하고 그 상황에 맞는 언어를 구사하며, 다른 사람의 말을 주의 깊게 들음으로써 유아의 의사소통 능력이 향상된다. 또래와의 놀이 중 규칙을 알게 되며, 다른 사람과의 관계에서 필요한 사회적 기술을 습득하게 된다. 역할 영역에서 이루어지는 극화 놀이를 통해 유아는 자신의 감정을 자연스럽게 표현하면서 정서적 안정감을 가질 수 있다. 유아 초기에는 엄마, 아빠, 선생님 등 자신과 밀접하게 관련된 사람들을 흉내 내는 것을 시작으로, 가게 놀이에서 주인 역할, 의사, 경찰, 소방관 등 다양한 사회적 역할로 확대하여 놀이를 한다. 취학 전 유아들은 좀 더 세분화된 사회극 놀이로 발전하고, 나아가 경험해 보지 못한 우주, 세계 여러 나라 사람들의 생활 모습까지도 표현해 낼 수 있다.

2) 역할 놀이 지원을 위한 교사의 역할

역할 영역에서 놀이하는 유아들을 지원하기 위한 교사의 역할을 살펴보면 다음과 같다.

첫째, 유아들이 익숙하지 않은 역할 표현은 교사가 지원해 준다. 역할 놀이 영역에서 유아들이 익숙하지 않은 역할을 표현할 때 교사는 그 역할에 어울리는 언어나 행동의 모델이 되어 주어 유아들의 놀이가 지속될 수 있도록 돕는다.

둘째, 역할 놀이 영역에서 일어나는 놀이를 잘 관찰하면서 놀이를 효과적으로 지원한다. 유아들이 계획한 놀이가 원활히 진행될 수 있도록 교사는 적절한 개입을 통하여 유아의 놀이를 지원한다.

셋째, 놀이가 구조화되지 않도록 한다. 놀이 계획과 실행의 과정이 지나치게 구조화되면 유아들은 놀이에 흥미를 잃게 된다. 유아들의 흥미와 관심, 자발성에 따라 융통성 있게 운영할 필요가 있다.

넷째, 유아의 개인차를 인정하고 개별적으로 접근한다.

다섯째, 역할 놀이를 통해 감정의 정화가 이루어질 수 있도록 유아의 감정을 언어로 표현해 주어 유아가 자신의 감정과 정서를 알아 갈 수 있도록 지원한다.

여섯째, 주도적인 역할만을 하려는 유아에게는 다른 사람을 배려하고 다른 역할도 가치가 있음을 알게 하고 다양한 역할에 참여할 수 있도록 안내하고 배려한다. 아울러 교사는 유아들이 가질 수 있는 편견을 없애기 위해 노력할 필요가 있다(예: 남녀 역할, 특정 계층의 역할 등).

일곱째, 역할 놀이를 지도하기 위해 교사는 관찰자, 계획자, 안내자의 역할을 담당해야 한다. 유아들이 많이 참여하는 역할 놀이의 주제는 무엇인지, 각 유아가 역할 놀이에서 어떤 역할을 주로 맡는지, 어떤 놀이 영역에서 역할 놀이가 많이 일어나는지, 역할 놀이에 가장 빈번히 사용되는 놀잇감은 무엇인지, 그리고 역할 놀이 집단은 어떻게 구성되는지 등에 대한 다양한 상황을 교사는 관찰해야 한다. 또한 역할 놀이가 진행되는 과정에서는 유아가 모든 의사 결정이나 행동의 주체가 되지만, 교사는 역할 놀이의 질을 높이기 위해서 사전에 교수 방법과 환경 구성에 대한 계획을 세워야 한다(예: 주제 결정, 운영 방법 계획, 평가 방법 계획 등). 유능한 안내자는 상대방을 심리적으로 편안하게 해 주는 정서적인 후원자가 되어 줄 수 있다. 유아가 편안한 분위기에서 자신의 생각, 느낌 및 감정을 솔직하게 놀이로 표현할 수 있도록 허용적인 분위기를 조성해 준다.

3) 역할 놀이 활동의 실제

다음에 소개하는 유아 놀이 활동은 유아들의 흥미나 관심에 따라서 역할 영역에서 통합적으로 이루어질 수 있는 활동들이다. 특히 6가지 활동 중에서 활동 ③과 ④는 활동의 유형이 대소집단활동인 동극이다.

❶ 자동차를 타고 소풍 가요

● **놀이의 교육적 가치**

- 자동차를 타고 소풍 간 경험을 놀이로 표현해 봄으로써 극놀이의 즐거움을 경험할 수 있다.
- 또래와 즐겁게 놀이하는 과정을 통해 사회관계를 발달시킨다.

● **대상 연령:** 만 3세

● **놀이 교구:** 도시락 통, 물통, 소풍 가방, 밀가루 반죽, 여러 가지 음식 모형, 사진기, 돗자리, 모자, 선글라스, '자동차를 타고 소풍 가요' 플래시 동화

● **교사의 역할과 지원**

1. '자동차를 타고 소풍 가요' 플래시 동화를 보여 준다.
2. 동화 감상 후 자동차를 타고 소풍을 가 본 경험에 대한 이야기를 나누고, 소풍 갈 것을 제안한다.
   - 소풍을 가 본 적 있니?
   - 누구와 함께 가 보았니?
   - 무엇을 타고 갔었니?
   - 오늘 날씨도 참 좋은데, 우리도 자동차 타고 소풍을 가 볼까?
3. 역할 놀이 영역에서 반죽으로 음식을 만들 수 있도록 준비한다. 이때 도시락 통과 물통을 제시하여 유아들이 음식 만들기에 관심을 가지게 한다.
   - 이렇게 생긴 통을 본 적 있니?
   - 반죽으로 만든 음식을 도시락 통에 담아 보면 어떨까?
4. 소풍을 가기 위해 필요한 물건들을 정해 보고 소풍 놀이를 준비한다.
   - 소풍 갈 때 어떤 것들이 필요할까?
   - 도시락으로 어떤 음식을 싸 가면 좋을까?
   - 이 많은 짐을 어디에 넣어 가면 좋을까?
   - ㅇㅇ는 선글라스도 끼고 모자도 썼네. 소풍 갈 치장을 멋지게 했는걸?
5. 쌓기 영역에 구성한 자동차를 타고 소풍을 떠난다.
   - 짐이 너무 많은데, 이 자동차에는 짐을 싣는 곳은 없나요?
   - 누가 운전사를 해 볼까?
   - 우리 어디로 소풍 간다고 할까?
   - 숲속이나 놀이공원으로 가 보자.
6. 도로에서 볼 수 있는 자동차들에 대해 이야기해 본다.

7. 운전사의 안내에 따라 자동차에서 내려 소풍 놀이를 전개한다.
   - 예쁜 꽃들이 많이 피어 있네. 돗자리는 어디에 펴면 좋을까?
   - 아, 배가 고파요. ㅇㅇ는 어떤 음식을 싸 왔니?
   - 여기 예쁜 꽃들이 정말 많이 피었는걸? 같이 사진 찍으면 정말 예쁘겠다.
   - 소풍을 나오니 기분이 어때?

● 놀이 지원 Tip

1. 색 밀가루 반죽을 역할 놀이 영역에 내어 주어 유아들이 음식 만들기에 사용할 수 있도록 한다.
2. 유아가 자신의 경험을 반영할 수 있도록 격려한다.
3. 소풍 놀이가 마무리될 때, 치우는 것 또한 놀이의 과정에 포함되도록 한다.

● 놀이 평가

1. 유아가 자신의 경험을 놀이로 표현하였는지 평가한다.
2. 친구와 즐겁게 놀이에 참여하였는지 평가한다.

● 확장 활동

1. 미술 영역에서 비닐로 친구와 함께 앉을 돗자리 꾸미기 활동을 전개한다.
2. 실제로 잼과 샌드위치 만들기 등의 요리 활동으로 이어가, 도시락을 준비하여 가까운 곳으로 소풍을 가 볼 수 있다.
3. '자동차를 타고 소풍 가요' 플래시 동화를 감상하고 쌓기 놀이 영역에서 다양한 자동차를 구성하고 자동차를 타고 도로를 달리는 역할 놀이를 해 볼 수 있다.

출처: 보건복지부·교육과학기술부(2013c). 3세 누리과정 교사용 지도서 5권. pp. 38-40.

❷ 음식 배달 왔어요

● **놀이의 교육적 가치**

음식을 배달하는 차에 관심을 갖고, 자신의 경험을 또래와 함께 극놀이로 표현해 봄으로써 친구와 함께 놀이하는 즐거움을 통해 긍정적인 정서 및 사회관계를 발달시킨다.

● **대상 연령:** 만 3세

● **놀이 교구:** 음식 배달하는 오토바이 혹은 자동차 사진, 음식 모형, 색 밀가루 반죽, 음식 배달 박스, 배달 가방, 전화기, 배달원 조끼와 모자

● **교사의 역할과 지원**

1. 음식점 놀이를 하고 있는 유아들에게 전화를 걸어 음식이 배달되는지 물어보면서 음식 배달에 관심을 가지도록 한다.
   - 혹시 집으로 음식을 배달해 주실 수 있나요?
2. 집에서 음식을 배달시켜 먹어 본 경험에 대해 이야기를 나눈다.
   - 집에서 음식을 배달시켜 먹어 본 적이 있니?
   - 어떤 음식을 주문해서 먹어 보았니?
3. 음식 배달에 대해 이야기한다.
   - (음식 포장 박스, 배달 가방을 제시하며) 이렇게 생긴 것을 본 적이 있니?
   - 음식을 배달해 주는 식당에는 어떤 사람들이 필요할까?
   - 음식을 배달해 줄 때, 어떻게 갈 수 있을까?
   - 배달해 주는 차나 오토바이를 타고 가요.
4. 역할을 정하고 음식 배달 놀이를 한다.
   - 음식을 만드는 사람(배달해 주는 사람, 음식 시켜 먹을 사람)은 누가 하면 좋을까?
   - 우리 음식점에서는 어떤 음식을 배달해 준다고 할까?
   - 배달해 줄 음식은 어디에 담아 주면 좋을까?
   - 박스나 그릇에 담아서 줘요.
   - 배달 차에 배달 가방을 실을 수 있는 곳이 있니?
   - 음식을 시켜 먹을 친구들의 집은 어딘가요?
   - 음식을 주문하려면 어떻게 해야 할까?
   - 전화로 주문하거나 음식점에 가서 말해요.
   - 음식을 배달시켜 먹어 보니 어떠니?
5. 다음날 음식 배달 놀이에 더 필요한 것들에 대해 이야기를 나눈다.
   - 혹시 음식 배달 놀이에 더 필요한 것은 없을까?

● **놀이 지원 Tip**

1. 유아의 경험과 발달 수준에 따라 적절히 조절하여 질문한다.
2. 피자, 치킨 박스 등 음식 배달을 할 때 사용하는 실제 박스들을 준비해 내어 준다.

● **놀이 평가**

1. 유아의 배달 음식과 관련된 경험이 놀이에 즐겁게 반영되었는지 평가한다.
2. 친구와 함께 즐겁게 놀이하였는지 평가한다.

● **확장 활동**

1. 수·조작 놀이 영역에서 배달 음식과 관련된 물건(배달 차, 배달 가방, 배달 박스 등)을 가지고 짝짓기 활동을 할 수 있다.

출처: 보건복지부·교육과학기술부(2013c). 3세 누리과정 교사용 지도서 5권. pp. 73-74.

❸ 동화 '장갑' 이야기

● 놀이의 교육적 가치

동화를 듣고 동화 내용을 이해하며 동화를 바탕으로 자신이 맡은 역할을 극놀이로 표현해 봄으로써 의사소통 능력 및 사회관계 능력을 발달시킨다.

- **대상 연령:** 만 4세
- **활동 형태:** 대소집단활동
- **놀이 교구:** '장갑' 종이컵 동화 자료, 동극 배경(아세테이트와 전지를 이용한 벙어리 장갑), 등장인물 자료(쥐, 개구리, 토끼, 여우, 돼지, 곰)
- **교사의 역할과 지원**

1. 동극 공연을 위해 동화 '장갑'을 감상한다.
   - 오늘은 장갑 속의 동물들이 되어서 동극을 해 보자.
   - 동화를 들으면서 어느 동물이 나오는지, 무슨 말을 하고, 어떻게 행동하는지 잘 생각하며 들어 보자.

〈장갑 이야기〉

해설: 어느 추운 겨울 커다랗고 따뜻한 벙어리 장갑 한 짝이 떨어져 있었어요.
그때 어디선가 쥐가 나타나 장갑 앞으로 쪼르르 달려갔어요.
쥐: 어휴 추워. 어라! 저기 따뜻해 보이는 장갑이 있네?
해설: 쥐는 장갑 안으로 쪼르르 들어갔어요. 그때 개구리가 폴딱폴딱 뛰어왔어요.
개구리: 똑똑똑!
쥐: 저는 먹보 쥐예요. 누구세요?
개구리: 나는 폴딱폴딱 개구리야. 나도 장갑에 들어가게 해 줘.
쥐: 들어오세요.
해 설: 이번에는 토끼가 깡충깡충 달려왔어요.
토 끼: 똑똑똑!
개구리: 저는 폴딱폴딱 개구리예요. 누구세요?
토 끼: 나는 빠른 발을 가진 토끼야. 나도 장갑에 들어가게 해 줘.
개구리: 들어오세요.
해 설: 이번에는 여우가 살금살금 다가왔어요.
여 우: 똑똑똑!
토 끼: 저는 빠른 발 토끼예요. 누구세요?

여 우: 나는 멋쟁이 여우야. 나도 장갑에 들어가게 해 줘.
해 설: 이번에는 돼지가 쿵쿵 다가왔어요.
돼 지: 똑똑똑!
여 우: 나는 멋쟁이 여우예요. 누구세요?
돼 지: 나는 납작한 코를 가진 돼지야. 나도 장갑에 들어가게 해 줘.
여 우: 들어오세요.
해 설: 이제 장갑이 꽉꽉 들어찼어요. 그때 천천히 쿵쾅쿵쾅하며 곰이 걸어왔어요.
곰: 똑똑똑!
돼 지: 나는 납작한 코를 가진 돼지예요. 누구세요?
곰: 나는 느릿한 곰이야. 나도 장갑에 들어가게 해 줘.
돼 지: 들어오세요.
해 설: 동물들은 비좁은 장갑에서 즐거웠어요. 추운 겨울, 장갑에 들어간 동물들은 따뜻하게 지낼 수 있었답니다.

2. 등장인물의 대사를 회상하며 알맞은 목소리와 몸짓 표현을 생각해 본다.
   - 쥐가 들어가자 누가 나타났니?
   - 그래, 개구리가 장갑 앞으로 와서 두들기면서 뭐라고 말했니?
   - 그랬더니 쥐가 뭐라고 말했지?
   - 이번에는 누가 나왔니? 어떤 몸짓으로 토끼가 나왔을까?
   - 토끼가 장갑 안으로 들어가자 누가 나타났니?
   - 그래서 토끼보다 큰 여우는 토끼한테 뭐라고 했어?
   - 여우가 들어가자 여우보다 큰 누가 나왔어?
   - 돼지는 어떤 몸짓으로 왔을까? 여우한테 뭐라고 했어?
   - 가장 마지막에는 누가 나타났지?
   - 곰은 어떤 몸짓을 하며 나타났을까? 뭐라고 말했니?
   - 그래서 장갑 안은 어땠을까?
   - 모두 어떤 몸짓으로 장갑 안에 있었을까? 쥐는? 토끼는?
3. 동극의 배역을 정한다.
   - 쥐가 하고 싶은 사람 있니?
   - 개구리가 하고 싶은 사람 있니?
   - 토끼가 하고 싶은 사람 있니?
   - 여우가 하고 싶은 사람 있니?
   - 돼지가 하고 싶은 사람 있니?
   - 곰이 하고 싶은 사람은?

4. 무대 앞에 나와서 각자 자기가 맡은 역할을 소개한다.
   - 자기가 맡은 역할이 무엇인지 "○○를 맡은 △△입니다."라고 친구들 앞에서 소개해 보자.
5. 연기자와 관객의 태도에 대해 이야기해 본다.
   - 앞에 나와서 동극을 하는 친구들이 지켜야 할 약속은 어떤 것이 있을까?
   - 동극을 하는 친구들이 나오는 곳은 어디로 정할까?
   - 그럼 들어가는 곳은 어디로 정할까?
   - 동극을 앉아서 보는 친구들이 지켜야 할 약속은 어떤 것이 있을까?
   - 우리가 정한 약속을 잘 생각하면서 동극을 해 보자.
6. 동극을 시작한다.
7. 동극을 해 본 후 평가를 한다.
   - 동극을 보니 어떤 생각이 들었어?
   - '이것은 이렇게 바꾸었으면 좋겠어요!'라는 것이 있니?
   - 동화를 잘 들어 보았니? 이 동화에 어떤 동물들이 나왔지?
   - 처음에는 누가 나왔니?
   - 쥐가 어떤 모습으로 걸어왔을까?
   - 쥐가 나타나 뭐라고 했지? 어떤 목소리로 말했을까? 같이 말해 볼까?
   - 우리 모두 앉은 자리에서 함께 몸짓으로 표현해 볼까?
8. 역할을 바꾸어 동극을 해 본다.
   - 그럼 또 다른 친구들이 나와서 한 번 더 해 볼까?
   - '이번엔 제가 토끼가 되고 싶어요!'하는 친구 있니?
   - '쥐는 제가 하고 싶어요!'하는 사람 있니?
9. 활동을 마친 후 전체적인 평가를 한다.
   - 이번엔 다른 친구들이 나와서 동극을 해 봤는데 어땠어?
   - 동극을 하면서 아쉬웠던 부분도 있었니?
   - 동극을 직접 해 본 친구들은 어땠니?
   - 역할 놀이 영역에 자료를 놓아둘 테니 자유선택활동 시간에 친구들과 함께 해 보자.

출처: 박찬옥 외(2018). 보육실습. pp. 150-152.

❹ 위층과 아래층에서 생긴 일

● **놀이의 교육적 가치**

- 유아들이 동극 활동에 참여함으로써 이웃 간에는 서로 지켜야 할 예절과 이웃끼리 서로 배려하는 태도가 필요함을 안다.
- 극놀이를 통해 유아들의 의사소통 능력 및 사회성 발달을 도모한다.

● **대상 연령:** 만 4세

● **활동 형태:** 대소집단활동

● **놀이 교구:** '위층, 아래층'(5세 누리과정 교사용 지도서, 2012) 플래시 동화, 동극의 등장인물 삽화(엄마, 아빠, 준희, 서희, 아래층 할머니, 위층 남자아이 1·2, 위층 아저씨), 동극 대본, 동극 머리띠 8개, 동극 소품(카펫 또는 이불, 종이 벽돌, 종, 안경, 북 등)

● **교사의 역할과 지원**

1. 플래시 동화 '위층, 아래층'을 보고 난 후, 동화 내용에 대해 이야기를 나눈다.
   - 동화에 누가 나왔니?
   - 준희네 가족이 새 집으로 이사했을 때 기분이 어땠을까?
   - 아래층 할머니가 왜 화를 내었니?
   - 할머니가 준희와 서희에게 조용히 해 달라고 했을 때 준희와 서희는 어떻게 했니?
   - 준희네 집 위층에 누가 이사를 왔니?
   - 위층으로 이사 온 아이들이 시끄럽게 했을 때 준희의 기분은 어땠을까?
   - 준희가 조용히 해 달라고 부탁을 했는데도 위층에서 계속 시끄럽게 하였을 때 준희는 무슨 생각을 했니?
   - 준희는 할머니에게 왜 사과해야겠다는 생각이 들었니?
   - 준희는 할머니에게 어떻게 했니?
   - 준희네 가족과 아래층 할머니는 어떤 사이가 되었니?
2. '위층, 아래층' 동극에 필요한 소품을 알아보고 무대 장소를 정한다.
   - 준희네 가족 역할을 맡은 사람들에게 필요한 물건은 무엇일까?
   - 할머니 역할을 맡은 사람에게는 무슨 물건이 필요할까?
   - 위층 아저씨 집, 준희네 집, 아래층 할머니 집을 어떻게 정하면 좋을까?
   - 무엇으로 위층, 준희네, 아래층을 만들면 좋을까?
   - 초인종 소리는 무엇으로 표현하면 좋을까?
   - 역할을 맡은 사람들은 각자 어디에서 기다렸다가 등장하면 좋을까?

3. '위층, 아래층' 동화를 회상하며 동화 속 등장인물이 되어 표현해 본다.
   - 준희네 가족이 이사를 해서 기뻐하는 모습은 어떻게 표현하면 좋을까?
   - 준희네 집으로 올라와 화를 내는 아래층 할머니가 된 것처럼 말해 볼까?
   - 준희와 서희가 술래잡기를 하는 것은 어떻게 표현하면 좋을까?
   - 준희네 집 위층으로 새로 이사 온 남자아이들이 뛰면서 내는 소리는 어떻게 표현하면 좋을까?
   - 준희가 아래층 할머니를 찾아가서 뭐라고 말했니? 다 함께 말해 보자.
4. '위층, 아래층' 동극의 배역을 정한다.
   - 엄마(아빠, 준희, 서희, 아래층 할머니, 위층 남자아이1, 2, 위층 아저씨) 역할은 누가 맡을까?
   - 배역을 원하는 사람이 많을 때는 어떻게 하면 좋을까?
   - 배역을 맡은 친구는 동극 머리띠를 하고 각 역할에 맞는 소품을 가져간다.
5. '위층, 아래층' 동극을 하기 위해 지켜야 할 약속에 대해 이야기를 나눈다.
   - 역할을 맡은 친구들은 몸짓과 목소리를 어떻게 해야 할까?
   - 관객은 어떻게 해야 할까?
   - 동극이 끝나면 역할을 맡은 친구들은 어떻게 하면 좋을까?
   - 동극을 마친 후 자기가 맡은 역할과 자기 이름을 소개해 보자.
6. 친구들과 함께 무대를 꾸민다.
   - 준희네 집은 어디에 만들까?
   - 블록을 이용해 아파트 3개 층(위층 아저씨 집, 준희네 집, 아래층 할머니 집)을 구분하여 꾸민다.
   - 초인종은 무엇으로 만들까?
7. '위층, 아래층' 동극을 한다.
   - 지금부터 ㅇㅇ반의 동극 '위층, 아래층'을 시작하겠습니다!
   - 교사는 유아가 동극하는 모습을 보며 해설을 한다.
   - 교사는 해설을 할 때 유아가 배역에 어울리는 대사와 동작을 제대로 할 수 있도록 도움을 준다.
8. '위층, 아래층' 동극을 하고 난 후 느낌에 대해 이야기를 나눈다.
   - 동극을 하면서 가장 재미있었던 점은 무엇이니?
   - 동극을 보면서 가장 기억에 남는 장면은 무엇이니?
   - 동극을 좀 더 재미있게 하려면 어떻게 하면 좋을까?
   - 해 보고 싶은 역할은 또 무엇이니?
9. 재공연을 해 보고 무대를 정리한다.

● 놀이 지원 Tip

1. 동극은 시간이 많이 필요한 활동이기 때문에 하루에 모두 진행하기보다는 이틀에 거쳐 진행하도록 한다.
2. 상황에 따라 등장인물 수를 융통성 있게 조절하여 진행하도록 한다.
3. 동극 내용이 변하지 않는 범위에서 유아들이 자연스럽게 대사를 바꾸는 것을 허용하도록 한다.
4. 동극 활동 후 유아들의 흥미가 지속되면 자유선택활동 시 동극 자료를 내 주어 유아들이 자유롭게 해 볼 수 있게 배려하도록 한다.
5. 유아들이 이웃 간에 서로 지켜야 할 예의가 있음을 알고, 그것을 실천하는 것이 중요하다는 사실을 이해하도록 한다.

● 놀이 평가

1. 이웃 간에는 서로 지켜야 할 예절이 있다는 것과 서로 배려하는 태도가 필요하다는 것을 아는지 평가한다.
   - 이웃 간에는 서로 지켜야 할 예절이 있다는 것을 아는가?
   - 이웃끼리 서로 배려하는 태도가 필요함을 아는가?
2. 동극에 즐겁게 참여하는지 평가한다.
   - 동극에 적극적으로 참여해 역할을 맡았는가?
   - 동극을 즐겁게 감상하였는가?

● 확장 활동

1. 역할 놀이 영역에서 배역을 바꾸어 가며 동극을 다시 해 볼 수 있다.
2. 이웃에게 잘못한 일이 있었는지 떠올리며 사과의 그림 편지를 써 볼 수 있다.
3. 이웃과 사이좋게 지내는 방법에 대해 이야기를 나누어 볼 수 있다.

출처: 보건복지부·교육과학기술부(2013e). 4세 누리과정 교사용 지도서 4권. pp. 157-161.

❺ 가족 놀이하기

● **놀이의 교육적 가치**

– 유아가 가족 놀이를 통해 가족 구성원이 하는 일에 관심을 가짐으로써 가족을 소중히 여기는 태도가 발달한다.

– 가족 구성원이 하는 일을 극놀이로 표현하는 경험을 통해 예술적 표현 능력이 발달한다.

● **대상 연령:** 만 3세

● **놀이 교구:** 가족 구성원의 다양한 역할 모습 삽화, 가족 옷(양복, 넥타이, 원피스 등), 각종 가방(서류 가방, 핸드백, 책가방 등), 화장 도구(화장품 병, 거울, 빗 등), 할아버지와 할머니 소품(안경, 모자 등), 아기 소품(아기 띠, 침대, 턱받이, 유모차 등)

● **교사의 역할과 지원**

1. 그림 자료를 보며 이야기를 나눈다.
   – 부모님(아빠, 엄마)은 무엇을 하고 계시니?
   – 할아버지(할머니)는 무엇을 하고 계시니?
   – 형(동생)은 무엇을 하고 있니?
2. 준비된 가족 놀이 소품이나 집에서 가져온 가족 놀이 소품을 소개한다.
   – 이것은 무엇일까?
   – 누가 사용하는 걸 보았니?
   – 이것은 어떻게 사용하는 걸까?
3. 가족이 하는 역할에 대해서 유아들이 경험한 이야기를 해 본다.
   – ㅇㅇ는 집에서 무엇을 하니?
   – ㅇㅇ의 가족은 누가 있니?
   – 부모님은 집에서 무엇을 하시니?
   – 언니(오빠, 동생)는 집에서 무엇을 하니?
4. 가족 놀이에 필요한 준비를 한다.
   – 엄마(아빠, 할아버지, 할머니, 형, 동생)가 되려면 어떤 것이 필요할까?
   – 가족 놀이를 하기 위해 더 필요한 것은 무엇일까?
5. 하고 싶은 역할을 정한다.
   – 가족의 역할을 어떻게 정할까?
   – 엄마, 아빠 역할을 여러 명의 친구가 하고 싶으면 어떻게 할까?
6. 여러 가지 소품을 활용하여 역할 놀이를 자유롭게 한다.

● **놀이 지원 Tip**

1. 만 3세 유아의 경우 엄마, 아빠의 역할을 선호하는 경향이 있으므로 다양한 가족 구성원의 역할을 경험하도록 상호작용한다.
2. 준비된 소품 외에 필요한 소품은 미술 영역이나 쌓기 영역에서 충원해 창의적으로 만들 수 있도록 격려한다.
3. 역할 놀이를 할 때 성 역할의 고정 관념에서 벗어나 양성적인 역할을 할 수 있도록 지도한다.

● **놀이 평가**

1. 가족 구성원이 하는 일에 관심을 가지는지 언어적 상호작용을 통해 평가한다.
2. 가족 구성원이 하는 일을 극놀이로 표현할 수 있는지 활동 과정을 통해 평가한다.

● **확장 활동**

1. 수·조작 영역에서 가족 구성원이 쓰는 물건들을 분류하는 놀이를 할 수 있다.

출처: 보건복지부·교육과학기술부(2013b). 3세 누리과정 교사용 지도서 3권. pp. 331-333.

❻ 수레를 끌어요

● **놀이의 교육적 가치**

유아가 사람의 힘을 이용하여 움직이는 수레를 사용해 보고 또래와 함께 협동하여 역할 놀이에 즐겁게 참여해 봄으로써 의사소통 능력 및 사회관계 능력이 발달한다.

● **대상 연령:** 만 4세

● **놀이 교구:** 사진(요구르트 배달 수레, 마트용 카트, 손수레), 실물 자료(장난감 카트, 우유 상자, 우유갑, 요구르트 병, 우유 담는 주머니), 우유 배달 카드

● **교사의 역할과 지원**

1. 물건을 옮기는 방법에 관해 이야기를 나눈다.
   - 무거운 물건을 쉽게 옮기려면 어떤 생활 도구를 사용하면 좋을까?
   - (카트 사진을 보며) 이것은 무엇일까?
   - 수레(카트)를 사용하는 것을 본 적이 있니?
   - 수레(카트)는 언제 사용할까?
   - 수레(카트)를 사용하면 어떤 점이 편리할까?
2. 사람의 힘으로 움직이는 생활 도구에 관해 이야기를 나눈다.
   - 수레(카트)를 움직이게 하려면 어떻게 해야 할까?
   - 수레(카트)처럼 사람의 힘으로 움직이는 생활 도구에는 무엇이 있을까?
   - 그래, 송곳이나 빗자루 등도 힘을 이용하는 생활 도구란다.
3. 휴대용 카트와 상자로 만든 수레로 할 수 있는 놀이를 알아본다.
   - 이 카트와 상자 수레로 무엇을 옮겨 보고 싶니?
   - 어떤 놀이를 할 수 있을까?
4. 우유 배달 놀이에 관해 이야기를 나눈다.
   - 우유 배달 놀이를 하려면 무엇이 필요할까?
   - 우유를 배달하는 사람은 무슨 말을 하면 좋을까?
   - 우유를 배달시키는 사람은 어떻게 말하면 좋을까?
   - 우유를 잘 배달하기 위해서는 배달 카드에 어떤 내용을 기록하면 좋을까?
   - 배달 내용을 그림이나 글로 써 보자.
   - 놀이를 할 때 지켜야 할 약속은 무엇일까?
5. 역할을 정하여 우유 배달 놀이를 해 본다.

6. 우유 배달 놀이 후 느낀 점에 관해 이야기를 나눈다.
   - 수레를 사용해 물건을 옮겨 본 느낌이 어떠니?
   - 수레를 끌기 위해서 어떻게 했니?
   - 수레를 어떻게 밀었을 때 가장 잘 움직였니?
   - 수레를 사용하지 않고 우유를 우리 손으로 전부 배달했다면 어땠을까?
   - 어떤 점이 가장 기억에 남았니?
   - 놀이하면서 불편했던 점이나 더 필요한 준비물이 있었니?

● **놀이 지원 Tip**

1. 휴대용 카트를 접거나 펼 때 손가락을 다치지 않도록 안전하게 사용하는 방법에 대해 안내한다.
2. 우유 배달 놀이 대신 그림책 또는 장난감을 옮겨 보는 활동을 할 수 있다.

● **놀이 평가**

1. 사람의 힘으로 움직이는 수레를 잘 사용하는지 평가한다.
2. 친구와 함께 협동하여 역할 놀이에 즐겁게 참여하는지 평가한다.

● **확장 활동**

1. 간식 시간에 수레에 우유를 실어 친구들에게 배달해 주는 활동을 해 본다.
2. 과학 영역에서 우유의 개수에 따라 수레를 끄는 힘이 달라짐을 비교해 본다.
3. 수레에 우유를 싣고 돌아오기와 같은 게임 활동을 해 본다.
4. 미술 영역에서 수레 만들기 활동을 해 본다.

출처: 보건복지부·교육과학기술부(2013f). 4세 누리과정 교사용 지도서 8권. pp. 98-100.

7. 쌓기 영역

1) 쌓기 놀이의 교육적 가치

유아는 블록을 옮기고 쌓으면서 대소근육을 사용하고 형태나 모양을 맞추는 활동을 통해 눈과 손의 협응력을 발달시킨다. 함께 구조물을 만드는 과정에서 또래의 입장에서 생각해 볼 기회를 갖고 협동하기, 양보하기, 배려하기, 나누어 쓰기 등을 경험하면서 사회성 발달이 촉진된다. 다양한 형태의 블록을 다루면서 유아는 여러 수학적 개념을 자연스럽게 학습할 수 있고, 각 블록의 유사점과 차이점을 비교, 분석할 수도 있다. 나아가 수학적 학습의 기초가 되는 형태, 크기, 길이, 높이, 넓이, 부피의 개념이 습득될 수 있다. 쌓기 놀이의 관찰하기, 비교하기, 분류하기, 예측하기, 해석하기 등의 과정은 유아의 과학 개념 학습에도 도움이 된다. 유아들은 직사각형 블록을 쌓아서 차고 놀이를 하거나 작은 동물 인형을 가지고 목장 놀이를 하기도 하는데, 이러한 놀이는 유아의 사회 학습에 도움이 되고 나아가 유아의 언어 발달을 촉진한다. 쌓기 놀이의 발달은 블록을 이리저리 옮기는 단계, 구조물을 만들기 시작하는 단계, 다리(bridge)를 만드는 단계, 폐쇄 공간을 만드는 단계, 장식적 패턴이 나타나는 단계, 구조물에 이름을 붙이는 단계, 블록에 의한 표상이 활발한 단계 등 7개의 단계로 발전한다.

2) 쌓기 놀이 지원을 위한 교사의 역할

쌓기 영역에서의 놀이 지원을 위한 교사의 역할을 살펴보면 다음과 같다.

첫째, 쌓기 놀이를 지원하는 교사의 가장 기본적인 역할은 유아의 놀이를 지켜보는 것이다. 즉, 교사가 쌓기 놀이 영역에서 유아의 놀이를 관심 있게 지켜보는 무언의 지원은 유아의 쌓기 놀이 참여도를 증가시킨다.

둘째, 교사는 유아가 쌓기 놀이를 하는 동안 다양한 질문을 하여 유아들의 사고 능력을 길러 주고 놀이를 유지, 확장시켜 준다(예: '여기에 어떤 블록을 쌓으면 차고가 될 수 있을까?', '이 자동차가 다닐 수 있는 길을 어떻게 만들 수 있을까?')

셋째, 유아가 쌓기 놀이에 흥미를 갖도록 여러 가지 방법으로 유도하고, 유아가 등원하기 전에 쌓기 놀이 영역에 단순한 구조물을 만들어 놓거나, 유아가 참고할 수 있는 사진 등을 제시해 놓을 수 있다.

넷째, 쌓기 놀이 도중 문제가 생겼을 경우 유아들이 해결책을 찾아볼 수 있도록 제안하고 스스로 해결할 수 있도록 기회를 준다.

다섯째, 안전 및 정리·정돈 등을 위해 쌓기 놀이 영역에서의 놀이 규칙을 유아들과 미리 의논하여 정하고, 그 규칙을 잘 지켜나갈 수 있도록 지원한다. 정리·정돈 시 많은 시간이 소요될 수 있으므로 교사는 서두르지 말고, 충분한 시간을 할애해야 한다.

여섯째, 유아가 만든 구조물을 다음 활동에 사용하거나 유아의 흥미를 지속시키기 위해 필요한 경우 구조물을 정리하지 않고 전시할 수 있다.

3) 쌓기 놀이 활동의 실제

쌓기 영역에서 이루어지는 유아의 다양한 쌓기 놀이 활동의 예를 소개하면 다음과 같다.

❶ 커다란 버스 만들기

- **놀이의 교육적 가치**

– 유아가 버스에 대한 관심을 갖고 블록을 이용하여 버스를 구성해 보는 놀이를 통해 수학적 개념을 형성한다.

– 또래와 함께하는 극놀이를 통해 사회관계를 발달시킨다.

- **대상 연령:** 만 3세
- **놀이 교구:** 여러 가지 버스 사진, 여러 가지 블록(종이 블록, 속빈 블록 등), 운전대 등
- **교사의 역할과 지원**

1. 미리 게시해 둔 여러 가지 버스 사진을 보며 버스를 타 본 경험에 대해 이야기한다.
   – 어디 갈 때 버스 타본 적 있니?
   – 버스는 자동차랑 어떻게 다른 것 같니?
2. 버스의 크기, 모양 등에 대해 이야기를 나누며 블록으로 구성한다.
   – 어떤 블록으로 버스를 만들어 볼까?
   – 버스 타는 문은 어디 있으면 좋을까?
   – 버스에 많은 사람들이 앉으려면 어떻게 해야 할까?
   – 그런데 사람들이 너무 많이 타서 버스에 자리가 없을 땐 어떻게 하지?
   – 버스 손잡이는 어떻게 만들면 좋을까?
   – ㅇㅇ가 미술 영역에서 동그란 테이프 속심을 가지고 왔구나. 정말 좋은 생각이다!
3. 구성한 버스를 타고 버스 타는 놀이로 연결한다.
   – 버스 운전사는 누가 하면 좋을까?
   – 내려야 할 곳을 알려 주려면 어떻게 하면 좋을까?
4. 버스 놀이를 한 후 다음 날 필요한 것들에 대해 이야기를 나눈다.
   – 내일 더 필요한 것은 없을까?

- **놀이 지원 Tip**

1. 유아의 버스에 대한 경험이 놀이에 적극적으로 반영되도록 한다.
2. 유아의 수준에 따라 버스 번호판, 목적지 간판 등을 만들어 놀이할 수 있다.

- **놀이 평가**

1. 블록을 이용하여 자유롭게 버스를 구성하였는지 평가한다.
   – 블록을 이용하여 자신의 생각대로 버스를 구성하였는가?
2. 유아의 버스 타 본 경험이 놀이에 즐겁게 반영되었는지 평가한다.
   – 유아의 경험이 놀이에 잘 반영되었는가? 놀이에 즐겁게 참여하였는가?

- **확장 활동**

1. 버스 정거장 구성하기 등으로 유아의 경험과 수준에 따라 놀이를 확장한다.
2. 버스 타고 여행 가기 등 극화 놀이로 연계하여 놀이한다.

출처: 보건복지부·교육과학기술부(2013c). 3세 누리과정 교사용 지도서 5권. pp. 71-72.

❷ 동물의 집 만들기

● **놀이의 교육적 가치**

유아가 동물 집 만들기 놀이를 통해 주변에서 볼 수 있는 동물의 특성에 관심을 가질 수 있다. 블록을 이용하여 또래와 함께 동물의 집을 구성해 보는 경험을 통해 사회관계 능력 및 생명체와 자연환경에 대한 과학적 탐구 능력의 발달을 도모한다.

● **대상 연령:** 만 3세

● **놀이 교구:** 동물 모형, 다양한 블록

● **교사의 역할과 지원**

1. 동물 모형과 블록을 탐색한다.
   - 어떤 동물 모양이 있니?
   - 이 동물이 사는 곳을 본 적이 있니?
2. 동물의 집을 구성해 본다.
   - 이 동물들이 지낼 수 있는 집을 만들어 볼까?
   - 사자가 지내는 곳은 어떻게 만들면 좋을까?
   - 어떤 블록으로 만드는 것이 좋겠니?
3. 동물의 특징을 살려 집을 만들었을 때 이를 격려해 준다.
   - ㅇㅇ이는 키가 큰 기린이 들어가도록 높게 만들었구나.
   - 어떻게 하면 사자가 들어가서 편히 쉴 수 있는 집을 만들어 줄 수 있을까?

● **놀이 지원 Tip**

1. 충분한 동물 모형과 다양한 블록을 제공하여, 유아가 자발적으로 동물의 집을 구성하도록 한다.
2. 만 3세의 경우 동물원에 대한 경험이 없는 유아가 있을 수 있고, 동물원의 특성이 자연과 더불어 사는 본 주제의 기본 방향과도 크게 맞지 않을 수 있으므로, 동물원보다는 동물의 서식지나 편안하게 쉴 수 있는 곳의 개념으로 활동을 진행하도록 한다.
3. 놀이하는 과정에서 동물의 특성을 충분히 고려하여 구성할 수 있도록 격려한다.

● **놀이 평가**

1. 주변에서 볼 수 있는 동물의 특성에 관심을 갖는지 평가한다.
   - 동물의 집을 구성하기 위해 필요한 동물의 특성을 이야기하는가?
2. 동물의 특성에 맞게 집을 구성하는지 평가한다.
   - 동물의 특성에 따라 동물의 집을 구성하는가?
   - 적절한 블록을 사용하여 동물의 집을 구성하는가?

● **확장 활동**

1. 역할 놀이 영역과 연계하여 동물원 놀이를 해 본다.

출처: 보건복지부·교육과학기술부(2013b). 3세 누리과정 교사용 지도서 3권. pp. 39-40.

❸ 어린이 체육관 구성하기

● **놀이의 교육적 가치**

여러 가지 운동 기구의 종류와 사용 방법에 대해 관심을 갖고 다양한 재료와 블록을 이용하여 체육관을 구성하는 놀이를 통해 탐구하는 태도 및 탐구 기술 능력을 발달시킨다.

● **대상 연령:** 만 4세

● **놀이 교구:** 다양한 블록(종이 벽돌 블록, 유니트 블록, 킹블록 등), 체육관에서 운동하는 모습 사진(헬스장, 체육장, 어린이 전용 체육관 등), 어린이 운동 기구 그림(러닝머신, 자전거, 스탭퍼, 농구대, 실내 그네, 아령, 대형 공과 작은 공, 트램펄린, 철봉, 트위스터), 운동하는 동영상(인터넷 자료 활용)

● **교사의 역할과 지원**

1. 운동을 했던 경험에 대해 이야기해 본다.
   - 우리 친구들이 좋아하는 운동은 무엇이 있을까?
   - 기구가 필요한 운동은 무엇이 있을까?
2. 쌓기 영역에 어린이 전용 체육관을 만들 것을 제안하고 무엇으로 어떻게 만들지 이야기를 나눈다.
   - 어른들이 운동을 하는 체육관에 가 본 적이 있니?
   - 어떤 운동 기구들이 있었니?
3. 어린이 체육관에 놓아둘 운동 기구를 만들기 위한 준비를 한다.
   - 우리 친구들이 체육관에서 본 운동 기구는 어떤 것들이 있었니?
   - 어린이 체육관에는 어떤 운동 기구들이 있으면 좋을까?
   - 우리가 만든 운동 기구의 이름도 지어 볼까?
   - 몇 가지의 운동 기구를 만들어 볼까?
   - 무엇을 이용해서 운동 기구를 만들어 볼 수 있을까?
4. 유아들이 제안한 방법과 소품을 이용하여 체육관을 구성한다.
   - 체육관을 구성하고 가장 마음에 드는 곳에서 놀이해 본다.
   - 우리 반 친구들이 구성한 어린이 체육관의 이름을 정해 본다.
5. 체육관이 완성되면 유아들이 자유롭게 운동 놀이를 한다.
   - 유아들이 만든 운동 기구를 사용하여 놀이를 해 본다.
6. 유아들이 직접 만들어서 구성한 체육관 놀이를 하고 난 느낌에 대해 이야기를 나눈다.
   - 직접 어린이 체육관을 만들어 보니 어떤 점이 좋았었니?
   - 어른들이 사용하는 체육관과 어떤 점이 다를까?
   - 새롭게 만들어 보고 싶은 운동 기구는 또 무엇이 있을까?
   - 더 재미있게 놀이하는 방법은 무엇이 있을까?

● 놀이 지원 Tip

1. 유아들이 즐겁게 참여하여 운동하는 공간을 구성할 수 있도록 다양한 종류의 블록과 소품을 준비해 주도록 한다.
2. 창의적으로 운동 기구를 만들어 볼 수 있도록 교사가 적절히 상호작용하며 활동의 구성원으로 함께 참여하도록 한다.

● 놀이 평가

1. 여러 가지 운동 기구의 종류와 사용 방법에 관심을 가지고 활동하는지 평가한다.
   - 여러 가지 운동 기구에 관심을 가지게 되었는가?
   - 운동 기구의 특성과 사용 방법에 관심을 가지게 되었는가?
2. 다양한 재료와 블록을 이용하여 체육관 꾸미기에 즐겁게 참여하는지 평가한다.
   - 다양한 블록을 활용하여 체육관을 구성하였는가?
   - 블록으로 체육관을 꾸미는 놀이에 즐겁게 참여하였는가?

● 확장 활동

1. 역할 놀이 영역으로 확장하여 체육관에서 운동하는 사람들과 도움을 주는 사람의 역할을 나눠서 해 볼 수 있다.
2. 유아들이 만든 다양한 운동 기구를 사진으로 찍어 주고 각 운동 기구에 이름을 지어 벽면에 전시해 볼 수 있다.

출처: 보건복지부·교육과학기술부(2013e). 4세 누리과정 교사용 지도서 4권. pp. 256-258.

❹ 풍차 마을 만들기

● 놀이의 교육적 가치

유아가 바람의 힘으로 움직이는 풍차에 관심을 갖고 다양한 블록을 이용하여 풍차를 만들어 보는 놀이 경험을 통해 탐구하는 태도 및 수학적 탐구 능력이 발달한다.

- **대상 연령:** 만 4세
- **놀이 교구:** 바람으로 움직이는 생활 도구 사진(다양한 풍차 사진, 바람개비, 돛단배, 풍경 또는 모빌), 풍차를 만들 수 있는 다양한 블록, 풍차 날개를 만들 수 있는 재료(종이컵, 수수깡, 색종이, 빨대 등)
- **교사의 역할과 지원**

1. 쌓기 놀이 영역에 바람을 이용하여 움직이는 생활 도구의 사진을 게시하여 둔다.
2. 풍차 사진을 보며 이야기를 나눈다.
   - 풍차를 본 적이 있니?
   - 어떻게 생겼니?
   - 풍차의 집은 왜 높을까?
   - 풍차는 왜 날개가 달렸을까?
   - 풍차가 돌아가려면 어떤 힘이 필요할까?
3. 바람의 힘으로 움직이는 생활 도구에 대해 이야기를 나눈다.
   - 풍차처럼 바람의 힘으로 움직이는 생활 도구에는 무엇이 있을까?
   - 돛단배, 바람개비, 풍경, 모빌 등이 있지.
4. 다양한 블록과 재료를 이용하여 풍차 만들기를 제안한다.
   - 어떤 모양의 풍차를 만들어 볼까?
   - 집 모양은 어떤 블록으로 만들어 볼까?
   - 날개는 무엇으로 만들어 볼까?
5. 쌓기 놀이 영역에 있는 다양한 모양의 블록과 그 밖의 자료를 이용하여 풍차 마을을 만들어 본다.
   - 풍차 집은 어느 위치에 만들까?
   - 풍차 집이 무너지지 않게 하려면 어떻게 쌓아야 할까?
   - 풍차 날개는 어느 위치에 붙이면 좋을까?
   - 풍차 날개가 돌아가려면 어떻게 만들어야 할까?
   - 다른 종류의 블록을 이용하여 풍차를 만들 수 있을까?

6. 친구들이 꾸민 풍차 마을에 대해 함께 이야기를 나눈다.
   - 계획한 대로 풍차가 잘 만들어졌니?
   - 이 풍차를 이용해서 어떤 놀이를 할 수 있을까?
   - 풍차 마을에 살면 어떤 점이 좋을까?

● 놀이 지원 Tip

1. 유아들이 풍차를 어떻게 꾸밀지에 대해 서로 이야기를 나누도록 상호작용한다.
2. 놀이가 확장, 유지될 수 있도록 공간을 넓혀 주거나 유아의 수를 조절해 준다.

● 놀이 평가

1. 바람의 힘으로 움직이는 풍차에 관심을 갖는지 평가한다.
2. 다양한 블록을 이용하여 풍차를 만들 수 있는지 평가한다.

● 확장 활동

1. 풍차 이외에도 바람의 힘을 이용하는 생활 도구를 만들어 본다.
2. 만들어진 풍차를 이용하여 역할 놀이를 해 본다.

출처: 보건복지부·교육과학기술부(2013f). 4세 누리과정 교사용 지도서 8권. pp. 96-98.

참고 문헌

권은희·이기현(2004). 자연친화적인 실외환경에서의 놀이활동이 유아의 자아개념과 친사회적 행동에 미치는 효과. 아동학회지, 25(1), 61-76.

김영옥·오숙현·임영숙·정경자(2010). 유아교육 기관의 환경구성. 고양: 공동체.

김혜경 외(2002). 효과적인 영아보육을 위한 지침서: 제2권 영아반 운영의 실제. 서울: 다음세대.

박낭자 외(2004). 영유아를 위한 창의적 놀이 이론과 실제. 서울: 창지사.

박은혜(1999). 유아 교사를 위한 포트폴리오. 한국어린이육영회전문가연수⑦. 서울: 한국어린이육영회.

박찬옥·김영중·정남미·임경애(2002). 유아 놀이지도. 서울: 학문사.

박찬옥·곽현주·이예숙·황아름·오경숙(2018). 보육실습. 서울: 서울특별시교육청.

박찬옥·구수연·이옥임(2014). 영아-교사 상호작용의 이론과 실제. 서울: 정민사.

보건복지부(2012). 5세 누리과정 지도서 2권. 서울: 보건복지부.

보건복지부(2013a). 어린이집 표준보육과정에 기초한 영아보육프로그램 운영의 이해. 서울: 보건복지부.

보건복지부(2013b). 어린이집 표준보육과정에 기초한 영아보육프로그램 0세. 서울: 보건복지부.

보건복지부(2013c). 어린이집 표준보육과정에 기초한 영아보육프로그램 1세. 서울: 보건복지부.

보건복지부(2013d). 어린이집 표준보육과정에 기초한 영아보육프로그램 2세. 서울: 보건복지부.

보건복지부(2013e). 제3차 어린이집 표준보육과정 해설서. 서울: 중앙육아종합지원센터.

보건복지부(2018). 2017 보육 통계. 세종: 보건복지부.

보건복지부·교육과학기술부(2013a). 3~5세 연령별 누리과정 해설서. 세종: 보건복지부·육아정책연구소.

보건복지부·교육과학기술부(2013b). 3세 누리과정 교사용 지도서 3권. 서울: 보건복지부·교육과학기술부.

보건복지부·교육과학기술부(2013c). 3세 누리과정 교사용 지도서 5권. 서울: 보건복지부·교육과학기술부.

보건복지부·교육과학기술부(2013d). 4세 누리과정 교사용 지도서 1권. 서울: 보건복지부·교육과학기술부.

보건복지부·교육과학기술부(2013e). 4세 누리과정 교사용 지도서 4권. 서울: 보건복지부·교육과학기술부.

보건복지부·교육과학기술부(2013f). 4세 누리과정 교사용 지도서 8권. 서울: 보건복지부·교육과학기술부.

보건복지부·중앙육아종합지원센터(2017). 2017 어린이집 설치운영 길라잡이. 서울: 중앙육아종합지원센터.

보건복지부·중앙육아종합지원센터(2018). 표준보육과정의 이해와 실제. 서울: 중앙육아종합지원센터.

보건복지부·한국보육진흥원(2014). 어린이집 평가인증 안내: 3차 지표 시범 사업용. 서울: 한국보육진흥원.

보건복지부·한국보육진흥원(2018). 제3차 어린이집 평가인증 안내: 통합지표. 서울: 한국보육진흥원.

서울특별시육아종합지원센터(2016a). 서울시 보육전문성 향상을 위한 월령별 영아보육프로그램(4~12개월). 서울: 서울시육아종합지원센터.

서울특별시육아종합지원센터(2016b). 서울시 보육전문성 향상을 위한 월령별 영아보육프로그램(13~24개월). 서울: 서울시육아종합지원센터.

서울특별시육아종합지원센터(2016c). 서울시 보육전문성 향상을 위한 월령별 영아보육프로그램(25~36개월). 서울: 서울시육아종합지원센터.

신동주(2004). 유치원 실외놀이활동 실태 및 교사의 실외놀이에 대한 인식. 유아교육연구,

24(6). 299-324.

신은수·김은정·유영의·박현경·백경순(2011). 놀이와 유아교육. 서울: 학지사.

신은수 외(2004). 유아 교사의 놀이에 대한 효능감과 놀이 운영 실제 신념에 관한 도구 개발 연구. 유아교육연구, 24(1). 49-69.

신은수(1998). 유아 교사의 놀이에 대한 신념 연구. 덕성여자대학교 사회과학연구, 5, 115-116.

신화식 외(2006). 영유아 놀이지도. 서울: 교문사.

엄정애(2009). 영유아 놀이와 교육. 파주: 교문사.

여성가족부(2007). 0~2세 보육프로그램. 서울: 육아정책개발센터.

오미경·이은미·송윤이·황은순(2016). 놀이지도(2판). 고양: 공동체.

유니세프 한국위원회·성북구(2018). 2018 놀이정책 국제포럼: 놀 권리, 지역에 뿌리내리기. 서울: 유니세프 한국위원회·성북구.

윤애희·정정옥(2013). 유아교육 기관에서의 영유아 놀이지도. 서울: 창지사.

윤애희(2003). 교사를 위한 유아 놀이지도. 서울: 창지사.

이경희·정정옥(2014). 영유아교육 기관 운영관리. 서울: 학지사.

이경희 외(2006). 최신 유아교육개론. 서울: 교육아카데미.

이대균(1998). 3, 4, 5세 유아를 위한 전통놀이 교육프로그램. 서울: 양서원.

이미화 외(2014). 영아보육 질 제고를 위한 평가도구 개발 및 활용방안. 서울: 육아정책연구소.

이숙재(2001). 유아 놀이 활동. 서울: 창지사.

이숙재(2004). 유아를 위한 놀이의 이론과 실제. 서울: 창지사.

이숙재(2007). 유아를 위한 놀이의 이론과 실제. 서울: 창지사.

이진희(2014). 사진을 활용한 자유선택활동 놀이 평가에서 나타난 유아들의 경험. 한국교원대학교 석사학위 청구논문.

이채호·채인수(2008). 유아의 놀이와 기질 및 다중지능간의 관계. 아동학회지, 29(6), 121-133.

이현순(1990). 극놀이 영역에서 교사 개입이 유아의 놀이 지속 시간에 미치는 효과. 이화여자대학교 박사학위논문.

이희경(2006). 보육시설의 실외놀이실태 조사연구: 부천시 공립보육시설을 중심으로. 영유아교육연구, 9, 171-191.

장혜순(2004). 유아놀이의 이론과 실제. 서울: 학지사.

정정옥·김광자(2015). 예비보육교사를 위한 보육학개론. 서울: 교육아카데미.

중앙육아종합지원센터(2014). 제3차 어린이집 표준보육과정에 기초한 연령별보육프로그램. 서울: 중앙육아종합지원센터.

진명희(2015). 영유아 발달을 위한 놀이지도. 고양: 공동체.

최석란(2005). 놀이와 유아발달. 서울: 양서원.

한석실·박주희(2007). 구성 놀이의 질과 문제 해결력 간의 관계. 한국아동학회지, 28(5), 143-159.

황윤세(2008). 창의적 행동특성과 놀이성, 상호작용적 또래놀이, 교사-유아관계 간의 구조 분석. 아동학회지, 29(6), 245-257.

황해익(2000). 유아교육평가. 서울: 양서원.

황해익·조형숙(2001). 탐구 능력 증진을 위한 영유아과학교육. 경기: 정민사.

황해익·송연숙·정혜영(2000). 영유아 교사를 위한 포트폴리오 평가. 서울: 양서원.

EBS 놀이의 반란 제작팀(2014). 놀이의 반란. 서울: 지식너머.

Bronson, M. B.(1998). 우리 아이들의 놀잇감 선택 방법. 이기숙·오은순 역. 서울: 양서원. (1995년 원저발간).

Brown, N. S., Curry, N. E., & Tittnich, E. C.(1971). How groups of children deal with common stress through play. In N.E. Curry & Arnaud(Eds.), *Play: The child strives tword self-realization*(pp.26~38). Washington, DC : NAEYC.

Bruner, J. S., Jolly, A., & Sylva, K.(Eds.)(1976). *Play-Its role in development and evolution.* New York: penguin.

Erickson, E. H.(1993). *Childhood and society.* New York : W. W. Norton.

Fromberg, D. P., & Bergen, D. M.(1998). *Play from birth to twelve: contexts, perspectives, and meanings.* New York: Garland.

Frost, J. L., & Klein, B. L.(1979). *Children's play and playgrounds.* Boston: Allyn & Bacon.

Frost, J. L., Wortham, S., & Reifel, S.(2001). *Play and child development.* New Jersey: Merril Prentice Hall.

Johnson, J. E., Christie, J. F., & Wardle, F.(2009). 놀이, 발달, 유아교육. 이진희·손원경·안효진·유연옥 역. 서울: 아카데미프레스. (2005년 원저발간).

Johnson, J. E., Christie, J. F., & Yawkey, T. D.(1999). *Play and early childhood development* (2nd ed.). New York: Longman.

Johnson, J. E., Christie, J. F., & Yawkey, T. D.(1987). *Play and early childhood development.* Illinois : Scott, Foresman and Company.

Kitson, N.(1994). "Please Miss Alexander: Will you be the robber?" Fantasyplay: A case for adult intervention. In J. Moyles(Ed.), *The excellence of play* (pp. 88-98). Buckingham, UK: Open University Press.

Miller, S., Fernie, D., & Kantor, R.(1992). Distinctive literacies in different preschool play contexts. *Play and Culture, 5,* 107-119.

Parten, M.(1932). Social participation among preschool children. *Journal of Abnormal and Social Psychology, 27,* 243-269.

Pepler, D., & Ross, H.(1981). Effect of play on convergent and divergent problom solving. *Child Development, 52,* 1202-1210.

Piaget, J.(1962). *Play, dreams and imitation in childhood.* NY. : Norton.

Rubin, K.H., Fein, G.G., & Vandenberg, B.(1983). Play. In E.M. Hederington (Ed.), M. Lewis (Ed.). *Handbook of child psychology, 18,* 1-68. Hilsdale, NJ. : Erlbaum.

Saracho, O. N.(2008). Developmental theories of children's play. *International Journal of Early Childhood Education, 14, No. 1,* 7-22.

Smilansky, S.(1968). *The effects of sociodramatic play on disadvantaged preschool children.* New york : Wiley.

Smilansky, S., & Shefatya, L.(1990). *Facilitating play : A medium for promoting cognitive, socioe motional and academic development in young children.* Gaithersburg, MD : Psychological and Educational Publications.

Tegano, D., Lookabaugh, S., May, G., & Burdette, M.(1991). construtive play and problem solving: The role of structure and time in the classroom. *Early Childhood Development and Care, 68,* 27-35.

저자 소개

정정옥

약력

- 서울여자대학교 대학원 아동학과 졸업(문학박사)
- 호서대학교 부설 어린이집 원장
- 서울여자대학교, 호서대학교 교육대학원, 단국대학교 의과대학 등 출강
- 현재) 호서대학교 보육교사교육원 주임 교수
  충남 천안시육아종합지원센터장

저서 『어린이집 운영과 관리』(2016). 교육아카데미.
『영아발달』(2015, 공저). 교문사.
『보육학개론』(2009, 공저). 교육아카데미.
『아동발달』(2004, 공저). 교문사. 외 다수

김광자

약력

- 서울여자대학교 대학원 아동학과 졸업(문학박사)
- 서울여자대학교, 호서대학교, 고려대학교 교육대학원, 중앙대학교 교육대학원 등 출강
- 현재) 롯데호텔어린이집 원장

저서 『보육학개론』(2009, 공저). 교육아카데미.
『유아 교사를 위한 반주법의 이론과 실제』(2001, 공저). 학지사. 외 다수

영유아 놀이지도

초 판 1쇄 인쇄 2019년 3월 11일
초 판 1쇄 발행 2019년 3월 15일

지 은 이 | 정정옥·김광자
펴 낸 이 | 김기섭
편 집 인 | 이윤희
펴 낸 곳 | 창지사 www.changjisa.com
08589 서울시 금천구 가산디지털 1로 83 파트너스타워 1차 9층
전화 (02)719-2211~3
팩스 (02)701-9386
등 록 | 1977년 4월 28일 · 제1-421호

ISBN 978-89-426-1170-6 (93370)

값 19,000원

이 도서의 국립중앙도서관 출판예정도서목록(CIP)은 서지정보유통지원시스템 홈페이지(http://seoji.nl.go.kr)와 국가자료공동목록시스템(http://www.nl.go.kr/kolisnet)에서 이용하실 수 있습니다.(CIP제어번호: CIP 2019008904)